Here and Now,
A New Era of our Mission

지금 여기, 선교의 시대

Here and Now,
A New Era of our Mission

이다니엘 외 지음

2019
2020
2021
2022

ViVi2   IBA
International Business Alliance

지금 여기,

선교의 시대

인사말

2019
2020
2021
2022
2023

평안하신지요.

IBA는 지난 2007년 이래로 지역교회, 기업, 선교단체들과 연대하여, 한국교회 Business As Mission 운동을 주도해 왔습니다. 비즈니스 세계 속 제자도 운동, 지역교회와 선교단체 안에 BAM에 대한 이해 확산, 창의적 접근지역 BAM 기업 지원 등을 위해 애써 왔습니다.

한편, 지금은 BAM 운동을 처음 시작했던 때와는 목회-선교 환경이 크게 변화되었음을 느낍니다. 이에, 코로나19 상황을 비롯하여 비즈니스선교를 둘러싼 영역별 동시대 이야기, 다음세대 이야기가 충분히 공유되어야 함을 체감하며, 올해 IBA의 책 <지금 여기, 선교의 시대>를 출간하게 되었습니다.

이 책을 통해 Business As Mission 관심자들은 물론, 지역교회 목회자, 비즈니스 리더, 선교계 리더와 현장선교사들 안에 한국교회 목회-선교를 둘러싼 다층적인 주변 환경 및 상황의 변화에 대한 이해와 공감이 있길 바라고, 나아가 이 책의 내용들이 향후 사역을 위한 효과적인 전략 수립의 유용한 토대가 되길 소망합니다.

IBA 공동대표
엄기영, 황성주, 박민부, 황성수, 김동건

어젠다 세팅

지금 이 시대,
우리의 선교

이다니엘 사무총장 IBA

2019
2019
2020
2021
2022
2023

시대와 세대, 한국교회 BAM 운동

한국교회 안에 Business As Mission 운동(이하 BAM 운동)이 전개된 지 올해로 14년째입니다. 이전에도 한국 선교단체와 현장 선교사들 안에 비즈니스선교에 관한 다양한 움직임이 있었습니다만, 한국교회 BAM 운동은 '2004년 로잔 운동에서 발간한 BAM 보고서'와, 이를 이어 받은 2007년 상하이한인연합교회를 중심으로 열린 '제1회 SKBF(상하이한인 비즈니스포럼)'를 그 출발점으로 하고 있습니다.

그렇게 로잔 운동의 BAM 보고서에 도전 받은 한국의 선교적기업 대표들, 지역교회 목회자들, 선교단체 대표들이 매년 한 차례 상하이에서 모여 SKBF 모임을 진행하고 이를 성장시켰고, 2013년부터는 SKBF를 기반으로 IBA(International BAM Alliance)가 형성됩니다. 국내를 기반으로 다양한 단위들이 함께 IBA라는 이름으로 BAM 연합운동을 본격적으로 전개해 왔습니다. 2020년 11월 기준으로, 전국 60여 개 지역교회, 기업, 선교단체들이 이 운동에 함께하고 있습니다.

처음 로잔운동으로부터 BAM 개념을 물려받을 때만해도, 한국교회에 있어 BAM의 정의는 "BAM = 해외 선교지 창업"이었습니다. 이는 로잔운동 측에서 '복음을 제대로 전할 수 없는 해외 창의적 접근지역에서의 선교 상황'을 전제했기 때문이고, 당시만 해도 BAM을 '창업과 기업운영의 측면 위주'로 다뤘기 때문입니다.

감사하게도, 그 덕분에 지금도 한국인 BAM 현장가들이 중국, 베트남, 캄보디아, 인도, 요르단, 북아프리카 등 다양한 지역 다양한 나라에서 해당 국가와 현지문화에 맞는 선교적 비즈니스를 창업하여 지금까지 운영해 오고 있습니다. 한국에서처럼 최신기술을 기반으로 한 비즈니스는 아닐지라도, 큰 규모의 매출과 고용인원을 중심으로 한 비즈니스는 아닐지라도, 하나님 나라 관점 안에서 한 영혼을 얻기 위한 비즈니스 그리고 해당 지역의 건강한 실제적 변혁을 추구하는 비즈니스 활동을 해오고 있습니다.

시대와 세대, AS의 가치

BAM 운동 일선에 있으면서 가장 많이 질문들은 "Business As Mission 이 무엇입니까?"입니다. 이에 대한 답변으로, 마츠 튜넥Mats Tunehag이 정리한 "BAM은 지속 가능한 수익을 내는 실제 비즈니스인데, 하나님 나라의 목적과 관점과 영향력을 가지고 사람과 공동체의 영적, 경제적, 사회적, 환경적 변혁을 이끌어내는 비즈니스"를 소개합니다. 또한, IBA에서 정의하는 BAM의 3요소, 즉 기업의 지속가능성(Sustainability), 선한 영향력(Kingdom Influence), 낮은 곳으로의 하향성(Missional Intention) 위주로 소개하기도 합니다.

최근에는 (여전히 위의 정리들을 소개함과 동시에) BAM 안에 담긴 'As 의 가치'를 좀 더 부각시키고 있습니다. As는 '비즈니스 그 자체가 선교' 가 되게 만드는 '과정'을 중요시 합니다. 우리는 비즈니스 리더로서 기업 활동의 현장에서 매일 수많은 의사결정을 해야 하고 다양한 종류의 치열한 상황과 도전들을 마주하고 있는데, 이러한 과정에 대한 성찰은 현장에서 일어나는 인간관계, 의사결정 그리고 실행 속에서 진정 우리로 '복음을 아는 자'답게 살고 있는지를 자문하게 합니다.

해외선교지 BAM 현장가들은 비즈니스를 통해 현지인들과 관계를 맺을 때 '우리는 하루하루 어떤 유무형의 선교적 가치를 창출하고 있는지'에 관한 질문해야 합니다. 우리 일상이 주변 이해관계자들에게 매일 꾸준히 고스란히 노출되는 가운데, 만약 BAM 현장가가 돈, 노동, 시장, 사회구조 등에 관해 제대로 교육 받고 충분히 훈련 되지 않은 상태에서 기업 활동을 할 경우 '장사는 될지언정 사람(현지인 선교대상자들)은 잃는' 상황 혹은 '비즈니스와 함께 선교 공동체까지 망가지는' 상황을 겪게 됩니다.

결국 중요한 것은 BAM 현장가가 일상 속에서 만들어가는 '소소한 비즈니스의 과정'이요, '라이프스타일'입니다. 복음의 복음됨이 체화된 가운데 한 기업 안에 얽힌 다양한 이해관계자들과 만들어가는 하루하루의 과정 속에서 과연 '복음을 아는 자다움'이 묻어나는지, 특히 국내에서든 해외 선교현장에서든 우리 주변에 공급자-소비자, 피고용인 등 다양한 이해관계자들이 생길 수 있는데 그들이 나를 통해 발견할 유무형의 선교적 가치가 무엇일지 여부가 매우 중요할 것입니다. BAM의 매력은 As, 곧 거룩한 과정을 만드는 선교적 일상입니다.

특히, 앞서 언급한 BAM의 3요소(지속가능성, 선한 영향력, 낮은 곳으로의 하향성)는 '그 행위만 놓고 보자면' 대기업의 CSR(기업 사회공헌) 활동이나 소셜벤처의 CSV(공유가치 창출) 활동과 그리 달라 보이지 않습니다. 껍데기만 놓고 보자면, 그렇습니다. 중요한 것은 BAM의 근본 동력일 것입니다. 이는, "예수의 복음, 하나님 나라"입니다. 예수께서 사복음서에서 선포하신 복음의 중심에는 하나님 나라가 있었고, 그 분의 나라는 한 영혼의 영적 변혁을 넘어, 사회적/환경적/경제적 변혁으로 이어졌습니다.

유럽-미국 기독교역사와 한국교회사 등을 살펴볼 때 노예해방, 여성인권, 자유 민주화, 자연환경의 회복 등 실제적 변혁의 모티브가 복음에서 나옴을 볼 수 있습니다. 마찬가지로, BAMer들(BAM의 가치를 살아가는 사람들) 역시, 그 내면이 예수의 복음이요 하나님 나라 비전으로 충만한 가운데 하나님이 허락하신 사회-경제 영역에 들어가 타락한 곳을 예수 그리스도의 십자가 복음으로 회복시키며 하나님의 통치를 확장하는 과정을 살아가는 이들이라 할 수 있습니다.

이는, 단순히 '더 멋진 세상을 만들기 위하여' 혹은 '다음세대 아이들에게 좋은 세상을 물려주기 위하여' 등의 인본주의 구호나 유토피아주의 구호를 넘어선 것입니다. 우리가 하나님의 백성으로서 매순간 'As(과정)의 가치'를 살아가는 가운데, 하루하루 일상의 현장에서 하나님 사랑과 이웃 사랑(막 12:28-31)을 실천하는 것입니다. 하나님의 일꾼으로서 "내가 선 곳을 거룩한 땅"(출 3:1-5, 수 5:15-18)으로 여기며, 하루하루 문화명령(창 1:26-28)과 선교명령(마 28:18-20)을 수행하는 것입니다.

2013년 이후 IBA는 글로벌 BAM 창업활동을 넘어 한국 사회-경제 상황에 맞게 BAM 운동을 전개하고 있습니다. 사회적경제, UN SDGs, 글로벌 청년창업과 같은 시대적 담론들은 물론이고, 선교적교회 운동, 다음세대 세움과 같은 한국교회 상황에 맞는 목회-선교의 과제들을 함께 다루며 '한국교회 나름의 BAM 이야기'를 써내려가고 있습니다.

최근 중요한 화두는 <비즈니스 세계 속 선교적 삶>입니다. 이 주제 안에는 '지금 이 시대, 우리의 선교는 어떤 방식으로 이뤄져야 하는가?', '국내외 비즈니스 상황 속에서 선교는 어떤 지점에서 이뤄지는가?'에 관한 고민이 담겨 있습니다. 앞서 As 이야기에서 다뤘듯이 우리 성도들의 일상의 과정 그 자체에 대해 도전하고 있습니다. "우리 집 대문만 열면 모든 곳이 선교지"라는 표현처럼 이미 우리네 일상 곳곳이 선교지처럼 되었고 삶의 많은 영역들이 '비즈니스화' 되어버린 가운데, 이제는 우리 성도들의 일터(교회 바깥) 속 선교적 일상이 중요해졌습니다. 성도들을 일터영성으로 무장시켜 선교사역자로 파송하는 것이 지역교회 목회와 비즈니스선교에 중요한 과제가 되었습니다.

시대와 세대, 그 한복판에서

학부생 시절, 어느 과목 어느 교수님이 기말고사로 출제한 시험문제입니다. <예수가 답이라면, 무엇이 문제인가?> 제법 큰 시험지 한 장 그 한복판에 이 한 문장이 적혀 있었습니다. 제 뇌리에 박혀 평생 잊혀지지 않고 있습니다. 매주일 교회에 가면 "예수님이 우리의 정답"이라는 설교를 들어왔고 우리 또한 누군가를 그렇게 양육해 왔습니다. 그러나 우리가 "우리 삶의 현장에 있는 문제들을 얼마나 신앙적으로 진지하게 성찰했었나" 생각해 보면 꼭 그렇진 않은 것 같습니다. 결국, 시험시간에 이 한 문장을 앞에 두고 꽤 오랜 시간 고민하다가 나름의 답을 써 내려갔던 기억이 있습니다.

최근까지 한국사회, 교회와 선교계는 우리네 여러 상황들을 담은 다양한 키워드들을 마주하며 지금 이 시대가 표현 그대로 "격변의 시기"라는 것을 체감하고 있었습니다. 과학기술의 발달로 인해 우리 코앞까지 찾아온 4차 산업혁명 시대, 이미 300만 가까이 된 국내 외국인 노동자-유학생들과 더불어 살아가야 하는 다문화 상황, 북한과 미국, 중국 사이에서 늘 상존하는 화두인 통일한국 비전, 그리고 '90년대 생'인 M세대와 '신인류'라 불리우는 Z세대와의 공존 등. 변화에 빠르게 적응하는 한국 사회와 비즈니스 영역과는 별도로, 한국교회와 선교계는 꽤 오랜 시간 "무엇이 우리의 진짜 문제인가?"보다는 "예수가 답"이라는 것에 머물지 않았나 생각해 봅니다.

코로나19 상황 직전까지 전국 지역교회들을 방문하며 접했던 담임목회자 분들의 하소연은 "평생 '예수의 제자로 살자'고 가르쳐 왔는데, 이제는 질문이 바뀌었습니다. 어떻게 하면 '비즈니스 세계 속에서 예수의 제자'로 살아야 할지를 가르쳐야 한다"는 것입니다. '자본의 압력'이 우리 성도들의 일상과 삶의 각 영역들을 압도하는 가운데, 단순히 "기도로 맘

몬의 힘과 싸워 이겨라"라는 원론적인 권면만으로는 해결되지 않는 경우들이 많다는 것입니다. 나아가, 우리 교회 장로님, 권사님들이 사회적으로 '시니어 취약계층'으로, 청년들은 '청년 빈곤층' 신분이 되고 있는, 전례 없는 비즈니스 세상 속에서 그 어느 때보다 지역교회들의 전문적이고 예리한 대응이 요구되고 있는 요즘입니다.

그런 가운데, 2020년 1월부터는 국내는 물론 세상 곳곳 모두가 <코로나19>로 인한 혼돈과 아픔, 격렬한 변화를 겪기 시작합니다. 사회-경제적인 어려움은 물론 누군가는 가장 가까운 사람을 잃게 되는 안타까운 상황 속에서, 여기저기서 "2019년 말만 해도, 이렇게 한 해 내내 마스크를 끼고 지낼 줄 누가 상상이라도 했던가!"라는 탄식과 푸념을 내뱉는 것을 봅니다. 지금은 앞서 언급한 여러 가지 시대와 세대 이슈들이 코로나19 상황과 맞물려 다양한 융복합적 현상들을 만들어내고 있음도 보게 됩니다. 코로나19로 인해 오래 고착되어 온 비즈니스의 장과 판이 격렬히 변화하는 모습을 보고 있습니다.

이 시기에 지역교회들 역시 '온라인 비대면 예배'가 시작되며 본질적인 질문들을 던지기 시작합니다. 교회는 무엇인가, 예배는 무엇인가, 목회는 무엇인가, 성도는 누구인가, 선교란 무엇인가, 그리고 누가 선교사인가 등등. 더 이상은 주일(일요일) 중심, 건물교회 중심, 목사 중심, 교회봉사 중심의 신앙생활만을 고집하기 어려워진 상황 속에, 위의 질문들이 지역교회 담임목회자들의 목회적 고민을 넘어 모든 성도들의 일상을 건물교회 바깥의 선교사역으로 전환시킴을 보고 있습니다.

일터영성, 선교적 삶, 비즈니스선교 등의 단어들이 최일선에 배치되는 가운데, 점차 교회의 역할이 '성도들을 세상으로 파송하는 전진기지'로 전환되고 있고, 우리 성도들로 "우리는 비대면 시대에 과연 교회 바깥에서 하나님과 대면하고 있는가?"라는 질문에 마주하게 합니다. 이런 상황들을 두고 혹자는 "거대한 디지털 변혁의 시기에 '산업혁명'이 붙은 것처럼, 지금 이 시대 신앙의 영역에 또한 '종교개혁'이란 단어를 붙여야 하는 게 아닐까?" 이야기 하는 것을 봅니다.

교회론 차원의 질문들도 그렇지만, 이제는 선교론 역시 '총체적 선교'가 제대로 자리매김하고 있습니다. 우리 선교 활동에 있어서 영혼 구원은 여전히 최우선이고 본질이겠지만, 나아가 성도들의 삶을 둘러싸고 있는 사회적, 경제적, 환경적 변혁에 관한 중요성이 보다 강조되고 있습니다.

4차 산업혁명 시대가 깊어질수록 부익부 빈익빈의 심화와 사회-경제 약자들이 크게 증가할 것으로 전망되면서, 다원화 된 사회 안에 존재하는 다양한 사회적 약자들 앞에 성도들조차 차별과 배제의 언행을 늘어놓는 모습 속에서, 그리고 통일한국을 눈앞에 둔 시대 가운데 내 바로 옆 사람과 통일되지 못 하는 모습 속에서, 우리는 이런 질문을 하게 됩니다. "우리가 믿는 복음은 이런 다양한 이슈들을 두고 과연 무엇을 말하고 있는가?" 기후변화와 코로나19 역시 오랜 시간 인간이 저질러온 환경파괴 행위와 연관되어, 다시금 하나님께서 창 1장을 통해 주신 '섬기며 다스리는 자로서의 청지기 리더십'이 중요시 되는 가운데, 적잖은 청년 크리스천들이 청지기의식을 가지고 UN SDGs 프로젝트 등에 적극 뛰어드는 모습도 봅니다.

다시금 <예수가 답이라면, 무엇이 문제인가?>라는 질문으로 돌아가 봅니다. 이는 결국 '영원불변한 복음(Text)'와 '다변화 하고 있는 상황(Context)' 사이에 있는 '우리 성도들의 삶의 자리(Sits im Leben)'에 관해 묻는 질문입니다. 우리 성도들의 영성은 결국 <복음의 가치를 붙든 가운데, 매 순간의 상황을 선교적으로 살아내는 일상의 과정> 속에서 결판나게 될 것입니다. 그런 면에서 볼 때, 요즘처럼 시대와 세대, 상황과 환경에 영향 받기 쉬운 때에는 더더욱 "지금 여기, 우리 주변이 어떻게 변해있는가?"에 관해 선교적 관점을 가지고 촘촘히 또 찬찬히 분석하고 성찰해야 할 필요가 있습니다.

시대와 세대, 선교적 과제

현재 40대 모태신앙 성도들을 기준으로 볼 때, 그들은 청소년, 대학생, 청년 시절에 60대 담임목사님의 목회 리더십 아래서 자라며 그런 믿음의 대선배님이 가르치는 '교회론'과 '선교론'을 고스란히 전수 받으며 자랐습니다. 그 때 배웠던 내용은 한국교회 거의 모든 연령대가, 거의 대다수 지역의 성도들이 공히 받아들이며 배웠던 내용이었습니다. 하지만, 지금은 (복음의 내용이 변하지 않았음과는 별개로) 교회 안에서 '매우 예리한 세대간의 단절'이 일어난 느낌입니다. '교회'를 보는 눈도, '선교'를 대하는 태도도 10-20대가 다르고, 30-40대가 다르며, 50-60대가 또 다릅니다.

특히, '10-20대 다음세대들의 복음화율이 2.5% 수준'이라는 통계가 있을 정도로 시대-세대를 둘러싼 서로간의 이물감이 심해진 상황입니다. "한국교회의 다음세대가 위험하다"는 식의 주제 문구를 보며 위기의식을 키웠던 것이 2000년대 초반이었는데, 지금은 이미 적잖은 다음세대들이 기독교 신앙에 무관심한 상황이고, '그 당시의 다음세대'였던, 지금의 30-40대 역시 코로나19의 비대면 예배 상황을 전후로 건물교회와 기존 사역 방식에 대해 나름의 '다른 생각들'을 가지고 있음을 보게 됩니다. 이번 리더스포럼과 단행본 뒷부분에서 다룰 30-40대 목회자 그룹조차도 기성세대 사역 선배들과는 다른 결을 갖고 있습니다.

통계와 수치를 놓고 볼 때, 한국교회와 선교에 있어 큰 위기처럼 보입니다. 얼마 전, 1990년 말에 발간된 어느 기독교 언론에 나온 '당시 한국교회 선교사 파송수치'를 봤는데 당시 20-30대 선교사가 전체의 70.2%였고 그 중 93.3%가 대졸 이상이었습니다. 반면, KWMA에서 조사한 바에 따르면 2020년 1월 기준으로 20-30대 선교사는 전체의 11% 수준이고, "이제는 선교지 현장에 젊은 선교사 파송이 매우 드물어졌다"는 소식 또한 접하며 나름의 격세지감을 느끼게 됩니다. 앞서 복음(Text)과 상황(Context) 이야기를 했습니다만, 복음이라는 연속성과 상황 변화라는 불연속성을 두고 "과연 우리가 놓친 것이 무엇일까?"라는 생각을 하게 됩니다. 그런 차원에서, 올해 IBA 리더스포럼 주제와 단행본 구성은 '지금 우리 목회와 선교사역을 둘러싸고 있는 다양한 면면들'을 조명하는 것에 중점을 뒀습니다. 언젠가 이 자리 이 지면을 통해 우리 목회와 선교의 미래 이야기를 본격적으로 나눌 기회가 있을지 모르겠습니다만, 적어도 지금은 한국교회 목회-선교의 "지금 여기"(Here & Now)를 조명하고 다시금 우리들의 자리와 자기 자신을 돌아보며 '장차 나아가야 할 길'을 재조정하는 것이 시급해 보입니다.

IBA는 올해 포럼과 단행본을 통해서 비즈니스, 목회, 선교 영역의 전문가-현장가들로부터 '선교적 관점'이 담긴 각각 시대와 세대, 환경과 상황에 관한 이야기들을 들으며, 코로나19는 물론 4차 산업혁명 시대, 다문화 상황, 통일한국 비전, 다음세대 세움과 동역 등에 관한 지식과 통찰을 얻고, 이를 우리들 각자의 사역 현장에 적용하는 계기가 삼으려 합니다. 새로운 선교의 시대에, 이 책이 BAM 운동을 넘어 한국교회 목회와 선교 전반에 있어 의미 있는 이정표가 되길 바랍니다.

정답은 불변합니다. 여전히 '예수'요 '복음'입니다. 다만, 지금처럼 시대-세대 변화가 극심한 때에는, 특히 코로나19와 같은 격변으로 인해 해외 선교지와 국내 사회-경제가 통째로 흔들리는 시기에는 우리 사역의 전략적 틀 그 기초와 방향성부터 다시 고민하는 가운데, 어쩌면 '문제풀이 방식'을 완전히 바꿔보는 것도 하나의 방법일 것입니다. <비즈니스 세계 속 선교적 삶>을 추구하는 한국교회 BAM 운동이 지금 이 시대에 하나의 유효한 선교적 대안이 되길 소망합니다. 마지막으로, 최근 어려운 상황 속에서도 2020년 IBA 리더스포럼을 진행하도록 애써주신 목동 한사랑교회 황성수 목사님, 엄태경 권사님 그리고 모든 부교역자와 성도님들께 감사의 마음을 전합니다.

Part 1
시대와 세대,
그 한복판에서

Business As Mission에 있어 <지금 이 시대, 지금 이 세대> 이야기는 매우 중요하다.
빠른 속도로 도시화 되고 자본화 되는 한국 사회와 글로벌 곳곳의 상황,
특히 M-Z세대들이 가진 이전 세대와 구별된 비즈니스 감성은
'지금 여기 우리의 선교'에 있어 거칠고 버거운 도전이다.
본 장에서는 M-Z세대 감성, 4차 산업혁명 시대, 코로나19 환경 등
다양한 상황들을 선교적 관점으로 조명한 세 개의 글들을 통해,
장차 우리 한국교회의 영성과 사역의 방향을 제시한다.

2019

2020

2021

2022

요즘 것들, 요즘 공간, BAM의 과제

황인권 대표 인권앤파트너스

2019
2020
2021
2022

들어가는 글: 새로운 시대에 선 교회

90년대 생이 온다

2018년에 나온 책 한 권이 인터넷을 달궜다. 각 기업의 인사 담당자나 중간 관리자들 사이에서 필독을 해야 하는 책이 되었고, 결국 대통령도 읽어 봤다고 이야기하는 책이 되었다. 그렇다. 바로 <90년대 생이 온다>라는 책이다. 이 책은 우리나라의 밀레니얼 세대들에 대한 이야기가 담겨 있다.

모두가 선망하는 좋은 직장인데, 조금 힘이 들어 보인다고 그만둔다. 어렵게 들어간 공무원인데 오래 있지 않다가 그만 두고 장기 해외 여행을 간다고 한다. 기성 세대가 보기에는 이해할 수 없는 일들이 젊은 세대들 사이에 일어나고 있다. 90년대 생은 왜 납득할 수 없는 행동을 하는 것일까?

작은 답 중 하나는 세대와 시대별로 관통하는 저마다 다른 마인드셋이 있다는 것을 인정하는 것일 수도 있을 것 같다. 1980년~2000년 사이에 태어난 밀레니얼 세대와 1997년부터 2010년 사이에 태어는 Z세대(미국 기준)은 기존 세대들과 달리 초기 인터넷 혁명과 모바일 혁명의 영향을 기본적으로 가지고 있는 세대이다.

스마트폰이라는 인류 역사상 가장 강력한 개인 비서를 두게 된 밀레니얼 세대와 Z세대는 디지털 네이티브를 기본으로 매우 빠르게 세상과 소통하며, 대량의 정보를 처리하고, 깊고도 얕게 주위와 연결되어 있다.

마차를 타다가 자동차를 타는 엄청난 변화가 있던 것처럼, 모바일 혁명은 사람들의 삶을 근본적으로 변화 시켰다. 정보를 찾고, 학습을 하고, 물건을 사고, 이동하는 근본적인 행위에 영향을 끼쳤다. 스마트폰이 강력해 지면서, 공중전화, 팩스, 나침반, 카메라, 비디오 캠코너, CD플레이어 외에도 무수히 많은 디바이스가 사라지거나 스마트폰 안으로 흡수되었다. 그리고, MZ세대(밀레니얼 세대와 Z세대)는 이 스마트폰을 통해 세상과 소통하고 있다.

제러미 아이언즈는 '뉴파워: 새로운 권력의 탄생'이라는 책에서 '행동', '연결', '확장'이라는 세 가지 키워드를 제안한다. 기존의 소수 엘리트가 가지고 있던 올드 파워는 이제 이 세가지 키워드로 대치되는 MZ세대들에 의해 영향을 받고 있다. 과연 뉴 파워가 세상을 지배하게 될까? 2020년 10월 태국에서는 젊은 세대들에 의한 거대한 반정부 시위(혹은 민주화 운동)가 열렸다. 이러한 정치적인 행동의 의미에 대한 상세한 분석은 뒤로 하고, 가장 눈을 끈 것 중 하나가 세 손가락을 들고 하는 시위였다. 감히 왕비에게 세 손가락 경례를 하냐며 체포를 종용했던 세 손가락 경례는 영화 '헝거게임'에 나오는 저항의 상징으로 2014년에도 많은 대학생들이 체포된 바 있다.

라이프 스타일과 트렌드 사파리

2019년 대한민국은 GDP기준 30,000달러를 넘어섰다. 소매업계에서 나오는 이야기 중에 국민소득 만 달러일 때 차를 바꾸고, 이만 달러일 때 집을 바꾸고, 삼만 달러일 때 가구를 바꾼다는 말이 있다. 생존을 의미하는 의식주에 필요한 것보다 더 돈을 벌기 시작할 때 라이프 스타일 이슈가 중요하게 부상한다. 더 이상 단순히 먹고 사는 것이 중요한 것이 아니라 어떻게, 무엇을 먹고 사느냐가 몹시 중요하게 된다.

십 여 년 전 우리는 빕스와 빈폴에 열광 했지만, 불과 십 여 년 사이에 외식은 전국 각지에서 올라온 고유의 스토리가 있는 로컬 레스토랑에 가고 옷과 가구는 이케아, 무인양품과 아마존을 통해 미국과 영국에서 직구를 하는 삶을 살고 있다.

때문에 새로운 서비스와 제품, 공간을 구상할 때, 우리가 지금 살고 있는 컨텍스트를 어떻게 이해하는가가 몹시 중요해졌다. 시대를 바꿀 새로운 흐름들은 어디에서 오는가? 사람들은 어디에 열광하는가? 지난 5년, 10여 년 동안 우리가 누려왔던 것들에서 현저하게 달라지는 것은 무엇인가? 우리 회사는 브랜딩을 해야 하는 새로운 프로젝트가 시작되면 우리는 클라이언트와 함께 다양한 공간들을 함께 둘러본다. 10년 전에는 이웃 나라 일본이나 멀리 뉴욕, 혹은 런던을 다녀오는 것이 필요했는데, 코로나19 때문이 아니라 지금은 여기에 나오는 곳만 둘러 보아도 충분히 문화적으로 풍성한 느낌이 있다.

왜 그럴까? 이미 대한민국의 라이프스타일이 충분히 세계적이기 때문이다. 간단히 주위를 살펴 보아도 요즘 가장 큰 이야기거리 중 하나가 BTS의 빌보드 차트 1위 소식이다. 요즘 성수동은 중국과 동남아시아에서 많은 사람들이 온다. 이웃나라 일본에서도 방문하고 싶은 여행지이고, 국뽕이 아니라 넷플릭스 일본에서는 한국 드라마가 대단한 인기를 끌고 있다.

아웃리치 매거진 패스트 그로잉 처치와 MZ세대

연구조사에 따르면 2018년 미국은 처음으로 복음주의 그리스도인이라고 하는 사람이 21.8%, 자신은 종교가 없다고 하는 사람이 23%로 그리스도인의 숫자가 불신자보다 작아졌다. 우리나라의 기독교 인구 예측도 별반 다르지 않다. 한 비관적인 조사는 한국교회는 빠른 시간안에 최대 1/4까지 성도가 줄어들 것으로 예측하고 있다.

미국의 복음주의 잡지인 '아웃리치 매거진Outreach Magazine'은 매해 미국 내 3가지의 100대 교회 순위를 발표한다. 하나는 '가장 큰 교회', 다른

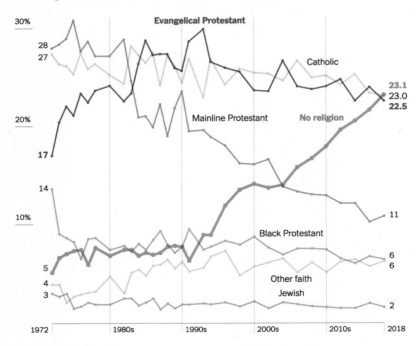

The Rise of 'No Religion'
Percentage of Americans by religious affiliation, or lack of one.

By The New York Times | Source: analysis of General Social Survey data by Ryan P. Burge, Eastern Illinois University; figures do not add up to 100 percent because the surveys did not classify some respondents.

하나는 '빠르게 성장하는 교회', 마지막으로 '재생산하는 교회'인데, 개인적으로 가장 주목한 것이 <Fast Growing Church>이다. 수많은 교회가 문을 닫고 있는 시점에 어느 교회는 순식간에 두 배로, 혹은 몇 년만에 10배 이상 성장을 하기도 한다. 무엇이 차이를 만드는가? 어디에 힘이 있는 것인가?

강의를 통해 3년 정도 빠르게 성장하는 미국 교회의 디자인 트랜드를 살펴보다가 깨닫게 된 것이 있다. 새롭게 고속 성장하는 교회들은 이야기의 톤이 우리가 흔히 생각하는 교회스러운 모양이 아니다. 목회자도 교회스럽지 않고, 설교 제목이나 그림도 교회스럽지 않다. 교회스럽지 않다는 것은 무엇일까?

이들의 이야기는 철저히 하나님을 알지 못하는 미국의 MZ세대에 맞춰져 있다. 보통 밀레니얼 세대와 Z세대는 80년생 이후를 말한다. 그렇기 때문에 교회에 오래 다닌 성도들이 보기에는 매우 낯설고, 거룩하지 않아 보인다. 하지만, 하나님을 알지 못하고 세상 속에서 살던 사람들에게는 익숙한 모양이다.

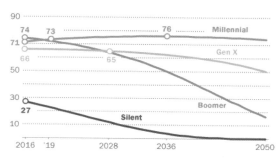

Projected population by generation

In millions

Note: Millennials refers to the population ages 20 to 35 as of 2016.

Source: Pew Research Center tabulations of U.S. Census Bureau population projections released December 2014 and 2016 population estimates.

퓨 리서치 센터의 최근 조사 결과이다. 앞으로 20년, MZ세대를 잡지 못하는 교회는 줄어드는 고령 인구의 변화와 함께 쇠퇴를 경험하게 될 가능성이 크다. 그렇다면 어떤 교회로 변화해 가야 할까?

이에 무엇이 우리의 삶을 바꾸는가? 새로운 기회는 어디에 있는가? 사람들은 어디에 끌리는가를 고심하면서 4가지 카테고리, 15개의 공간과 이야기로 풀어 보았다. 중요한 것은 이것들이 젊은이들에게 영향을 미치며, 우리의 삶을 바꾸고 있는 것들이라는 것이다.

완전히 새로운 공간이 오다

새로운 공간이 온다

명동의 상권이 시들어 가고 있다. 올드 이태원(녹사평에서 해밀턴 호텔로 이어지는 구역)에 공실이 늘어난다. 트렌드에 민감한 젊은이들은 더이상 문화를 누리러 홍대입구로 가지 않는다. 2020년에 가장 힙한 곳은 어디일까? 앞에서도 기술하였지만, 한국에서 힙한 곳은 아시아에서도 힙한 공간이다. 중국, 대만, 베트남에서 온다. 유럽과 미국에서도 보러온다.

지금부터 10년 전 성수역 근방에 정미소와 창고로 사용되던 공간의 내외부를 그대로 살린 '대림창고'가 문을 열었다. 강남에서 성수대교와 영동대교로 넘어가 작업공간을 꾸미던 크리에이터들과 신발 및 패션 관련 하청으로 다양한 제품 생산 능력을 지닌 성수가 뉴욕의 브루클린처럼 핫해지기 시작한 첫 걸음 중 하나였다. 대림창고는 패션쇼와 신차 발표회 등을 열면서 순식간에 강남과 강북을 잇는 핫 플레이스가 되었고, 지금은 대림창고를 중심으로 성수역에서 뚝섬역까지 이어지는 좌우의 긴 길

대림창고 서울특별시 성동구 성수2가1동 성수이로 78

을 따라서 수 십곳의 카페, 레스토랑, 숍과 문화공간이 생겼다.

때문에 트렌드 투어를 할 경우 가장 먼저 성수 지역을 살피고 가능하다면 연남, 을지로, 한강진역 근처를 살펴 보려고 한다. 이 곳에 숨겨진 공간에 대한 새로운 해석을 몇 곳 살펴보자. 그리고 가능하다면 여기에 소개된 곳 모두 다녀와 보기를 권한다.

물건을 팔지 않는 곳, 체험공간 아모레 성수

성수역 2번 출구로 나가서 카페 어니언 옆으로 조금 걸어 가면 회색 콘크리트 건물이 하나 보인다. 간판 없는 회색 벽돌 ㄷ자 공간 가운데 근사한 냇물과 정원이 보인다. 바로 옆에는 아직도 인쇄소와 작은 공업사 등이 영업을 하고 있다. 문 앞에 가까이 가야 아모레퍼시픽의 전용 서체로 디자인 된 '아모레 성수'라는 체험공간이 나온다.

금싸라기 땅에 최고 수준의 인테리어와 아모레퍼시픽에서 나오는 모든 물건을 가져다 놓았다. 그런데, 아무것도 팔지 않는다. 그저 무료로 체크인해서 놀고 즐기면서 물건을 써보고 미리 신청해서 메이크업도 받는다. 모두 무료. 핫플에 있는 핫한 인테리어의 이 공간은 미래의 고객을 만들기 위해 투자하는 공간이다. 아모레퍼시픽이 Z세대인 젊은이들에게 자사 브랜드를 젠틀하게 소개하고, 친구로 초대하는 공간이다.

입구에서 회원등록을 하면서 '체크인'을 한다. 마치 여행을 떠나거나 호텔에 들어가는 것처럼 신청을 하고 입장을 해서 브랜드의 다양한 제품들을 사용해 보고 난 후에, 출구에 가면 '아모레 마켓'이라고 이름 붙인 아모레퍼시픽의 모든 브랜드에서 나오는 제품의 샘플들이 한가득 들어있는 공간을 만나게 된다. 스마트폰으로 체크아웃 태깅을 하면 여기에서 5개의 제품을 골라 담을 수 있는 기회를 준다. 이미 만들어진 화장품 샘플을 제공하는 것이므로 비용이 많이 들어가는 것은 아니지만, 브랜드에

아모레 성수 서울특별시 성동구 성수동2가 277-52

대한 긍정적인 기억을 남길 수 있는 좋은 장치라고 생각한다.

완전히 Z세대에 맞춰진 짜임새 있는 스토리텔링의 공간. 너무 웅장하지 않아 위압감을 주지 않고, 친절하게 자사 브랜드의 제품과 친구가 될 수 있는 곳이 아모레 성수이다.

어반 리조트, 사운즈 한남

새로운 세대를 위한 교회를 만들고자 한다면 본당이 큰 교회당 건물 대신에 일본 동경의 '다이칸야마 츠타야'와 한남동의 '사운즈 한남'을 가보라고 권한다. 특히나 사운즈 한남이 재밌는 이유는 이곳이 단순히 돈을 벌기 위해 만들어진 곳이 아니기 때문이다. 지금은 카카오의 부대표로 있는 조수용 사장이 세운 'JOH'라는 회사는 자사의 사옥을 지으면서 사무공간, 레지던스와 상업공간이 입체적으로 엮이는 작은 마을로 구성을 하였다.

미쉐린가이드에 소개된 한식당 '일호식', 큐레이션 서점 '스틸북스', 카페와 베이커리 '쿼르텟', 오디오 체험 공간 그리고 호주 뷰티 브랜드 '이솝', 'Dyson' 및 몇 개의 상점으로 구성된 사운즈 한남은 조그만 유럽 마을 같은 오밀조밀하면서도 단정한 느낌을 준다.

사람들은 단정하면서도 높은 완성도를 추구하며, 단순히 판매 이상의 가치를 제공하고자 노력하는 공간에 끌린다. 본능적으로 이곳이 자기를 위한 곳임을 이해하고, 브랜드에 대한 애정과 관심으로 답을 하기도 한다. 럭셔리한 소재가 아니어도 좋다. 일상에서 만날 수 있는 것보다 조금 더 정성스럽게 준비된 공간에서 먹는 일인상으로 차린 저염식 식사 일호식. 옆 스틸 북스는 층 별로 주제가 정리된 큐레이션 서점이다. 1층은 JOH에서 나오는 매거진 B와 세계의 트렌드를 리드하는 잡지가 준비되어 있다. 2층은 일과 생활, 3층은 예술과 디자인, 4층은 사유와 사람으로 책들

사운즈 한남 서울특별시 용산구 한남동 대사관로 35

이 정교하게 골라져 있다. 이와 같은 큐레이션 서점의 특징은 권수가 적더라도 매우 세심하게 골라져 있기 때문에 어떤 책을 집어 들어도 괜찮다는 것이다. 아울러 다양한 라이프스타일 소품들과 문구, 아트 상품들이 함께 준비되어 있어 빈손으로 나오기가 힘들다.

더 이상 사람들은 자기의 문화 수준보다 낮아 보이는 공간을 방문하지 않는다. 그곳에서 시간을 쓰지 않는다. 도움을 주고 봉사를 하러 가거나, 누리러 가거나. 둘 중 하나의 선택이 있을 뿐이다. 우리 공간의 수준이 어느 정도일까? 사운즈 한남에 가면 비교해 볼 수 있다.

문화 생활자의 영감의 원천, 현대카드 라이브러리

11개 카드사 중에 꼴찌였던 현대카드가 대한민국 1등이 될 수 있었던 것은, 사람들에게 문화를 누리기 위해서는 현대카드가 가장 좋다라는 인식을 심어주게 된 것이 컸다. 현대카드는 자사가 가장 문화 생활자들을 잘 이해하고 있다고 증명하기 위해 서울에 4개의 도서관을 만들었다. 가장 먼저 북촌 가회동에 디자인 라이브러리, 그리고 논현동에 트래블 라이브러리, 이태원에 뮤직 라이브러리, 마지막으로 도산공원 옆에 쿠킹 라이브러리를 열었다. 전세계에서 발탁된 내노라 하는 에디터와 평론가, 전문가들이 각 도서관에 수천권의 책을 큐레이션 해서 비치해 놓았으며, 인테리어 또한 각 분야에서 한 획을 긋는 회사와 건축가들이 나름의 스토리를 담아 놓았다.

그런데 이 모든 것이 무료다. 대신에 현대카드가 있어야 한다. 도서관 입구의 출입 장치에 현대카드를 긁어야만 문이 열린다. 이 도서관에 입장하기 위해 현대 카드를 만들었다는 사람도 많다. 현대에 젊은이들이 문화적으로 가장 관심있는 분야인 미술과 디자인, 여행, 음악 그리고 음식에 대해 세계 최고의 자료를 모아 놓았다면 어찌 관심이 가지 않을까? 현대카드는 사람들을 억지로 모으는 대신에, 차분히 준비한 재료들을

현대카드 디자인 라이브러리 서울특별시 종로구 가회동 북촌로 31-18
현대카드 트래블 라이브러리 서울특별시 강남구 청담동 선릉로152길 18
현대카드 뮤직 라이브러리 서울특별시 용산구 한남동 이태원로 246
현대카드 쿠킹 라이브러리 서울특별시 강남구 압구정동 압구정로46길 46

모아 문화적으로 풍성한 삶이란 무엇인지,에 대한 답을 공간에 풀어 놓았다.

미래의 선교지를 엿보다, 성수연방

2019년 1월에 오픈한 성수연방은 빨간 벽돌 3층 건물 두 동을 이어 다양한 라이프 스타일 카테고리 상점들로 이루어져 있으며, 오랫동안 다양한 공간을 만들어 온 OTD라는 회사의 작품이다. 성수연방의 미래에 대해서 많은 긍정론과 부정론이 있으나, 작년부터 가능한 여러 선교 단체들에게 이곳을 설명하며 앞으로 선교지에서 새로운 사역을 시작한다면, 성수 연방을 모델로 삼아볼 것을 권하고 있다.

1층은 라이프스타일 마켓 '띵굴마켓'과 전국에서 입점시킨 작은 맛집들. 2층은 큐레이션 서점 '아크앤북'과 파인 다이닝 레스토랑. 3층에는 천상가옥이라는 루프탑 카페로 구성되어 있어 젊은이들이 한번 쯤 들러서 인스타그램에 꼭 올려야 하는 공간으로 소개가 되고 있다. 사운즈 한남과 성수 연방은 매우 비슷한 컨셉이면서도 타겟으로 소구하는 연령대가 조금 다른 느낌이다. 사운즈 한남은 한남동의 특성에 맞게 30대와 일상에서 예산을 조금 더 쓸 수 있는 사람들을 타겟으로 한다면, 성수 연방은 주말에 성수동에 지하철을 타고 놀러온 20대에 맞추어 일인당 2~3만원의 예산으로 식사와 커피, 문화 생활을 즐길 수 있는 구성이다.

앞으로 지방 도시의 교회들은 어떤 사역을 해야 할까? 한국 선교사님들은 어디로 가면 좋을까? BAM의 기회는 어디에 있을까? 동유럽, 동남아시아, 중국의 대도시의 부도심, 중소도시의 도심에 앞으로 10여 년간은 성수연방과 같은 연합 모델이 가능하다고 보게 되었다. 그래서 많은 목

성수연방 서울특별시 성동구 성수동2가 성수이로14길 14

요즘 것들, 요즘 공간, BAM의 과제

사님들과 선교사님들을 모시고 성수 연방을 간다.

카페케이션과 굿즈, 로컬의 부상

간판이 안보이는 앤트러사이트와 MMMG

지난 10여 년 동안 세계는 Third-wave 커피의 바람이 불었다. 미국의
인텔리겐시아나 얼마전 우리 나라에 진출해서 화제가 된 블루보틀과 같
이 커피 본연의 향과 맛을 즐기기 위해 싱글 오리진 드립을 제공하고 커
피의 원산지에 집중하며 자신만의 아이덴티티가 확실한 인테리어를 통
해 스타벅스 이후의 커피를 견인해 온 것들이다. 인텔리겐시아 커피도
2018년부터 판교 현대백화점에서 맛볼 수 있다.

합정역에서 상수역 쪽으로 10분 정도를 걸어가면, 주택과 아파트 단지
사이로 오래된 공장 건물이 보인다. 간판도 없고 주차도 없는 오래된 신
발 공장을 개조한 앤트러사이트 커피이다. 벌써 문을 연지 10년이 되어
가는 앤트러사이트는 이후에 제주도와 연남동, 그리고 이태원에 추가로
매장을 냈다.

제대로 된 인더스트리얼 룩을 구현했던 앤트러사이트 합정 대신에 이태
원 매장을 소개하는 이유는 이태원 앤트러사이트가 MMMG와의 협업으
로 생겨난 지하 3층 지상 3층의 복합구성 매장이기 때문이다. 이태원역
에서 한강진역으로 가는 대로변에 있음에도 제대로 된 간판이 없다. 인
스타 세대는 너무나 찾기 쉬운 곳이지만, 간판으로 보고 가는 세대에게
는 익숙치 않은 곳.

가장 아래 층에는 스위스의 업사이클링 브랜드 '프라이탁'이 있다. 그 위

앤트러사이트 한남점(MMMG) 서울특별시 용산구 한남동 이태원로 240

에는 미니멀한 문구와 큐레이션 서적, 생활 소품을 제안하는 우리나라 라이프스타일 브랜드 'MMMG', 지하 1층은 일본에서 탄생한 오래가는 디자인을 추구하는 'd & department'가 입점해 있고 1층부터 3층까지가 앤트러사이트이다. 공사판에서 주워온 것으로 보이는 철제 판을 쌓아 카운터를 만들었다. 하다 만 듯 보이는 2, 3층 매장 공간은 주말이 되면 줄서서 먹는 청년들이 가득하다. 코로나19 거리두기 기간에도 주말에는 자리가 없는 간판도 잘 안보이는 곳에 사람들이 몰린다.

아시아에서 유명한 카페 어니언

카페케이션이라는 말을 아는가? Cafe + Vacation의 합성어로 주말 혹은 공휴일마다 전국의 멋지고 재미난 카페에서 휴식과 새로운 인사이트를 얻는 트렌드이다. 강화도의 조양방직은 수도권에 있는 사람들이라면 한 번 쯤은 들러봐야 하는 핫플레이스가 되기도 했다.

성수역 2번 출구로 나가 5분 정도 걸으면 중국과 동남아시아 청년들이 와서 빵과 커피를 먹으며 인증샷을 남기는 '카페 어니언'이 있다. 오래된 금속부품 공장의 내외관을 그대로 살리고 중요한 곳만 현대적으로 마감을 했다. 팡도르라는 마치 눈송이가 올라간 것 같은 독특한 형태의 빵을 만들어서 판다. 그 빵이 시그니쳐가 되어 아시아 지역에서 유명해 졌다. 어니언의 팡도르를 먹으며 인증샷을 남기는 것이 진짜 카페케이션이 된 것이다.

치앙마이에 있는 카페 'Path'는 시 외곽에 지어진 아담한 2동의 건물로 주말에만 여는 베이커리 카페에 들르기 위해 태국 친구들이 줄을 선다. 연예인도 오고, 카페 주인장은 벤츠 광고에도 바리스타로 출연했다. 이 곳에서 바로 그 '팡도르'를 판다. 그리고, 패스의 바리스타 주인장 부부는 한국에서 파송된 선교사들이다. 중국 상해에서 공부하고 한국의 커피 프랜차이즈에서 커피를 본격적으로 배운 태국에서 함께 작은 집을 짓고

어니언 성수 서울특별시 성동구 성수동2가 아차산로9길 8

요즘 것들, 요즘 공간, BAM의 과제

젊은이들이 몰려드는 카페를 만들었다. 누가 젊은이들이 오지 않는다고 하는 것일까?

굿즈로 소통할 수 있다. 프릳츠 커피

성수에서 반대편 마포구 도화동에 가면 한옥과 현대적인 건축재료를 신기하게 섞은 카페가 있다. 커피와 아무 상관이 없는 물개를 카페 로고로 쓰고 있는 프릳츠 커피다. 디자이너이자 일러스트레이터 조인혁씨가 작업할 때 여러 시안이 있었는데, 외관만 봐서는 전통찻집 같아서 어떤 심볼로 가야할 까 고민을 하던 중, 대표가 심지어는 물개가 나와도 상관이 없다는 말에서 아이디어를 얻어 물개가 심볼이 되었다.

큰 길가에서 항상 멀리 떨어지거나 이면 도로에 있는 프릳츠 커피는 6명의 커피와 베이커리 관련 전문가들이 모여서 좋은 빵과 커피가 있는 곳이라면 상권은 중요하지 않다는 생각으로 도화동에 첫 자리를 잡고 창업한 지 6년이 지난 지금은 레트로 카페의 원조로 년 80억 매출, 550곳에 월 원두 16톤의 납품, 80명의 직원들과 함께 일을 하는 놀라운 공간이 되었다.

몇 년 전부터 해마다 12월이 되면 프릳츠 커피는 1년간 술에 숙성을 시켰던 슈톨렌이라는 독일식 크리스마스 케익을 판매하기 시작한다. 사람들은 교회에는 오지 않지만, 독일식 크리스마스 상품인 슈톨렌은 기다렸다가 판매시 바로 구매를 하기 때문에 곧 품절이 되기 일쑤다.

오늘날 20대를 관통하는 키워드가 하나 더 있다면 그것은 무엇일까? 주저하지 않고 '굿즈'라고 이야기하고 싶다. 가끔씩 뉴스나 인터넷 커뮤니티에 등장하는 뉴스 중 하나가 스타벅스에서 출시한 굿즈를 사기 위해 벌어지는 일들이다. 얼마전에도 스타벅스 가방을 사기 위해 300여 잔의 커피를 주문해서 그냥 버리고 간 일이 뉴스에 나온 일이 있다. 그것이 대

프릳츠 커피 도화점 서울특별시 마포구 도화동 새창로2길 17

기업이기 때문에 가능한 것이라고 생각한다면, 프릳츠 커피의 온라인 사이트에서 굿즈 섹션을 봐보길 권한다.

앞으로의 세계는 나 혼자 외치는 곳이 아니다. 젠틀하게 내가 생각하는 것을 제안하고, 그것을 커뮤니케이션 대상자와 함께 주고 받으며 함께 만들어 가는 것. 프릳츠 커피가 그 모델을 차분히 보여주고 있다.

마을 커뮤니티 호텔을 꿈꾸는 것일까?
몬드리안 호텔과 에이스 호텔

반포대교를 지나 용산구청 쪽으로 가다 보면 옛 캐피탈 호텔을 새롭게 단장한 '몬드리안 호텔' 보인다. 2020년 8월, 미국의 SBE 그룹과 프랑스 아코르 그룹이 합쳐서 몬드리안 브랜드로 개장을 했는데, 이 호텔의 면면이 흥미롭다.

10kg 미만의 강아지를 데리고 자유롭게 출입할 수 있는 지하 식당가에는 다른 5성급 호텔의 럭셔리한 명품 매장들과는 달리 앞서 소개했던 띵굴마켓과 아크앤북이 입점해 있다. 그리고 한식당과 유명한 '태극당'이 베이커리와 커피로 입점을 해 있다. 잘 차려입고 와야 하는 호텔이 아니라 편한 복장으로 산책하다가 걸어 들어와서 식사를 할 수 있는 곳. 자세를 낮추는 것일까, MZ에게 더 다가가려는 것일까?

이러한 호텔의 노력을 몬드리안 호텔이 처음 한 것은 아니다. 얼마전 아시아에서는 교토에 처음으로 문을 연 '에이스 호텔'이라는 곳이 있다. 1997년 시애틀에서 출발한 에이스 호텔 체인은 진출한 지역에서 저평가 되었지만 의미가 있는 건물을 해당 지역의 크리에이터들과 콜라보하여 매력적인 공간을 만들어 낸다. 그래서 에이스호텔 로비는 투숙객만큼

몬드리안 호텔 서울 서울특별시 용산구 서빙고동 장문로 23

이나 지역의 힙스터들이 와서 머무는 도서관, 커뮤니티 라운지와 같은 공간을 만들어 낸다. 에이스 호텔은 체인이라고 하지 않고 콜렉션이라고 한다. 호텔을 건물로 생각하는 것이 아니라, 정신이 머무는 '공간'으로 이해한다.

2020년 10월, J-US 워십에서 오랫동안 공들여 준비한 커뮤니티 공간 '자이온'이 염창동에 문을 열었다. J-US 김준영 대표는 몇 해 전 에이스 호텔에서 받은 영감과 충격을 통해 자이온에 대한 그림을 더 선명하게 만들 수 있다고 말하며, 향후 이 모델을 가지고 아시아 선교의 비전을 품고 있다고 밝혔다.

외롭거나, 두렵거나.
그래서 멋진 사람들과 연결되고 싶어요

디렉토리 매거진

최근에 청년사역을 하는 분들에 꼭 소개하는 잡지가 있다. '디렉토리'라는 잡지다. 잡지를 만드는 곳은 '직방'이다. 그렇다. 우리가 부동산을 거래할 때 사용하는 '직방' 앱에서 만드는 잡지가 맞다. 전체 잡지를 보면 직방 앱과 관련된 내용은 하나도 없고 마지막 페이지에 광고 하나가 달랑 있을 뿐이다. 디렉토리 매거진은 원룸과 작은 방, 아파트에 사는 젊은 이들의 삶을 다루고 있다.

매거진을 열어서 보면, 홍대, 인천 등의 빌라 단지에 사는 전문직 종사자 청년들의 멋진 사진과 그들의 삶의 이야기, 방 구조도가 보인다. 아마도 직방은 꼭 아파트가 아닌 곳에도 멋진 삶이 있다고 말하고 싶었던 것 같다. 그리고 실제로 거기 사는 사람들의 삶은 멋져 보인다.

디렉토리 매거진 온라인 사이트에 가면 재밌는 기능이 있다. 인터뷰 기사들을 검색해 볼 수 있는데, 보증금 금액이나 집의 평수, 아파트인지 빌라인지 등의 주거 형태로 다른 사람들의 삶을 검색해 볼 수 있는 기능이다.

북 에디터인 33세 정지혜씨는 13평, 성산동 2층 다가구 주택에서 보증금 2천만원에 월세 70만원으로 살고 있다. 고양이 두 마리와 남편과 함께 살고 있는 정지혜씨는 군산에서 독립서점을 하다가 서울로 올라왔다. '아미'*인 지혜씨는 남편 눈치를 보느라 덕질을 마음껏 할 수 없는 것이 조금 아쉽다. 디렉토리 매거진에서 정지혜씨를 검색해 보면, 집의 평면도와 정갈하게 꾸며놓은 집 내부 사진들을 살펴 볼 수 있다.

트레바리

한 달에 한 권의 책을 읽고 사람들을 만난다. 만나서 독후감을 나눈다. 그런데, 독후감을 꼭 써야 모임에 참석할 수 있고 회비를 많이 내야 하는 독서 모임이다. 한동안 온라인 커뮤니티를 뜨겁게 달군 '트레바리'라는 독서 모임이다.

트레바리가 특별할 수 있었던 이유 중 하나는 분야별로 생성된 독서 클럽이 있고, 해당 클럽의 클럽장을 소위 셀럽이나 해당 분야의 최고 전문가들이 맡았기 때문이다. 네이버 전 대표이사, 자산운용사 대표, 브랜드 컨설턴트, 청와대 사진작가… 쟁쟁한 그 분야의 대가가 직접 책을 고르고 거기 모인 사람들이 함께 그 대가와 이야기를 나눈다. 젊은이들에게는 멘토가 될 수도, 거기 모인 사람들끼리는 정말 해당 분야의 수준 높은 커뮤니티가 될 수도 있는 모임. 그래서, 큰 돈을 지불하고서라도 가야하

디렉토리 매거진 https://directorymagazine.kr/
트레바리 https://trevari.co.kr/

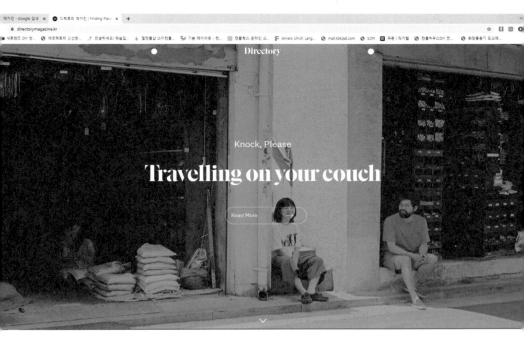

요즘 것들, 요즘 공간, BAM의 과제

고, 공들여 독후감을 써서 발표해야 하는 곳이 트레바리이다.

처음부터 클럽장으로 엄청 유명한 사람들을 모았기 때문에, 이에 따라 대기업이나 전문직에 종사하는 젊은이들이 많이 모였고 곱지 않은 시선으로 이것을 바라보던 사람들은 고급 소개팅이라고 커뮤니티 모임을 비하하기도 했다. 불과 5년이 안되는 사이에 몇 만명의 유료 회원을 모으고 코로나19 때문에 주춤하기는 했으나, 자체 빌딩을 매입하여 보다 입체적인 서비스를 제공하려는 트레바리 모델은 매우 유효하여 중년 세대에게 유사한 프로그램을 제공하는 '반서재'와 같은 연령대를 달리 하는 유사 서비스가 등장하기도 했다.

마보

마보는 '마음보기 연습'의 약자로 조직심리학 전공자인 유정은 대표가 2016년 개발한 명상 앱이다. 이 방법은 불교의 한 방법론으로 구글의 엔지니어였던, '실리콘밸리의 명상가' 차드 멩 탄이 구글 직원들을 위해 종교적인 색채를 배제하고 만든 명상법이다.

이미 전세계적인 붐을 일으킨 앱을 이용한 명상은 'Headspace', 'Calm' 등의 앱이 매우 유명한데, 헤드스페이스의 경우에는 650만명의 접속자를 가지고 있으며, 캄 앱은 기업 가치가 1조 원이 넘는 유니콘에 선정되기도 했다.

마보는 '마음보기 7일 기초 훈련'으로 시작해 명상할 때 호흡, 자세와 같은 기본적인 방법을 알려줄 뿐만 아니라, '출근길에', '회사에서', '자기 전에'와 같은 상황별 명상, '불안할 때', '우울할 때', '외로울 때', '화가 났을 때' 등의 기분별 명상 등 230여 개의 명상 프로그램을 제공한다. 또한 사용자들은 앱 내 커뮤니티에서 서로 질문하고 경험을 공유할 수도 있다. 지금까지 가입자는 12만 명에 달하며, 매 분기 평균 16% 내외의

마보 https://www.mabopractice.com/

성장률을 보이고 있다.

서구 기독교계도 이에 대응하기 위해, Meditation 앱이나 바이블 관련 앱에 명상 관련 기능을 더하고 있는 실정이다. 전세계의 라이프스타일이 상향 평준화 되면서 동시에 매우 빠르게 트렌드가 전달되는 시기에 이와 같은 행보는 교회가 관심을 갖고 힘을 써야 하는 것이다. 한국의 경우에도 필그림하우스의 묵상기도나 예수동행운동의 영성일기 프로그램 등이 있는데, 이것이 보다 젊은 층으로 옮겨 가야할 필요가 있다고 본다.

괜찮아 마을

모두가 성공한 청년이 되어야 한다고 말할 때, 실패해도 괜찮다고 하는 곳이 있다. 전남 목포의 쇠퇴한 원도심을 청년 대안 공간으로 만들며 각 30명씩 총 60명을 두 기의 입주자로 선정을 했다. 1기생들은 '인생을 다시 설계하고 싶은 39살 이하 청년들'로 입주금은 교육 뒤 전액 환불해 준다.

마을은 공유공간 괜찮은 집, 인생 재시작 대안학교 괜찮은 학교, 실패 연습소 괜찮은 공장으로 구성이 되어 있다. 실패해도 괜찮은 마을, 나에게 힘이 되어 주는 마을, 조금 다르게 살면 어떠냐고 묻는 마을. 홈페이지에 있는 글을 조금 더 읽어보자.

지방 도시에 작은 마을을 만들어요

돌아다니는 여행 말고 함께 여행처럼 사는 마을을 만들어요. 바다, 산, 섬 등 아름다운 환경과 평화로운 마을에서 지내요. 직접 시장을 열고 축제를 만들고 지친 청년들을 위로해요. 종교, 정치를 초월한 평화와 조화를 꿈꾸는 마을을 만들어요.

괜찮아 마을 https://dontworryvillage.com/

비생산적인 시간을 보내요

때때로 목적이 없는 시간을 보내요. 문화적, 사회적, 지구 평화를 위한 고민을 해요. 비슷한 사람들이 모여요

조금 다르다고 아무도 손가락질 하지 않아요.

누구나 하고 싶은 일을 직업으로 만들어서 할 수 있어요. 어떤 직업과 가치관도 괜찮아요. 비슷한 사람들을 만나고 무엇이든 현실로 만들 수 있어요.

잃어버린 공동체성을 회복해요

함께 살아요. 거실은 공유하지만 방은 따로 있어요. 같이 요리하고 모닥불 피우고 이야기 하다가 잠드는 밤들을 보내요. 한 번씩 함께 여행을 가며, 잘 몰랐던 지역을 알아가요. 따로 또 같이, 자유롭게 지내요

따로 또 같이, 매일 산책을 하며 주변을 알아갔으면 좋겠어요

목적이 있는 시간을 보내지만, 세부 시간을 스스로 결정해요. 프로젝트에 따라 함께 과업을 수행해요. 무리하진 않고 잘 쉬어야 해요. 타인의 자유를 침해하지 않아요.

따뜻한 밥을 나눠요

식사는 스스로 또는 다른 사람들과 함께 해요. 가까운 가게, 시장을 이용해요. 비용은 아끼고 몸은 더 건강해질 거예요. 만든 음식을 주민들과 함께 나누기도 해요. 강요하지 않아요.

닫는 글

내가 청년이라면

내가 청년이라면 괜찮아 마을에 살면서, 주중에는 트레바리에 들렀다가 주말에는 현대카드 라이브러리에 가고, 카페 어니언에서 다른 나라에서 온 친구를 만나거나 몬드리안 호텔에 묵으며 슬리퍼 차림으로 지하 태극당에서 아이스크림을 먹고 이태원을 어슬렁 거리고 싶다. 디렉토리 매거진은 그런 MZ 세대의 마음을 잡지에 잘 담아냈다.

새로운 시대의 사람들은 새로운 세계를 구축한다. 고도성장기를 지나 사회가 안착되면서 젊은이들이 비집고 들어갈 새로운 틈과 기회가 없어 힘들어 하지만, 다른 한편으로는 선대의 노력으로 부강해진 대한민국의 국력과 문화에 대해 많은 나라의 젊은이들이 동경과 부러움을 표하고 있다. 디즈니의 CEO인 밥 아이거는 '디즈니만이 하는 것'에서 '콘텐츠의 힘', '디지털', '글로벌'이라는 세가지 키워드를 제안하고 있다. 이 시대에 젊은이들이 관심을 갖는 것에는 위의 3가지가 모두 들어가 있다.

청년들이 어떻게 시간을 쓰고, 어떻게 커뮤니티를 만들어 가는가? 아시아에서 한국의 위상이 어떻게 변해가고 있는가? 새로운 비즈니스와 선교의 기회는 강해진 대한민국의 국력과 함께 어떻게 직조되어 갈 수 있을까?

코로나19 이후의 BAM을 생각해 본다. 전통적인 사역 방식은 점점 한계에 부딪치게 되는 선교 현장이 늘어남을 보게 된다. 그것은 선교사님들이 노력이 부족해서가 아니다. 컨텍스트가 되는 세상이 더 강력하고 빠른 속도로 변화하고 있기 때문이라고 생각한다.

언제부터인가 앞에서 언급한 세 가지 키워드와 BAM이 새로운 시대, 새로운 선교의 강력한 툴이 되어 줄 것이라는 희망을 품게 되었다. 새로운 선교와 비즈니스는 책상보다는 인사이트의 현장에서 출발하게 될 것이라고 생각한다. 책을 모두 읽은 다음에는 하루나 이틀 정도 라이즈호텔, 핸드픽트호텔 같은 서울의 커뮤니티 호텔에 묵으면서 일정을 잘 짜서 여기 나오는 곳들을 방문해 보기를 권한다.

어떻게 라이즈호텔의 로비를 우리 교회에 가져올 수 있을까? 어떻게 카페 어니언 수준의 빵과 베이커리를 우리 선교지에 적용할 수 있을까? 어떻게 트레바리와 같은 서비스로 우리 현장에서 인터내셔널 온라인 비즈니스를 시작할 수 있을까? 새로운 시대가 우리를 부른다. 하나님께서 보내신 새로운 세대와 함께.

지금 여기, 선교의 시대

사람이 꽃보다 아름다워!

4차산업혁명, 코로나19, 그리고 비즈니스 미션

정원혁 대표 디플러스

2019
2019
2020
2021
2022
2023

4차 산업혁명, 대체 그게 뭐야?

1, 2, 3차 산업 혁명은 그 일이 벌어지고 난 후에 역사가들에 의해 "혁명"이라고 규정되었다. 그런데 4차 산업혁명은 현재 진행형이다. 아직 끝나지도 않은 일에 "혁명"이라고 명명했다. 처음엔 강하게 저항하던 사람들도 이제 이 상황을 받아들이는 입장이다.

그게 대체 무엇인가? 아직 끝나지도 않은 일이라 정의도 각각 다양하게 내린다. 여기저기 널린 정의를 다시 엮어 핵심 단어만 뽑아보자면, "연결", "융합", "지능", "예측가능" 이다.

부싯돌을 켜다가 호롱불로 발전하고, 호롱불을 켜다가 전기 불을 켠다(2차 산업혁명, 전기 사용). 스위치만 누르면 등이 켜진다. 그러다 어둠 속에 스위치를 찾아 켜는 것도 귀찮아졌다. 사람이 움직이면 불이 알아서 켜진다(3차 산업혁명, 컴퓨터 사용). 처음엔 엄청 신기했다. 똑똑해 보였다.

시간이 흐르고 이젠 그렇게 불만 켜지면 멍청한 거다. 여기에 4차 산업혁명이 더해진다. '연결' 되기 시작한다. 스위치가 내 스마트폰과 연결되더니 "현관에 불이 켜졌습니다" 라고 보고를 한다. 그리고 그 패턴을 '학습'하기 시작해서 불은 오전 여섯 시와 오후 여덟 시에 켜진다는 것을 알기 시작한다. 오전 일곱 시에 다시 불이 켜지면, 도둑이라고 간주하고 경찰에 신고한다.

커피점에 IT가 연결되더니 <사이렌 오더>라는 것이 만들어졌다. 숙박업에 IT가 연결되더니 <에어비앤비>가 탄생했다. 택시에 IT가 연결되더니 <우버>가 탄생했다. 유통업에 IT가 연결되더니 <아마존>이라는 정글이 만들어졌고, 구매자도, 판매자도 이 아마존 정글에서 탈출을 못하고 죽기 시작했다. 수 백 년 역사를 가진 백화점이 폐업을 했다. 중요한 차이점 하나가 있다. 앞서 1, 2, 3차 산업혁명은 인간이 그것을 통제했다. 그러나 4차 산업혁명은 기계가 통제를 하기 시작한다.

산업혁명 과정 비교 - 산업혁명은 생산성 향상 과정

구분	1차 산업혁명	2차 산업혁명	3차 산업혁명	4차 산업혁명
시기	1784년~	1870년~	1969년~	-
혁신 부문	증기기관, 기계식 생산설비	전력, 노동 분업	반도체, 컴퓨터, 인터넷	ICT·제조업 융합, 바이오 공학 기술
커뮤니케이션 방식	책, 신문 등	전화기, TV 등	인터넷, SNS 등	IoT, IoS
생산 방식	생산 기계화	대량생산	부분 자동화	자동화
생산 통제	사람	사람	사람	기계

자료: WEF, 신한금융투자

4차 산업혁명으로 인해 다가올 세상에 대한 암울한 예측은 승자독식이다. 빈익빈 부익부다. 과거에는 1~10등이 그 영역의 90%를 장악했다면, 미래는 1등이 거의 90%이상을 장악한다.

말장난, 뱀? 그건 또 뭐야?

Business As Mission. 지난 수년간 IBA 컨퍼런스를 통해 우리는 BAM이 뭔지 설명하고, 현장에서 벌어지는 일을 이야기했다. 나는 실행위원으로 함께하고 있지만, 아직도 그게 뭔지 잘 모르겠다. 그런데 또 Business Is Mission 이라는 말이 나오더니, Life As Mission, Education As Mission 등이 우후죽순 나온다. 사실 나는 아직도 BaM이 무엇이냐고 물으면 IBA에 가서 물어보라고 답한다.

나는 IT 영역에서 30년간 일했다. 처음엔 전산실이라고 불렀다. 그러더

사람이 꽃보다 아름다워!

니 유행처럼 이름이 바뀌기 시작한다. 정보시스템실, MIS실, EIS실, 정보전략실…. 어느날 Big Data 라는 유행이 휩쓸고 갔다. 모두가 R이라는 언어를 배워야 하는 것 같았다. 모든 전산실은 빅데이터를 확보하고, 빅데이터로 뭔가 해야만 할 것 같았다. 25년 전 쯤, Data Warehouse, Data Mining이라는 개념이 유행처럼 번졌다(이런 용어를 몰라도 사는 데 큰 문제 없다). 그러더니 어느 날 Business Intelligence라는 말로 새롭게 포장되어 나왔다. 그 와중에도 "통계학"은 꾸준히 발전했다. 그게 어마 무시하게 커진 컴퓨팅파워(계산 능력)와 "융합", "연결"되어 빅데이터로 나타난 것이었다. 우리는 NASA가 달에 우주선 보내던 시절 사용하던 컴퓨터를 다 합친 것보다 몇 배, 몇 십 배 더 계산능력이 뛰어난 컴퓨터를 손에 쥐고 매일 카톡 기계로(만) 사용하고 있다. 그러더니 어느 날 "인공지능(AI)"이 키워드로 올라오면서 빅데이터는 또 한물 간 키워드가 되었다.

교육

400년 전, 교실은 존재하지 않았다. 100년 후에도 존재하지 않을 것 같다. 이제 일방적으로 가르치는 방식의 교육은 혁신적으로 탈바꿈할 필요가 있다. 지식의 양이 많지 않던 과거에는 공부할 것을 정해서 획일적으로 가르쳐주어도 살아갈 만 했을까? 지금은 지식의 양이 너무 많아 그럴 수 없는 시대가 되었다.

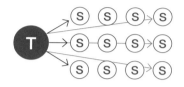

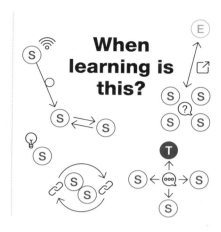

느려도 바른 방향

조직에 충성하지 않는다

어떤 한 분 때문에 유명해진 말이다. 내가 몸 담았던 많은 조직들이 무너져왔다. 선교단체들도, 교회들도 문 닫았다. 내가 그 조직과 함께 한 긴 시간이 같이 공중분해 되기도 했다. 그 조직에서 추구하던 바가 너무 좋았다. 그러나 한 두 사람의 엉뚱한 방향 설정, 행동, 파문이 그 조직을 망가뜨린다. 부패하기도 하고, 무능해 지기도 한다. 결국, 좋은 사람들이 한 둘 떠난다. 그리고 나도 떠난다.

십 년 전부터 내가 새롭게 몸 담은 조직, BaM을 추구하는 조직, IBA는 안 그럴 수 있을까? 내가 몸담았던 다른 조직들처럼, 망가지다가, 갑자기 사라질 지도 모른다. 그런 날이 온다면 BaM은 과연 무의미 한 것일까?

조직과 함께 한 내 시간이 사라질 때마다 궁극적이고 원천적인 질문을 하게 된다. 나는 조직을 위해 태어난 걸까? 예수를 따르기 위해 태어난 걸까? 답은 명확하다. 내가 함께 한 다양한 조직이 사라지고 해체되고 혹은 내가 떠났지만, 변함 없는 것이 있다. 나는 여전히 그리스도를 따르고 있다. 나는 그리스도인이다. 그리고 내 주변에는 여전히 사귀고 싶고 함께 길을 걷고 싶은 좋은 사람들이 있다. 조직은 갔어도 사람은 있다.

한국, 한국교회, 개독교

한국교회가 한국을 걱정하며 기도했는데, 이제는 온 대한민국 사회가 한국교회를 걱정한다. 진심 어린 조언도 하다가, 이제는 '개독교'라고 비난까지 한다. 왜 이 지경이 되었을까?

한국 복음 전파 초기엔 주로 미국 선교사들의 영향력이 컸다. 막스 베버의 주장대로 직업에 대한 소명감과 근면함이 개신교도들이 부를 창출하는데 기여했다. 그래서 이 복음을 이어 받은 근면 성실한 기독교인을 많이 배출했다.

다는 아니지만, 상당한 숫자의 한국교회는 꾸준히 개인 구원에 초점을 맞추고, 사회 구원과 공동체에 대한 이슈는 회피했다. 침묵했다. "죄 많은 이세상은 내 집 아니네~~" 라는 찬양을 열심히 부르며 이 땅의 하나님 나라는 덜 관심 갖고, "내 모든 보화가 있는 저 하늘"에 관심을 가지도록 가르쳤다.

'주의 종' 목사는 제왕이 되었고, 제왕의 권위에 도전하는 질문을 던지면 심하게는 '믿음이 없다', '시험이 들었다'고 손가락질 받게 되었다. "주여 ~~~" 크게 외치며 기도하던 믿음은 조용하고 고요하게 믿는 사람들의 믿음을 격하하곤 했다.

몇 년 전, 단기선교 현장에서 직업 적성검사를 했었다. 그곳의 청년들은 대략 95%가 순응형, 공무원형 적성이었다. 놀라운 것은 한국에서 온 청년들도 80%정도가 같은 유형이었다. 여러 대학 출신이라 한 대학의 특성은 아니었다. 한국교회가 그렇게 만들었다는 것이 내 생각이다. 질문하면 시험 들었다고 몰아붙이는 한국교회가 생각하는 청년들을 교회 밖으로 내 몰았고, 교회로 진입하지 못하게 만들었다.

한국의 빨리빨리 문화는 교회에도 그대로 스며들었다. 그래서 급격한 성장을 이뤘다. '개독교' 소리를 듣는 지금, 우리가 놓친 것은 무엇인가 생각해 보면 바른 방향이었다. 빠른 것에 바름을 희생시켰다.

내가 일하던 회사와 다니던 단체에서 배웠던 원칙은 '한가하고 돈이 많으면 죄 짓게 된다'는 것이었다. 그래서 나도 쉴 틈 없이 양육 프로그램을 참여했고, 교회나 단체도 그 곳에서 뺑뺑이를 돌게 했다. 잠시도 한눈 팔 기회를 안 줬다.

그러나 로봇 아닌 인간이 어떻게 계속 바쁘게, 빡세게 살 수 있겠나? 결국 언젠간 쉬어야 한다. 애쓰며 수고한 사람들은 더욱 그렇다. 언젠가는 탈진 상태에 이르게 된다. 그리고 한 분기만 리더를 쉬겠다고 말하면 "시험 들었다"고 걱정한다. 그 걱정하는 눈초리에 교회를, 단체를 조금 멀리하면 "거 봐 확실히 시험 들었어!"라고 비난이 쏟아진다. 결국 교회/선교 단체를 떠난다.

외국 기독교인들과 만나 생활하다 보니 그들은 한가한데도 잘 믿는 것을 보게 되었다. 이젠 확신한다. 한가하고 돈 많아도 유지하는 믿음이 바른 믿음이다. 가난하고 아프고, 불행하고 바쁠 때만 믿는 믿음은 오히려 무속에 가깝다. 공포종교에 가까워지기 쉽다.

다음세대

얼음 깨고 세수하던 수련회

20대 직원과 대화를 하던 중에 "라떼는 말이야~~"를 하게 되었다. 나 때는 얼음물 깨고 세수하고 머리 감고, 맨바닥에 누워 자던 수련회를 했다. 여름에는 자다가 빗물에 떠내려가는 텐트를 그대로 들고 이동하던 수련회를 했다. 의자는 없었다. 그냥 몇 시간을, 며칠을 맨 바닥에 앉아 설교와 강의를 들었다.

'관 짜고 나가는 선교'가 주제였던 시대도 있었다. 그렇게 고생스런 선교만 강조한다면 젊은 선교사는 모집하기 어려울 수 있다. 그건 모두 "라떼" 이야기다. 요즘 청년들이 선교를 하려면, 적어도 침대는 있어야 하고, 편한 화장실은 있어야 한다. 그걸 보고 나약해 빠졌다고 생각이 든다면 적어도 다음세대 정책 결정에서 빠져야 한다. 편하고 노후 걱정 덜해도 되는 선교 정책을 만들어야 한다.

청년이 정책을 세워야

느티나무 도서관이라는 훌륭한 사립도서관이 있다. 여기 운영위원으로 일하고 있다. 기독교가 아니어도 이렇게 감동을 줄 수 있다는 것을 배우곤 한다. 운영위원회를 열면, 열 명의 운영위원과 함께 도서관 직원 한 명, 도서관 이용자(심지어 어린) 한 명이 같이 참여해 회의를 한다. 실제 일하는 사람과 실제 이용하는 사람이 함께 세우는 정책, 그게 바른 정책이다.

그래서 획기적인 안건이 많이 가결된다. 한 사람당 다섯 권의 대출 제한이 없어졌다. 가족 카드 가져와서 한 사람이 한 번에 20권도 빌려가는데 무엇 하러 그런 제한이 필요한가? 또 한국 최초로 도서관에 만화책이 들어왔다. 누워서 책을 볼 공간도 있다. 가벼운 음식을 먹어도 되고, 적당한 소음은 허용된다.

한국교회가 다음세대를 엄청 걱정한다. 다음세대에 기독교가 사라질까 봐 걱정한다. 기독교 인구가 늘었다는 통계가 있지만, 정작 파고 보면 20대는 격하게 줄었고, 고령층만 늘어난 것이다. 그래서 다음세대를 살려야 한다고 외친다. 하지만 정작 그들은 교회의 제직회에서 배제되어 있다.

부모의 강요에 의해 다니는 교회는 딱 고등학교까지다. 대학 가는 순간 더 강요 못한다. 심지어 대학 근처로 이사를 간다. 그리고 교회와 작별한다. 대학 근처의 교회는 그럼 상황이 좋은가? 아니, 대학 전체를 통틀어 기독교인 비율은 2% 미만이다. 일본 기독교인 비율 보다 낮아졌다.

방전된 폰을 가장 혐오하는 태생적인 디지털 세대, 그들이 바로 4차 산업혁명 시대를 살아갈 주역들이다. 당연히 '앞으로 교회는 어째야 돼?' 라는 논의는 그들을 빼고 진행될 수 없다. 아직 경험이 부족하고, 실수가 많으니 정책 결정에서는 배제해야 한다? 그런 교회는 노인들의 전당으로만 명을 이어갈 것이 너무나 빤히 보인다. 그들은 온난화 지구에서, 환경 공해 속에서, 그리고 코로나19 환경에서 살아갈 사람들이다. 주역들에게 결정권을 주는 것이 바람직한 것 아닌가?

혁신

4차 산업혁명과 코로나19로 인해 변화는 불가피하게 되었다. 4차 산업혁명만 해도 선교의 큰 지축을 흔들었는데, 코로나19는 선교의 길을 무참히 막아버린 것 같다. 나가 있는 선교사들은 귀국해야 했고, 언제 다시 나갈 수 있을지 궁금해 한다. 과연 다시 나갈 수는 있는 걸까? 어찌 어찌 유지한 비자도 걱정이다. 그야 말로 사업 제대로 하는 경우나 비자 발급이 가능할 것 같다.

선교만 아니라, 교회도 큰 변화를 대면한다. 그 넓은 예배당을 그냥 놀려야 한다. 내 건물이면 그나마 다행이다. 세 내는 건물이면 그야말로 속이 탄다.

역사 속의 선교사는 혁신가였다. 하나의 길이 막히면 새로운 혁신적 방법을 찾아냈다. 바울은 로마가 만든 도로를 이용했다. 출산 중 사망한 아내 때문에 월터 헤론은 항공 선교라는 혁신적 방법을 찾아냈다. 윌리엄 캐리는 인쇄술을 적극 활용했다.

대면 선교가 어려워졌다. 대면 예배를 금지하고 있고, 금지 조치가 풀려도 대면예배로 돌아가지 않겠다는 교인의 수도 적지 않다. 물리적 거리 제한이 없는 온라인 예배에서 좋은 설교 찾아 삼 만 리를 경험한 교인들이 앞으로 얌전히 대면 예배로 복귀할 것 같지도 않다.

큰 교회들은 방송 인력과 장비를 가지고 있어 온라인 예배로 전환이 그런대로 쉽다. 작은 교회들은 가진 스마트폰과 목사 전도사들이 알아서 북치고 장구치고 해야 한다. 찬양사역자 없어서 알아서 기타 배우고 찬양 인도하는 목회자들이 많았다. 그 덕에 한국교회의 음악 수준이 많이 높아졌다.

이제 한국교회의 온라인, 영상, 미디어 사역이 높아질 차례다. 필요한 방송장비 이번에 갖출 때다. 제대로 오프라인 행사 하기는 어려우니 그 돈으로 하면 된다. 대면 신학세미나 참석하기도 힘들 것 같고, 대면 목회자 세미나도 힘들 것 같으니, 이제 그 돈으로 온라인 수강을 하고 영상, 미디어 공부하는 기회로 삼으면 된다. 넓은 주방, 이젠 제 용도 대로 쓰기는 힘들 것 같다. 온라인 요리강좌 라도 열어야 할까? 뭔가 새로운 용도를 찾아봐야 한다.

선교지에 나갈 길도 제한이 생겼다. 단기선교팀이 방문하긴 더 힘들 것 같다. 이제는 원격 (단기)선교 방법을 생각해 봐야 한다. 원격지에서 느린 인터넷을 극복할 방법도 생각해봐야 하지만, 기술 발전은 워낙 급격하기 때문에, 극복되었을 때는 어떻게 할 것인지도 생각해 봐야 한다. 사실 인터넷은 독점기업들의 방해만 아니라면 충분히 저가 혹은 무료로 제공될 준비는 되어 있다.

현지인의 중요성

마다가스카르에서 컴퓨터실을 만들어 교육을 했다. 생애 처음 컴퓨터를 접하는 사람들의 눈빛은 잊을 수가 없다. 2017년에 만들어진 이 컴퓨터

실은 아직도 운영된다. 현지인 교사 중 한 명에게 가르치고 왔는데 그가 계속 운영 중이다. "적정기술"에 적합한 "라즈베리 파이"로 구성되어 발전기 한 대만 켜면 되고, 망가지면 버리고 새 본체(5만원~3만원)로 교체하면 그만이다. 캄보디아에서도 같은 방식으로 보급했다. 현지 전산실 직원 한 명에게 가르쳤더니 그가 나머지를 다 했다. 크메르어를 모르는 내가 통역하여 가르치는 것 보다 훨씬 효과적이었다.

이 상황을 본 후배 사역자 한 명은 지금 라즈베리파이, 레이첼서버, 무들에 푸욱 빠져 곧 뭔가를 터뜨릴 거다. 이제 이 장비와 컨텐츠로 인터넷망 없이 로컬에서 저렴하게 교육을 진행할 수 있다.

황제를 위하여

이문열의 소설 <황제를 위하여>를 읽고 큰 충격을 받았다. 우연히 정감록이 예언한 그 곳, 그 시간에 태어났을 뿐인데 '황제'가 되어버렸다. 그를 따르는 많은 무리들에 의해 더욱 굳건히 황제의 길을 걷는다. 죽기 직전 자신이 황제가 아님을 깨닫지만, 이미 늦었다. 추종자를 위해 그 사실조차 숨긴다. 그를 추종하는 자들의 모습이 딱 이단과 같다. 읽을 수록 한국교회와 교단들, 적잖은 목회자들의 면면과 참 비슷하다. 1980년대에 읽으며 가졌던 생각인데 지금도 별반 다르지 않다.

목사, 선교사, 사장은 완벽한 사람이 아니다. 리더가 완벽한 사람은 아니다. 사람은 완벽할 수 없다. 그런데도 받드는 주위 사람들을 보며 자신이 완벽한 줄 착각하고 지낸다면 '황제'의 삶을 사는 것이다. 선교사들은 한국 떠날 때 가진, 그 한국적인 틀에 갇혀 산다. 한국에서 배우던 지식이 지금은 통하지 않는 것도 많다. 신도, 성도, 평신도, 사원은 목사, 선교사, 사장을 황제나 교주처럼 여기는 문화에서 벗어나야 한다. 제왕적 사역자들을 황제나 교주처럼 만드는 데는 그 추종자들이 큰 몫을 했다. 서로 세뇌를 강화시켜 나갔다.

1당 100 의 시대는 가고

과거에는 1의 능력 가진 100명 보다 100의 능력 가진 한 명이 훨씬 쓸모가 있었다. '일당백'의 시대였다. 그때는 1의 능력 가진 100이 서로 소통하는 것이 매우 어려웠다. 지금은 1의 능력 100 가진 사람이 90능력 가진 1보다 낫다. 소통 비용이 감소했다. 더구나, 1이 가지는 위험, 편협한 사고보다 100이 가진 다양성이 훨씬 위기(risk) 관리에서 탁월하다.

집단 지성이 제대로 역량을 발휘하기 위해서는 두 가지 전제가 필요하다. 투명한 소통과 다양성이다. 동질성 가진 100이 모이면 배를 산으로 끌고 가자는 '동일한' 오류에 그게 오류라고 아무도 지적하지 않는다. 투명한 소통이 없으면 오류라는 소리를 묻어 버린다.

기업 경영도, BaM도, 교회도 모두 마찬가지다. 100을 가진 영웅 목사를 따르던 시대는 '일그러진 황제'를 양산한다. 100을 가진 선교사를 따르는 선교지는 1을 가진 '현지인'을 키워낼 마음이 없다.

다음세대들을 대하는 태도도 마찬가지다. 20대가 어설프고 경험도 부족하여 자꾸 실수를 한다. 행동은 조급하고, 생각은 깊지 못하다. 그럼에도 불구하고 그들이 살아갈 세상이기에 그들이 행동하고 결정해야 한다. 길을 열어줘야 한다.

아 옛날이여 (자랑질)

나는 신학을 하겠다는 마음으로 사회학을 전공으로 선택했다. '부르시는 하나님의 목소리'를 듣지 못해 그만 두었다. 오히려 취미 삼아 하던 컴퓨터로 취업을 했다. 빌 게이츠의 이름을 알파벳 숫자로 바꾸어 다 더하면 666이 나온다, 컴퓨터는 사탄의 도구다, 바코드를 어쩌구 하면 666이 나오니 바코드를 쓰면 안 된다. 뭐 대략 이런 시대에 컴퓨터로 밥 먹고 살고 있었다. 같이 믿음을 가지고 컴퓨터'질' 하던 다른 신앙인들은 별

고민을 안 했을까? 나는 이 길을 계속 걸어야 하는지 심히 고민했었다.

그러다 신기술 '이메일'을 접했다. 당시 이메일의 최고 기술은 포르노 사진을 전송하는 것이었다. 작은 양의 텍스트만 전송하던 이메일에 대량의 사진을 전송한다는 것은 대단히 높은 수준의 기술이었다. 이메일도 이렇게 악하게 밖에 안 쓰이는 건가 고민을 하다가 이메일로 QT나눔을 시작했다. 좋은 글을 나누었다. 가입자가 300명을 넘어섰다.

훗날 그 이메일 가입자를 다시 불러 ㅇ 지역의 선교 목적의 컴퓨터 학원 설립에 초대했다. 모니터 붙들고 우는 사람이 나타났다. 그렇게 모여든 200명의 사람들이 네이버 카페에서 으쌰 으쌰 했다. 한 형제는 급하게 부산에서 떠나야 해서 서울로 와서 같이 파송예배 드릴 상황이 안되었다. 카페 채팅 창에서 50명 정도가 모여 글로 파송예배를 드렸다. 당시에는 음성/화상 기술이 없었다.

온라인이었기에 일부 사람들은 미국, 독일, 캐나다에서도 접속했다. 당시 미국에 있던 한 형제(교수)는 우리가 몇 달 동안 적었던 글을 사흘 내내 읽고 우리 속도를 따라잡더니 곧 넘어서기 시작했다. 독일의 한 자매는 일부러 휴가를 내어 한국으로 날아와 교제를 하고 돌아 가기도 했다. 그렇게 온라인으로 시작된 모임은 열 가정 파송, 300명의 학생 배출, 1억여 원의 재정, 100회의 특강 파송을 기록했다.

맺는 말 - 사람이 꽃보다 아름다워

나는 아직도 BaM을 잘 모른다. IBA도 언젠가 사라지는 조직이 될 수도 있다. 그러나 내가 알던 송동호와 이다니엘(전, 현 IBA 사무총장)은 여전히 존재할 것이다. 좋은 사람은 잠시 가라앉을 수는 있어도 어디 가지 않는다.

내가 가라 앉아 있었을 때, 바르게 알려주며, 기도하고 다시 자리를 찾을 때까지 지켜준 나의 지체들을 기억한다. 그들이 참 그리스도인이다. 내 집에 불이 났을 때, "방화범 원수를 사랑하라"고 와서 잔소리 하던 이들이 아니라, "잘 곳 없으니 우리 집 와서 자라"고 하는 그들이 참 그리스도인이다. 선교지에서 갑자기 코로나19나 추방으로 생이별을 당해도, 여전히 우리에겐 아름다운 '사람'이 있다.

배우고 연결하자

그렇게 아름다운 사람도 새 시대에 살기 위해서는 배우고 연결해야 한다. 선교사, 목사, 사장. 누구나 배워야 한다. 감사하게도 인터넷에 배울 거리와 명 강의가 넘쳐난다. 종이 책을 사서 선교지로 퍼 날라야 하던 상황에서 스캔 해서 보낼 수 있는 상황도 열렸다.

선교본부는 선교사들의 IT 보안을 가르쳐야 한다. hwp파일에 암호를 걸고 ㄱㄷ 제목 ㅅㄱ 편지 라고 제목을 붙이고, 본문에 hwp의 암호를 같이 보내는 "웃기는" 일은 그만해야 한다. 몇 번 검색해보면 선교사 본명, 닉네임이 나타나는 교회 게시판은 우리가 파송한 선교사라는 자랑질을 멈춰야 한다.

학교는 미래에 존재하지 않을지도 모른다. 학교 밖에서도 공부해야 한다. 학교 공부만으로 생존할 수 없고, 평생 공부해야 한다. 새로운 개념이 나왔으면 찾아서 공부해야 한다. 모르는 것을 아는 척, 지위로 억누르며 '나를 따르라'고 하면 금세 세상 사람들 앞에 개독교 꼰대처럼 여겨질 것이다.

신학만 파거나, 경영학만 파거나, 선교학만 파는 걸로 부족하다. 4차 산업혁명의 핵심키워드는 융합과 연결이다. 백 년 전 이 땅에 왔던 선교사들이 의학뿐 아니라 하수도 기술까지 같이 가져왔다. 목회와 IT, 선교와 IT, 선교와 미디어. 이런 다양한 시도와 결합이 생겨야 한다. 내가 문외한이라면 그런 연결고리인 '아름다운 사람'을 만나야 한다.

말이라도

집단 지성은 '투명한 소통'이 전제 조건이다. 소통 없이는 발전이 없으며 한 사람의 지성으로 위기 상황이 닥칠 수 있다. 말을 자유롭게 할 수 없는 조직은 곧 끝난다.

한국교회와 선교계(물론 IBA까지) 모두 자유로운 소통이 있어야 한다. '4차 산업혁명' 담론을 비롯하여, '여성 목사', '동성애', '진화론' 등 동시대의 다양한 이슈들을 뒷전으로 막아서는 안 된다. 그렇게 하면 다음세대는 자유로운 소통이 있는 곳으로 떠나고 돌아오지 않는다. 그들이 다

Singularity University's Graduate Studies Program empowers participants with the tools, knowledge and skills for positively impacting billions of people.

음 선교현장의 주축이 되어야 할 사람들이다.

빈익빈 부익부가 가중화되는 4차 산업혁명의 시대에 그리스도인으로서 우리는 무얼 해야 하는가? 승자독식의 새로운 세상에서 우리는 무엇을 해야 하는가? 논의라도 되어야 한다.

"The Kingdom is near"라는 주의 말씀을 따라한 듯한 "The singularity is near"라는 구호로 시작된 Singularity university는 강인공지능 사회에서 종교, 사회, 법, 제도가 어떻게 되어야 하는지를 연구하고 가르치고 있다. 가장 앞서 나가던 교회는 이런 논의는 엄두도 못 내고 생존과 비난을 처리하기 바쁘다.

새로운 이슈가 나타나면 제왕적 리더십을 가진 목사, 선교사 한 사람의 부족한 의견을 온 교회에 '강압'하는 방식에서 벗어나야 한다. 이제는 너무나 지식의 양이 많아져서, 결코 한 사람이 모든 것을 다 설명할 수 있는 시대가 아니다. (더 많이 아는) 구성원이 적어도 말이라도 자유롭게 할 수 있어야 한다. 논의가 자유롭게 이뤄져야 집단지성이 제 기능을 발휘할 수 있다. 그렇게 논의가 시작되어야 비로소 공부할 거리가 무엇인지 깨닫게 된다. 사회에서는 엄청난 능력자, 실력자인 구성원들이 교회에만 오면 한없이 작아지고, '죄인'으로만 치부되는 고리타분한 환경에서 벗어나야 한다.

교회가 무너지고 선교지 현장이 갑자기 닫혀도, 본질은 변함이 없다. 복음은 여전히 복음이다. 그걸 전하는 방법이 바뀔 뿐이다. 과거 사용하던 방법이 막히면 새 방법을 찾으면 된다. 길이 막히면 돌아가면 된다. 돌아가는 길을 이제 서로 찾기 시작했다. 새 길을 실행하는 건 여전히 내 옆의 귀하고 아름다운 사람이다. 자유롭게 소통하고, 연결하며, 한없이 배워서, 새로운 혁신적인 방법을 찾을 바로 그들. 사람이 꽃보다 아름답다.

일어날 일들과
일어난 일들 사이에서

황성수 목사 한사랑교회

2019

2019

2020

2021

2022

2023

들어가는 말

작년 12월, 전 성도 앞에서 야심차게 준비하고 발표했던 2020년 목회계획이 목사의 자존심과 함께 전부 무너졌다. 사순절 새벽기도회, 부활절, 창립기념주일, 부흥회, 여름성경학교, IBA 리더스포럼···. 선교지를 방문하여 안목을 넓히려는 계획들, 각종 세미나를 통하여 나의 영성과 지성을 증진시키려는 계획들도 전부 취소 혹은 연기다.

1년 안에 이 모든 계획들을 실행에 옮길 스케줄을 짜기 위하여 교회의 리더들과 얼마나 토론하고 고민했던가? 날짜 조정하고 강사들 섭외하고 예산 짜고, 이 모든 것들을 교회 달력에 깔끔하게 챙겨 넣느라 얼마나 머리를 썼던가? 같은 날짜에 중요한 두 가지 행사가 겹치면 무엇을 취하고 무엇을 버릴지에 대해 얼마나 저울질을 했던가?

2020년의 주제 성구는 이것이어야 했다.

사람이 마음으로 자기의 길을 계획할지라도
그의 걸음을 인도하시는 이는 여호와시니라. (잠언 16:9)

어쩌면 더 시니컬하게 전도서의 말씀을 골랐어야 했다.

그 후에 내가 생각해 본즉 내 손으로 한 모든 일과 내가 수고한 모든 것이
다 헛되어 바람을 잡는 것이며 해 아래에서 무익한 것이로다. (전도서 2:11)

결국 행사취소를 반복하면서 실망의 틈바구니 속에서 배웠다. 일어날 일에 대해서 준비하고 계획하는 것만큼이나 중요한 것이 이미 일어난 일들을 해석하고 반응하는 것이라는 사실을.

일어난 일들에 대하여 반응하다

비대면 예배에 대해 반응해야 했다

우리는 온라인 예배를 드릴 기술적인 준비는 되어 있었으나, 성도들과 목회자들이 심리적으로 혹은 신학적으로 준비 되어 있었다는 확신이 없었다. 성경은 무엇이라 말하는가? 우리 신앙의 선배들은 어떻게 했을까? 교회의 리더들과 사역자들은 치밀하게 토론했고 비대면 예배라는 형식을 받아들이기로 했다. 그러면서 베드로 사도가 말했던 "흩어진 나그네"가 무엇인지 야고보 사도가 말한 "흩어져 있는 열두 지파"가 무엇인지, 누가가 말한 "모든 땅으로 흩어진" 성도가 무엇인지 생각하기 시작했다. 그러던 중 교회의 장로님들 중 한 분이 이렇게 표현하셨다. "우리가 모이면 하나의 큰 교회지만, 각자의 가정에서 온라인 예배를 드리니 1,000개의 작은 교회가 되네요…"

예배당에 모이는 것을 포기하고 각자의 집에서 예배를 드리며 성도들은 예배의 본질에 대한 진지한 경험적 고찰을 하기 시작했다. 아모스 선지자가 이렇게 말했다.

벧엘을 찾지 말며 길갈로 들어가지 말며 브엘세바로도 나아가지 말라.

(아모스 5:5a)

벧엘과 길갈과 브엘세바라면 북이스라엘의 3대 성지가 아니던가? 그 곳에 가면 성소가 있고 성직자가 있지 않았던가? 그런데 그 곳으로 가지 말라고? 그럼 어쩌란 말인가? 어떻게 예배하란 말인가?

아모스 선지자를 통하여 하나님께서 말씀하신 대안은 이것이다.

너희는 나를 찾으라. 그리하면 살리라. (아모스 5:4a)

아… 예배의 본질은 장소나 시간이 아니라 하나님과의 만남이었다. 특정한 시간과 장소에서 종교적 의무를 다 하는 것이 예배가 아니었고, 성도가 하나님의 임재를 경험하는 것이 예배였다. 사실 코로나19만큼이나 혹은 그 보다 더 위험한 것이 교회 안의 뿌리 깊은 '성과 속의 이원론'이었다. 예배당에서는 하나님을 찾지만, 그 외의 장소에서는 실천적 무신론의 영적 실루엣을 드러내었던 우리 모두에게 하나님은 새로운 도전의 화두를 던지신 것이다: "너희는 이제 집에서도 직장에서도 나를 찾아야 할 것이다!"

"우리는 흩어져 있지만 연결되어 있습니다." 물론 인터넷을 표현하는 말이기도 하지만, 영적으로도 적절한 서술이다. 그래서 우리가 이런 고백을 하지 않는가? "성령을 믿사오며 거룩한 공회와 성도가 서로 교통하는 것과…" 그럼 앞으로도 계속 흩어져서 예배할 것인가? 그렇지는 않다. 성도가 모일때의 역동성을 어찌 잊을 수 있겠는가? 형제와 자매가 주님 안에서 모이는 것은 아름다운 일이다. 우리는 "얼굴과 얼굴을" 마주 대하는 것의 신비를 기대하고 있다. 사실 텅 빈 예배당에서 카메라를 바라보며 미소 짓고 소리를 지르면서 설교하는 것이 슬슬 피곤해 지기도 한다.

우리는 세상에 대하여 반응해야 했다

정부가 모이는 예배를 금지시키기도 하고 50명으로 제한하기도 하는 우여곡절을 겪었다. 그 과정에서 절이나 성당과 비교가 되기도 하고 칭찬과 비난을 동시에 듣기도 했다. 그래도 모여야 한다는 교회들과 그럴 수 없다는 교회들이 첨예하게 날선 논리들을 전개하기도 했다. 어느 날은 식당에서 손님들이 모이는 것은 허락하지만, 만약 그 손님들이 교회의 성도들의 모임이라면 금지한다는 명확한 표현이 정부의 방역수칙에 올라온 적이 있다. 이건 종교탄압? 우리는 어떻게 반응해야 할까?

우리 리더들과 기도하며 던졌던 질문은 "선교의 반대말이 무엇일까" 였다. 우리가 내린 답은 '고립' 이었다. 선교는 하나님의 말씀을 가진 자가, 복음을 경험한 자가 세상과 만날 때 벌어지는 일이다. 여기에서 만남을 제거해 버리면 고립된 기독교가 발생하게 된다. 물론 예수님처럼 "나아가니라"와 "물러가시니라"의 적절한 조화를 버릴 수는 없지만, 선교적 교회가 된다는 것, 선교적 삶을 산다는 것은 기본적으로 존재론적으로 세상과 함께 있겠다는 선택을 뜻한다. 우리는 이웃들과 함께 살고 있고, 공공의 유익을 위하여 생각하고, 시민으로서 살아야 한다.

교회가 세상의 말을 들어서야 되겠는가? 이런 주장을 펴는 목사들이 있었다. 타당하다. 그러나 이웃의 생명을 담보로 우리의 신앙을 유지한다는 것은 있을 수 없는 일이었다. 특별히 선교적 교회를 추구하며 "이웃을 사랑하는 교회가 이웃이 사랑하는 교회로" 변화되길 기대한다면, 오만함으로 비쳐질 만한 제스처는 있을 수 없었다. 게다가 사도 바울이 말하지 않던가?

(성도들로 하여금) 통치자들과 권세 잡은 자들에게 복종하며… (디도서 3:1)

그래서 우리는 중대본이 발표하는 여러 가지 지침에 대하여 그 의도와 상관없이 협력하기로 결정했다.

우리는 성도의 고난에 대하여 반응해야 했다

지난 2월부터 시작하여 수많은 성도들의 사업이 문을 닫았다. 지금도 코로나19가 끝날 때 까지 버텨야 할지, 아니면 지금 포기하는 것이 나을지 고민하는 성도들이 있다. 아이들이 학교에 가지 못함으로 인하여 삶의 일정이 뒤틀린 부모들이 있다. 전국 규모의 축구대회에 나갈 수 있는 마지막 기회를 '감염자 학생' 하나로 인하여 놓치고 대학을 포기한 고3 아이들의 부모들이 있다. 모세가 사용한 "크고 두려운 광야"(신 1:19)라는 표현이 적절해 보이는 상황이다.

나와 교회 공동체는 고난에 대하여 이러한 시각을 공유했다. "무자비한 광야는 있어도 무의미한 광야는 없다." 이 고난의 시기가 생태계를 함부로 다룬 인간의 죄에 대한 징벌일 수도 있고, 혹은 잠자는 교회를 일깨우는 알람일 수도 있고, 혹은 새로운 은혜를 예고하는 시험일 수도 있다. 그러나 하나님 모르게 벌어지는 고난은 없고, 우리가 하나님의 자녀라면 반드시 그 고난 속에는 하나님의 계획이 있을 것이라는 믿음이 우리의 반응이 되어야 한다는 것이다.

인내는 연단을, 연단은 소망을 이루는 줄 앎이로다. (로마서 5:4)

민수기 33장을 보면 이스라엘 백성이 애굽의 라암셋을 떠나 출애굽의 과정동안 지나온 장소들에 대한 언급이 나온다. 숙곳, 에담, 비하히롯, 믹돌, 마라… 에시온게벨, 가데스, 호르… 이러한 지명들이 이 지명들의 공통점은 이들 모두가 광야라는 것이다. 광야를 지나 바로 젖과 꿀이 흐르는 가나안 땅에 들어간 것이 아니라 광야를 지나 또 다른 광야로 들어간 것이다. 한 번의 광야는 믿음가진 성도들이 버틸 수 있을지 모른다. 그러나 반복되는 광야는 다른 이야기다. 게다가 그 광야들을 40년 동안이나 지나야 한다면 어쩔 것인가?

이러한 고난의 시간 속에서 성도들은 종종 '생존과 순종 사이'에 서게 된다. 생존본능을 극대화 시키는 고난 속에서 거룩함을 포기하는 성도들이 하나씩 등장하기 전에, 자신의 죄악을 어쩔 수 없었다는 말로 정당화하기 전에 하나님의 말씀을 함께 나누는 것이 중요했었다. 민수기를 들여다보며 우리가 함께 내린 결론은 순종이 생존이었다는 사실이다. 정말 그랬었다. 하나님은 고난 속에서도 순종을 기대하셨다. 그래서 만나를 내리시면서도 거둘 날과 거두지 말아야 할 날을 정하시지 않았던가. 떡이 아니라 말씀으로 사는 것이라고(신 8:3) 말씀하시지 않았던가.

예레미야 선지자를 통하여 하나님께서 말씀하신다. "내가 너를 위하여 네 청년 때의 인애와 네 신혼 때의 사랑을 기억하노니 곧 씨 뿌리지 못하는 땅, 그 광야에서 나를 따랐음이니라." 하나님에게는 이스라엘 백성의 광야가 신혼의 추억으로 남아 있었다. 고난 속에 있었지만, 적어도 그 때만큼은 이스라엘 백성이 하나님을 따랐기 때문이었다. 물론 다양한 불만도 있었지만, 그들은 하나님을 의지할 수밖에 없었다. 하나님은 그게 좋으셨는가 보다. 이 코로나19의 시대가 우리 하나님에게도, 그리고 우리 성도들에게도 추억으로 남게 되기를 바란다.

우리는 시대적 변화에 반응해야 했다

코로나19로 시작된 변화들 앞에서 나는 당황하고 있었다. 누군가에게 무슨 말이라도 듣고 도움을 얻어야 했다. 우리 교회의 월드휴먼브리지 국장을 맡고 있는 부교역자가 새로운 인터뷰를 제안했고, 결국 언컨택트란 책을 쓴 김용섭 소장, 공간이 만든 공간을 쓴 유현준 교수, 조샘 선교사, 2030 대담한 미래를 쓴 최용식 소장, 그리고 목회데이터연구소의 지용근 소장을 차례로 만나게 되었다. 내가 던진 질문은 단순했다. "도대체 우리의 미래는 어떻게 될 것인가? 우리는 무엇을 해야 하는가?" 그들의 대답도 단순한 편이었다. 변화해야 할 것은 변화해야 하고, 지켜야 할 것은 지켜야 한다는 것이다.

이렇게 낯선 세상에서 맞이하는 급격한 변화에 대해서 다니엘서가 많은 도움이 되었다. 유다왕국의 귀족출신으로서 아마도 호의호식하며 지냈을 다니엘이 소년의 나이에 바벨론이라는 낯선 세상에서 겪는 변화를 어떻게 소화해 냈는지를 보며, 우리의 변화에 대하여 도전을 받는다. 다니엘은 바벨론의 학문과 느부갓네살 왕을 섬기는 공무원의 삶, 그리고 벨드사살이라는 바벨론식 이름을 받아들인다. 그 변화는 어쩌면 수치스러웠을 수도 있다. 하지만 예레미야 선지자의 충고를 받아들였는지, 그는 바벨론의 땅을 축복하기로 결정한다. 다만 그는 유대인의 정체성을 왕의 음식을 거부하는 것으로 지켜낸다. 물론 신상에게 절하지 않고 하루에 세 번씩 기도했음도 우리가 잘 아는 사실이다.

어쩌면 우리의 문제는 변화할 것을 지키고 지킬 것을 변화시킨 것에 있는지도 모르겠다. 교회는 태생이 변혁적이었다. 그런데 이제 와서 보수라니. 기왕에 꼴통보수 소리를 들을 거면, 기왕에 과거를 지킬 거면, 1년 전이 아니라, 10년 20년 전의 부흥이 아니라 2000년 전 초대교회가 시작되며 예수 그리스도와 그의 제자들이 가졌던 혁명의 DNA, 시대적 변화에 대한 갈망을 지켜야 하는 것이 아닐까? 한 골 넣으면 이길 때 까지 그 상황을 지키려는 침대축구의 전형적인 모습이 얼마나 더 한국교회를 붙잡아 놓을까?

변화의 필요성을 알면서도 교회가 변화하기 어려운 것은 결과를 장담할 수 없다는 두려움이 그 이유의 상당 부분을 차지할 것이다. 실패 없는 변화를 시도하기 위하여 재고 달고 하는 동안 변화의 의지나 동력을 상실하고 결국 지키는 쪽으로 선회하기도 한다. 그래서 요즈음 느끼는 것은 변화의 신중함 보다 변화의 속도와 다양성이 더 중요하다는 것이다. 기왕에 하나님께서 판을 깔아 주셨으니, 자유롭게 가볍고 빠른 변화를 마음껏 시도해 보고, 그 중에 되는 것을 선택하는 것을 전략으로 삼는 것이다. 물론 먹히는 것이 옳은 것이라는 실용주의 노선은 경계할 필요가 있지만 새로운 도전을 거부했던 악하고 게으른 종이 되는 것 보다는 나아 보인다.

내 막내아들은 최근까지 '한 주에 한 번' 학교를 갔다. 나머지 수업은 줌과 온라인 컨텐츠에 의지했다. 이 아이는 이러한 변화에 전혀 요동이 없다. 이렇게 공부하는 자기를 바라보며 안타까워하는 부모가 이상해 보일 뿐이다. 친구들과 떨어져 있지만, 불안해하지 않는다. 칠판이 아니라 컴퓨터 화면을 바라보고 있지만, 이해의 속도가 떨어지지 않는다. 이 아이의 머릿속에선 무슨 일이 벌어지고 있는 것일까?

이런 아이들이 교회에서 자라고 청년이 되고 성인이 되었을 때, 교회는 어떤 곳이 되어 있어야 할까? 코로나19 때문에 고생하는 분들에게는 죄송하지만, 교회 안에서 코로나19가 일으킨 변화의 폭은 사실 감사하다. 그 동안 변화했어야 했는데 변화하지 않았던 부분이 강제적으로 변화하는 중이다. 이래도 변화하지 않을래? 교회를 향하여 물으시는 하나님의 음성이 느껴지는 것 같다. 덕분에 우리의 아이들이 그리 생각 없는 아이들이 아니었다는 것을 알게 되었다. 하나님 안에서는 변화해도 망하지 않는다는 것을 알게 되었다. 이 변화의 끝에서 다음세대가 마음껏 활약할 수 있고 미전도 종족에게 복음이 널리 알려지는 신앙과 선교의 새로운 플랫폼이 형성되기를 바란다.

나가는 말

찬송가 70장 2절의 가사가 이렇게 된다. "이방이 떠들고 나라들 모여서 진동하나. 우리 주 목소리 한 번만 발하면 천하에 모든 것 망하겠네." 코로나19를 보아하니 과연 그렇다. 그렇다고 불안하진 않다. 세상은 변하지만 하나님은 여전히 통치하시리라. 결국 하나님께서 주권자다.

요즈음 목회의 막다른 골목에 서서 하나님만 의지하는 법을 다시 배우고 있다. 내가 계급장처럼 가지고 있었던 이론들을 'Unlearn 하는 과정'이 마뜩찮지만 어쩌겠는가? 행사취소 결정을 내릴 때 마다 주름살이 하나씩 늘어나는 기분이다. 새로운 아이디어에 오케이 사인을 내릴 때 마다 한숨이 새어 나온다. 주님께 모두 맡기면 자유를 느낀다는데, 내 경우를 보니 꼭 그렇지만은 않다.

하지만 하루하루 소망이 쌓여간다. 하나님은 마른 땅이 변하여 샘물이 되게 하시고(시 107:35) 광야가 아름다운 밭이 되게(사 32:15) 하실 분이시다. 그래서 이사야 선지자가 외친다.

너희는 광야에서 여호와의 길을 예비하라.
사막에서 우리 하나님의 대로를 평탄하게 하라. (이사야 40:3)

하나님은 우리의 광야 속으로 오실 분이시다. 그렇다면 교회는, 우리 목
회자와 성도들은 믿음과 순종으로 여호와의 길을 예비해야 하지 않겠
는가?

Part 2
시대와 세대, 일터영성과 선교적 삶

지금은 기존의 '가는 선교, 보내는 선교'를 넘어
<가까이 가는 선교, 멀리 가는 선교>의 시대이다.
모든 성도들이 비즈니스 세계 곳곳으로 파송 받아 하나님의 백성이자
거룩한 제사장으로 선교적 삶을 살아 내고 거룩한 임팩트를 만드는 시대다.
본 장에서는 국내 BAM 기업 현장과 선교지 BAM 기업 현장을 차례로 소개하며,
코로나19의 어려움 속에서도 위기 경영의 지혜를 발휘하고
선교적 영성으로 한 영혼을 품어낸 기업들의 스토리를 공유할 것이다.

2019

2020

2021

2022

BaM 기업의 위기경영,
사례에서 지혜를 얻다

데이빗 진 대표 핸즈커피

2019
2020
2021
2022

필자는 대구에 산다. 대구는 1995년 상인동 가스 폭발 사고, 2003년 2월 18일 중앙역 참사가 발생한 도시다. 이 자료를 정리하는 동안 대구에서 코로나19 31번 확진자가 나왔고, 대구는 코로나19 사태의 세계 중심이 되었다. 팬데믹이 선언되고, 수개월간 대구는 가장 치명적인 통제와 폐쇄의 도시가 되었다. 대부분 가게가 문을 닫았고, 시내는 유령 도시가 되었으며, 자영업자들은 80% 이상의 매출 하락을 감수해야 했다. 파트타이머는 최우선 해고되었고, 직원들도 상당수 무급 휴가를 가야 했다. 전문가들은 "이제 전 세계는 주기적으로 코로나19 사태 같은 상황을 맞게 될 것이고, 그 주기는 더 짧아질 것이다."라고 말한다. 우리는 이제 위기를 일상으로 살아야 할 것 같다. 그래야 다시 위기가 와도 살아남을 수 있고, 살아남아야 우리에게 기회가 올 것이기 때문이다. 불확실성과 위기에 대해서는 BaM 기업도 예외는 없다.

나의 첫 직장 E사에서는 18가지의 E-SPIRIT을 직원들에게 가르쳤는데 그중에 '장애물은 나에게만 주어진 기회다'란 문구가 있다. 사람들은 장애물을 만나고 위기가 오면 남 탓, 상황 탓을 해 버린다. 그리고 자신은 어쩔 수 없어서 망했다고 스스로 위로한다.

기업을 경영하다 보면 다양한 위기를 만나게 되는데 사건, 사고로 인한 위기, 투자의 실패로 오는 위기, 경기 침체로 오는 위기, 재난으로 오는 위기 등이 있다. 아무리 공부를 많이 하고, 아무리 오래 경영을 해도 외부로부터 오는 위기는 통제할 수도 없고 쉽게 극복할 수도 없다. 오직 미리 준비하고 잘 살아남는 방법뿐이다.

하지만, 위기는 늘 기회와 함께 온다. 미국 대통령 JFK는 "중국어 위기危機 라는 단어는 위험과 기회가 같이 온다는 중국인들의 생각을 담고 있다. 위기는 곧 기회다."라고 했다. 물론 중국어가 어떻게 이루어지는지 모르고 쓴 말이라 중국어 사용자들에게 자주 지적받는 표현이긴 하지만, 위기는 늘 기회와 함께 온다는 사실은 언제나 진리다. 금번 코로나19 사태로도 언택트 기술을 제공하는 기업들은 큰 기회를 잡았다.

그뿐 아니다. 위기가 왔을 때 준비된 경영자는 돈으로 살 수 없는 신뢰를 얻게 되고, 직원 중에 옥석이 가려지고, 조직은 더 강해지며, 기업은 체질 개선의 명분과 기회를 얻게 된다. 그러니 운 나쁘게 위기가 왔다고 투덜대고 있을 시간이 없다. 일본말에서 '고맙습니다'는 '아리가토'이다. 아리가토는 ありがとう [有り難う], '고난이 있다'로 적고 '고맙습니다'라고 말한다. 일본인의 생각에도 고난은 감사의 제목인 것이다.

투자에 실패했을 때

수 없는 실패와 그로 인한 누군가의 희생이 없었다면 오늘의 영광은 없다. 한번도 실패해 본 적이 없는 사람은 아직 영광스러운 도전을 해 보지 못한 것이다.

필자는 2006년부터 14년 동안 커피 프랜차이즈 사업을 하면서 한국에서 146개의 핸즈커피를 오픈하고, A국에서 23개의 핸즈커피를 오픈했다. 레스토랑 4개와 베트남 요리 전문점 2개까지 합하면 내가 만든 비즈니스가 175개소에 이른다. 그 175개의 매장이 모두 성공적이었으면 좋겠지만, 실은 그렇지 못하다. 점점 성공 확률이 높아지고 있을 뿐 여전히 실패의 위험은 예측이 안 된다. 특히 큰 성공을 거둔 다음에 우리는 실패에 대해 무감각해지는 위기를 맞게 된다. 실패의 먹구름이 우리의 뒤에서 다가오고 있다는 사실을 그때는 모른다.

핸즈커피는 2008년 10월 A국에 진출한 후 2009년 커피 교육 사업을 시작하고 2010년 1월 Y시에 18평짜리 직영점을 오픈했다. 매장 직원들은 모두 경영학과 졸업생으로 뽑았고, 한국으로 와서 커피 전문가로 연수를 받고 돌아가 커피 아카데미에서 강사로 활약한 인재들이었다. 거기다가 모두 선남선녀들이었다. 금세 소문이 퍼졌고, 그 작은 가게는 Y시의 명소가 되었다. 연이어 2개의 매장이 추가로 오픈했다. 모두 대성공이었다. 특히 8월에 오픈한 매장은 110평 규모의 대형 매장이었고, 그 결과 핸즈커피는 그 지역에서 많은 사람들이 주목하는 브랜드가 되었다.

나는 즉시 Y시에서 수천 킬로미터 서쪽에 위치한 D시로 갈 것을 선언하고, 직원들 동창 중에 D시에서 직장 생활을 하고 있는 친구를 수소문하게 했다. 좋은 여자 동창 한 명을 소개받았는데, 나는 이력서만 보고 그녀를 급하게 채용한 후 한국으로 불러들여 한 달간 커피 전문가 교육을 받게 하고 상권 분석 방법을 가르쳐 주었다. 교육을 마치고 10월초 D시로 돌려보내 한 달간 D시에서 상가를 찾게 했다. 11월에는 A국 본부장과 함께 D시로 가서 미리 조사해 놓은 가게들을 둘러보고 맘에 드는 한 곳에 임대 계약을 체결했다. 3일 만에 인구 1천만 명이 사는 도시를 돌아보고 상가 계약을 결정한 것이다. Y시로 돌아가 임대 계약이 됐으니 D시로 이동하자고 직원들을 다시 설득했다. 본부장은 남편을 Y시에 두고 떠나야 했고, 어떤 직원은 결혼을 앞두고 집을 장만해서 인테리어를 마쳤는데 나에게 아무 말도 하지 않고 이삿짐을 쌌고, 어떤 직원은 중병을 앓고 계신 아버지를 홀로 두고 고향에서 수천 킬로미터 떨어진 도시로 떠나야 했다.

공사가 시작되자 문제가 불거져 나오기 시작했다. 인테리어 시설에서는 도시 미관 심사에서 걸리고, 위생 심사에서는 지역 주민 100명 이상의 동의가 필요했고, 2층 영업은 소방 심사에서 문제가 됐다. 아무리 정면 돌파를 해 보려고 해도 문제는 연이어 나왔다. 셰익스피어William Shakespeare의 '햄릿Hamlet'에 나오는 "불행은 단 한 사람의 염탐꾼으로 오지 않고, 떼거리로 밀어 닥친다(When sorrows come, they come not single spies. But in battalions)."란 말이 생각났다. "불행은 늘 혼자서 오지 않는다(禍不單行)."

결국, 우리는 소방과 위생 관련 벌금을 매년 2만 5천 불씩 내기로 하고 영업허가를 받아냈다. 참으로 절망적인 순간이었다.

2011년 2월. 우여곡절 끝에 오픈은 했는데 엎친 데 덮친 격으로 손님이 없었다. 며칠 기다리면 소문 듣고 오겠지 했지만, 한 달이 지나도 손님이 늘지 않았다. Y시에서 번 돈 전체를 투자했는데 장사가 안되는 것이다. 규모가 큰 매장이라 직원도 7명이나 채용했었다.

3월 중순, 나는 D시로 가서 3일간 직원들과 함께 있으면서 청소도 하고 공간도 다시 조정해 보고 저녁 늦게까지 직원 교육도 진행했다. 한국으로 돌아오는 날, 나는 경영진들을 불러 모아놓고 이렇게 말했다. "내가 돌아가면 3일 이내에 어떤 결정을 할 것이다. 그 결정이 어떤 것이든 여러분은 나의 지시를 따라야 한다." 직원들은 "어떤 결정을 내리셔도 따르겠다."고 대답했다. 내 마음은 이미 결론을 내린 상태였지만 그래도 나의 주인에게 물어보고 결정해야 한다는 마음이었다.

실패의 원인이 무엇인지 본부장에게 정리해서 보고해 달라고 했는데 네 가지로 정리해서 보고를 했다. ① 상권 조사 실패 (동선 파악) ② D시 이동으로 인한 보상 심리와 내부 직원들 간의 갈등 ③ 행정 기관의 제재 ④ 벌금으로 인한 원가 상승 등이었다. 하지만 나는 본부장이 제일 먼저 꼽고 싶었던 실패의 원인은 '경영자의 성급한 판단'이었을 것으로 생각했다.

3일 후 나는 D매장의 폐점과 Y시로의 철수를 결정했다. 그 결정은 회사가 가진 전 자산을 투자해 만든 매장을 불과 2개월 만에 포기한다는 것을 의미했다. 대학을 막 졸업한 젊은 창업자들이 부모님께 십시일반으로 투자받아 모은 4만 불 정도의 자금으로 핸즈커피를 창업하고 2년간 일해서 번 18만 불은 그들에겐 어쩌면 평생 다시 만져 볼 수 없을 큰 금액이었을 것이다. 희망과 기회가 모두 날아가는 순간이었다. 그러나 그들은 일체의 반문도 이의도 없이 즉각 폐점 절차를 밟고 Y시로 철수하겠다고 했다. 오히려 자신들의 부족함과 실수에 대해 깊이 반성하는 분위기였다.

철수 과정 또한 결코 쉬운 일이 아니었다. 건물주를 만나 매장을 양도할 수 있도록 허락을 받아야 했고, 인테리어와 시설물을 잘 활용해서 운영할 새로운 임자가 나타나야 어느 정도라도 권리금을 챙길 수 있었다. 우리는 최소한 8만 불 이상은 회수해야 Y시로 돌아가서 새로운 일을 해 볼 수 있을 것이라 생각했다. 다행히 2주도 안 돼서 우리 시설을 인수하겠다는 임자가 나타났고, 협상이 잘 돼서 우리가 회수할 수 있는 시설물은 모두 가져가는 조건으로 원하는 8만 불을 확보할 수 있게 되었다. 직원들은 철거팀 용역을 사지 않고 직접 모든 시설물을 일주일에 걸쳐 철수했다. 전등, 수도꼭지 하나까지 모두 철수해서 트럭과 승용차에 실었는데 자리가 부족하니까 승용차 천장 위에까지 짐을 올리고 창문을 내려서 끈을 묶었다. 그렇게 쌓았으니 고속도로를 달릴 수도 없고 결국 국도로 3일을 운전해서 Y시로 돌아왔다.

Y시로 돌아와 창고에 쌓아 놓은 물건들을 보고 나는 울었다. 나는 그날을 평생 잊지 못할 것이다. 아프고 쓰리고 미안했다. 다시 이런 실수를 해서는 안 된다는 다짐을 했다. 이렇게 반듯한 친구들을 다시 아프게 하면 안 된다는 결심을 했다. 지킬 수 없을 결심이었지만 그날 그 마음은 진심이었다.

우리는 Y시에서 재창업의 각오로 다시 체인 본부를 차리고, 임대료가 아주 싼 건물에 직영점을 열었다. 그리고 A국 핸즈커피는 제2의 부흥기를 맞게 되었다. 그 후 3년 만에 우리는 20개의 매장을 Y시와 인근 도시에 세웠고, 매년 최고의 매출과 수익률을 갱신했다. Y시는 우리의 복귀를 기다리고 있었던 것이다.

D시의 교훈을 통해 우리는 투자에 실패했을 때 어떻게 해야 하는지 알

게 되었는데, 정리하면 다음과 같다.

실패한 투자는 노력으로 회복되지 않는다. 창업자들은 대게 자신이 실패했다는 사실을 수용하기 힘들어한다. 그래서 이벤트와 홍보, 신메뉴 출시와 고객 서비스로 상황을 극복해 보려고 노력한다. 전문가가 오면 해결될 것이란 착각에 자문도 구해 본다. 하지만 여전히 매출은 좋아지지 않는다. 왜냐면 실패한 매장은 그런 요소가 부족해서 실패한 것이 아니기 때문이다. 우리가 인지할 수 있고 개선할 수 있는 이유로 실패했다면 충분히 회복시킬 수 있다. 그러나 대부분 실패의 요인은 우리가 손댈 수 없는 변동 불가 조건 같은 것들이다. 예를 들면 상권 분석 실패, 지역 문화의 이해 부족 같은 것들이다. 이럴 때는 비즈니스를 전환해야 한다. 내리막으로 굴러가는 플라이휠Flywheel은 멈출 수 없다. 넘어뜨려야 한다.

직원들은 매월 10원이라도 흑자가 나는 곳에서 일해야 한다. 투자 금액이 아무리 크고, 인테리어가 아무리 아름다워도, 손님이 없고 매월 적자가 난다면 그곳에서 일하는 직원은 불행하다. 급여를 많이 줘도 불행하다. 급여는 충분히 받는데 하는 일은 없다면 그것만큼 불행한 일은 없다. 직원들은 회사의 성장과 함께 성장한다. 성장하지 않는 회사에 탁월한 인재가 남아 있을 이유가 없다. 회사는 탁월한 인재를 잃지 않기 위해서라도 적자 나는 투자에 대해 하루속히 실패를 선언해야 한다. 어차피 아무 일도 안 해도 돈만 꼬박꼬박 주면 좋겠다는 생각을 하는 직원은 의미 없는 사람이다. 함께 갈 필요가 없으니 정리되는 것이 맞다.

위기를 통해 결속력이 강해진다. 직원들은 위기 상황이 아니라 방향을 잃은 리더의 모습에서 두려움을 느낀다. 위기 상황에서 리더가 원인을 파악하고, 정확한 방향을 제시하면서 흔들리지 않는 모습을 보여주면 직원들은 안정감을 되찾고 문제에 집중하게 된다. 어쩌면 이런 상황은 리더에게 기회가 된다. 위기 상황으로 오는 과정에 있었던 불신과 갈등은 이 위기를 함께 극복해야 한다는 결단으로 변화되고 조직의 결속력은 강해진다. 우리는 D시 진출의 실패를 통해 믿음의 역사를 세운 것이다. 그것은 이후 우리가 가진 어떤 자산보다 가치 있는 자산이 되었음을 확인할 수 있었다.

나는 학자가 아니다. 그냥 조그만 기업의 경영자이다. 학자들만큼 위기 관련 서적을 다 섭렵할 시간도 없다. 그래서 다양한 책과 자료를 훑어본 후 가장 인사이트 있는 책 두 권을 선정하고 그 책을 반복해서 읽은 다음 비즈니스에 적용하기로 했다. 다음 장에서는 램 차란과 피터 드러커의 책으로부터 위기 경영원리들을 정리해 보려고 한다. 램 차란은 이것을 '위기 경영'이라 하고, 드러커는 '혼란기 경영'이라 했다. 결국 정리해 보니 다 비슷한 말이다.

램 차란Ram Charan과
피터 드러커Peter Drucker로부터 지혜를 얻다

「위기 경영」의 저자 램 차란은 뉴욕 크로톤빌에 있는 GE의 존 F 웰치 리더십 센터에서 30년간 교수로 재직하면서 와튼 대학과 노스웨스턴 대학에서 최우수 교수상을 받았다. GE의 CEO 잭 웰치는 "나는 램 차란의 신봉자다."라고 말했다. 코로나19가 중국을 강타하면서 중국 경제가 최대 위기를 맞았던 2020년 2월 중국의 유명 경제학자 우샤오보 박사는 생방송을 통해 '힘내라, CEO'라는 제목의 강연을 했다. 그의 강연 내용은 피터 드러커의 「혼란기의 경영」이란 책 내용에 근거한 강연이었다.

불황기는 반복해서 온다. 불황이 없을 것 같던 우리 비즈니스도 예외는 없다. 그러나 주기적으로 돌아오는 그 불황기는 오히려 우리의 체질을 건강하게 하는 기회가 된다. 그렇다고 가만히 있는데도 건강해진다는 것은 아니다. 그래서 지혜로운 리더들의 이야기를 들을 필요가 있다.

램 차란과 피터 드러커 두 경영 구루의 위기 관련 책을 요약 정리하면 다음과 같다.

Ram Charan	Peter Drucker
1. 오직 현금이 중요하다	1. 펀드맨탈을 관리하라
2. 전략을 수정해야 한다	2. 내일을 위해 경영하라

불황기에 경영자는 매출액이나 시장 점유율에 대한 욕심을 버리고 과감하게 회사의 규모를 줄여야 한다. 직원들과 상황을 진솔하게 공유하고 함께 해결책을 고민해야 하며, 최대한 빨리 의사 결정을 하고 또 이를 실행에 옮겨야 한다. 또한 CEO는 긍정적인 마음과 자세를 가지고 조직원들을 고무하고 격려해야 한다. 부득이하게 감원을 진행해야 할 때는 최대한 투명하게 진행해야 한다.

유동성과 생산성이 중요하다
두 경영 구루는 동일한 목소리로 "유동성을 중심으로 자금력을 관리하고 손익계산서보다 대차대조표"를 더 중요하게 생각해야 한다"고 한다.

위기 전, 기업의 성공 지표는 수익을 늘리고 시장 점유율을 높여서 수입을 증대시키는 것이었다. 그러나 불황기에는 수익 증대 대신 회사가 행하는 모든 일이 현금과 어떤 연관이 있는지 파악하는 것이 중요하다. 반드시 충분한 현금을 확보하거나 그것을 동원할 확실한 수단을 마련할 필요가 있다. - 램 차란

'펀드멘탈'이란 성장에 필요한 기초 체력을 의미하는데, 그것은 유동성, 생산성, 미래 비용 등을 말하는 것이다. 이 펀드멘탈 관리의 핵심은 수익성보다 자금력을

더 중요하게 다루는 것이다. 그렇다면 어느 정도의 자금력이 필요한가? 외부의 도움 없이 혼란기를 지나갈 수 있을 정도의 자금력이 필요하다. 그렇다고 유동성이 목표가 될 수는 없지만 유동성을 관리하지 않으면 그것이 기업 생존의 제약조건이 된다. 그래서 살아남기 위해 유동성 관리가 필요한 것이다. - 피터 드러커

혼란기에 유동성 부족은 기업에 치명적인 위협이 될 것이므로 경영자는 최악의 시나리오에 대비하여 손익분기점을 최대한 낮추면서 보수적으로 경영해야 한다. 보수적으로 경영할 때는 성장에 대한 기준도 바꿔야 한다. 갑작스러운 유동성 위기를 극복하려면 수입과 시장점유율 확대를 일부러 포기하는 등 이전에는 생각하지 못했던 방법을 고려할 수도 있다.

몹시 고통스럽겠지만 이런 현실에 맞서야 한다. 생존하느냐 못하느냐의 여부는 비용 절감과 현금 조달에 달려 있기 때문이다. 지금은 초점을 좁혀서 사업의 핵심, 즉 잃어서는 안 되는 소중한 핵심 자산에 집중할 때이다.

유동성 관리와 함께 생산성 관리도 중요하다. 혼란기 경영의 주요 과제 중 하나는 언제나 생산성 추세를 역전시키는 일이다. 한 회사가 두각을 나타내고 있다면, 그것은 그 회사가 업계나 지역, 국가에서 평균보다 2배 정도의 높은 생산성을 발휘하고 있다는 것을 의미한다.

생산성을 높이는 비결은 무엇인가? 다른 방법이 없다. 부지런히 일하고, 노력하여 생산성을 관리해야겠다는 마음을 굳히는 것과 지식 노동자들의 장점을 파악하고 그 장점을 잘 발휘할 수 있는 곳으로 배치하여 그들에게 기회를 부여하는 것 뿐이다. 경영자를 포함한 모든 조직원들은 6~9개월에 한 번씩 다음과 같은 생산성 관련 질문을 스스로에게 해야 한다. "이 조직에서 나는 무엇을 하고 있고, 보수와 함께 부여된 책무를 수행하는 과정에 있어 기업에 도움이 되고 있는가?", "나는 타인의 업무 수행에 방해되는 일을 하고 있지는 않은가?" 모든 조직원은 각자 자신의 일을

더 잘하는 데 도움이 되는 방법을 알아내도록 부단히 도전 받아야 한다.

전략을 수정해야 한다

불황기에는 이전에 우리가 세운 목표가 순식간에 의미 없는 목표가 된다. 경영자는 분기별, 월별, 주별 목표를 자주 점검하고 진척 상황을 추적하여 바로 잡아야 한다. 지금은 여러 가지 가능성을 일일이 따져보느라 꾸물거릴 시간이 없다. 단기적인 계획과 목표가 행동의 지침이 되고 있는지 알려면 모든 것을 훤히 파악하고 있어야 한다. 질문을 던지고 직원들은 내일이 아니라 오늘 바로 장애물을 극복할 수 있는 대답을 할 수 있어야 한다. - 램 차란

위기는 의사결정자가 빠져 있는 환상과 현실 간의 괴리에서 비롯한다. 반대로 새로운 현실을 이해하고 수용해 활용하는 사람에게는 위기는 곧 기회다. 경영자는 경영 위기를 이해하는 데 그치지 않고 행동해야 하며 분석하기보다 결정하는 것에 집중해야 한다. 우리의 구체적인 강점은 무엇인가? 그 강점은 내일의 기회에 적합한가, 아니면 어제의 기회에 알맞았는가? 우리가 추가해야 할 새로운 강점은 무엇인가? 이에 답하기 위해 우리는 인구 동태와 지식 및 기술의 변화, 세계 경제의 변화, 기회와 환경의 변화를 이해해야 한다. 그리고 내일을 위한 기업 전략을 세워야 한다. - 피터 드러커

경영자가 혼란기에 사무실에만 가만히 앉아서 보고서를 읽고 지시를 내리고 있으면 그 기업은 위험하다. 여과되지 않은 본래의 출처에서 직접 얻은 상세한 최신 정보 즉, 바닥 정보에 집중해서 기업에 영향을 미칠 수 있는 변화를 철저히 파악해야 한다. 더불어 신용경색과 실직의 위험과 같은 경기 후퇴의 결과가 소비자 행동을 어떤 방향으로 바꾸고 있는지도 속속들이 파악해야 한다.

현장으로 나가서 소비자를 관찰해야 한다. 소비자를 방문하여 그들의 습관이 어떻게 바뀌고 있는지 살펴봐야 한다. 현장에 갈 수 없다면 고객과

가장 가까이 있는 직원에게 내려가야 한다. 공급 업체와 협력 업체의 변화와 그들의 관점을 세심하게 파악해야 한다. 그리고 신속한 분석과 판단을 진행하고 새로운 전략을 제시할 수 있어야 한다.

새로운 전략을 제시할 때는 직원들에게 현실을 공개하고 단호하게 대처하여 그들에게 용기와 희망을 심어줘야 한다. 신뢰할 수 있는 길을 구체적으로 제시해야 하고, 가치를 훼손하지 않으면서도 어려운 결정을 내릴 수 있는 용기 있는 사람들을 변화의 주체들로 끌어들여야 한다.

살자는 데 반대하는 직원은 없다

다음 내용은 지난 2018년 말부터 2019년 상반기에 있었던 상황을 기록한 것이다. A국의 경기 침체와 신규 경쟁 브랜드의 난립이라는 지역적 특성으로 인해 유동성 위기를 맞은 위기 상황에 어떻게 대처했는지 정리해 보았다.

2018년 12월 17일 A국 본부장에게서 메일이 왔다. 사업부 재정이 너무 힘들고 직원들에게 연말 보너스를 줄 수 없는 상태라고 했다. 글을 보니 자간에 좌절과 절망의 그림자가 깊게 드리워 있었다. 직원들에게 급여를 늦게 줘 본 적이 없는 기업이 10년 만에 처음으로 약속한 급여를 줄 수 없다는 사실이 본부장을 슬프게 한 것이다. 최근에는 개인이 담보하고 은행에서 차입을 가져와 급여를 준 적도 있었는데 이젠 그나마 해결 방안도 없다고 한다.

위로하고 격려해야 할 상황이지만 나는 모질게 답했다. "나는 연초부터 내가 받는 급여를 포기하면서 경영진들도 급여를 포기하고 긴축을 해야 한다고 분명히 말했다. 그러나 당신들은 내 급여만 지급 정지하고, 정상적으로 계속 급여를 받았다. 우리는 지난 6년간 가맹 전개를 하나도 못한 기업이다. 그 책임은 누가 지려고 하는가? 이제부터라도 정확하게 하자. 경영진은 이제부터 격월로 급여를 받아야 한다. 직원들에게는 연말보너스가 없다고 공식화해라. 모든 식대와 잡급의 지급을 중지해라. 그리고 직원들에게 현재 회사의 재정상 어려움을 정확하게 이야기하고, 직원들의 도움을 요청해라. 리더는 돈보다 리더십을 잃는 것을 더 두려워해야 한다. 위기의 상황에서 리더는 숨김없이 과감하게 살길을 직원들에게 보여줘야 한다. 누구도 살자는데 반대할 사람은 없을 것이다. 하지만 직원들에게 그런 이야기를 하기 전에 먼저 리더들은 꼭 모범을 보여줘야 한다."라고 했다.

메일을 확인한 본부장은 즉시 경영진들을 소집해서 격월 급여 지급을 합의하고, 전 직원을 모아서 현재 재정 상황을 설명하고 힘을 모으자고 했다. 모든 직원들은 그 자리에서 상황을 수용하고 더 열심히 일하겠다면서 오히려 경영진에게 우리가 더 해야 할 일은 없을지 물었다고 한다. 좌절이 희망으로 바뀌는 순간이었다.

메일을 받은 나는 다시 메일을 보내서 이렇게 요청했다. "우리가 가진 자산 중에 현금화가 가장 손쉬운 자산을 매물로 내놓고 최대한 빨리 유동성을 회복하도록 하세요." "무슨 말씀인지 알겠습니다."라는 답변이 돌아왔다. 본부장의 답변에 비장함이 배어 있었다.

2019년 2월 16일 이번 A국 출장은 마음이 많이 무거운 일정이었다. 큰아들 고등학교 졸업식과 겹치는데도 가야 하는 상황이었다. 직원들을 격려하고, 어디에 집중해야 할지 정확하게 보여주고, 자신감을 회복시켜줘야 했다.

A국에 도착해 내 책상에 올려진 '2018년 결산 보고'를 보니 마음이 더 답답해졌다. 이들이 힘이 빠지는게 당연한 상황이었다. 2년 연속 적자를

기록했고, 특히 2018년 적자는 사상 최대폭이다. 제조 원가 84%, 상품 원가 83%, 공사원가 87%로 모든 원가가 급격하게 올라갔다. 프랜차이즈 사업에서는 가히 기록적인 원가율이다.

그중 제조 원가율 84%는 더 절망적이다. A국 사업부가 위치하고 있는 지역의 위생관리국은 소규모 제조업을 구분하여 관리하지 않고 규모와 관계없이 대규모 제조업 기준을 적용한다. 그로 인해 공장 허가를 받기 위해서는 면적이 상당히 커지고, 공장 임대 비용, 시설 투자에 대한 감가상각, 직원 보충 비용 등이 급격하게 상승했다. 그래서 공장 인허가를 새로 받은 2018년에는 제조 원가가 갑자기 40% 포인트나 오른 것이다. 결국 규모의 이익을 만들지 못하면 우리같이 작은 기업은 원가율을 낮출 방법이 없다.

3년 전 신규 런칭한 레스토랑 사업부 H쿡은 가맹 사업 준비가 미비하여 직영으로만 운영하고 있고, 커피는 6년째 신규 가맹 전개가 멈춰진 상태이다. 일부 직원은 급히 새로운 아이템을 도입해서 신규 브랜드를 런칭해야 한다고 주장하고 있었다. 늘 신중하게 브랜드를 관리해온 나에 대한 불신이 싹트고 있었다. 이런 상태에서 어떻게 4일 만에 현지 경영진과 직원들에게 힘을 불어넣어 주고, 가능성과 자신감으로 일할 수 있도록 해 주고 돌아갈 수 있을까? 이것이 당시 출장의 무거움이었다.

2019년 2월 20일. 오전 9시. 위기에 처한 A국 사업부 전 직원들이 나의 이야기를 듣기 위해 모였다. 그들의 얼굴에 무슨 이야기를 할지 두려움과 기대가 동시에 있었다.

"여러분은 왜 여기에 모여 있나요? 살펴보면 이 회사에 다니지 않아도 충분히 더 좋은 대우를 받으며 다른 직장을 다닐 수 있는 커피, 외식, 기획, 디자인 전문가들이 많은데 왜 하필 여기에 있나요?"

아무도 대답하지 않는 정적이 30초 정도 지났다. 그때 한 직원이 "핸즈니까요."라고 대답했다. 모두 입가에 미소가 퍼졌다. 그렇다. 이 지역 젊은이들은 자신의 경력을 위해 짧게는 몇 달, 길어봐야 2~3년 안에 이직을 하는 것이 사회생활의 지혜라고 생각하는 인식이 보편적인데, 핸즈 안에는 5년 이상 10년씩 된 직원들이 50%가 넘는다. 한 명의 답이 나오자 연이어 많은 직원이 자신이 왜 핸즈를 다니는지 선명하게 이유를 설명했다.

나는 창업 멤버 중의 한 명에게 "K대리, 당신은 만약에 우리가 망하게 된 후에 여기 경영진과 내가 다시 여기 Y시에서 창업한다면 월급을 받지 않고도 다시 합류할 뜻이 있는가?"라고 물었다. 사내 커플인 그 부부가 "네, 저는 합류합니다."라고 거의 동시에 대답했다. (그날 저녁 나는 그 부부의 집에 초대 받아 함께 깊은 대화와 교제를 가졌다.)

나는 본론으로 들어가 회사의 재정 상태에 대해 더 전문적인 설명을 했다. 요약하면 이렇다.

1) 우리는 창업 후 지난 10년 중 8년 동안 늘 흑자를 기록한 건강한 기업으로 잉여 이익 누적액에 상당한 여유가 있다. 2) 유동부채를 안정적인 부채로 전환하기 위해 내가 활용할 수 있는 개인 자금을 동원해 단기 부채를 대표 가수금으로 전환하겠다. 3) 우리가 가진 투자자산 중에 일부를 매각해서 현금 유동성을 회복시킬 것이다. 그렇게 되면 현금이 충분히 확보된다. 4) 재무제표상 데이터도 유동비율 140%, 부채비율 68%로 아직 건강한 상태이다.

"다시 정리하면 지금 우리 사업부는 일시적인 적자와 유동성 위기를 맞고 있지만 사실 아직 건강한 기업이란 것이다."라고 설명했다. 직원들의 얼굴에 미소가 돌기 시작했다.

그리고 마지막으로 "여러분의 강점은 무엇인가?"라는 질문을 했다. 커피 맛, 공간 창출 능력 등으로 답하는 직원들이 대부분이었다. 나는 그들에게 여러분의 가장 큰 강점은 "여러분의 배경에 형 같은 한국 사업부가 있다는 것이다. 그 사실이 A국 Y시 핸즈의 가장 큰 강점이다."라고 했다. "그러니 여러분은 한국 사업부가 든든하게 존재하고 있다는 사실을 잊지 않았으면 한다."고 당부했다. 모임의 효과가 오후에 당장 나타났다. 사무실에서 직원들의 목소리에 힘이 들어가고 웃음소리가 들리기 시작했다.

그리고 그 다음날 2월 21일, "우리가 가진 투자자산 중 일부를 몇 명의 내부 직원이 인수하게 되어 현금 유동성을 추가 확보했다."는 보고가 왔다. 그 금액은 향후 1년간 A국 사업부의 일반관리비를 감당할 수 있는 유동성이다. 이제 다시 1년의 여유가 생겼으니 신중한 도전을 위한 시간을 확보한 것이다.

착한 기업과 지혜로운 기업

코로나19 사태가 한참이었던 2020년 4월 1일, 나는 직원들에게 [우리는 착한 기업으로 남을 것인가?]란 글을 사내 인트라넷에 올렸다. 우리가 이 혼란기에 어디에 집중하고 어떻게 위기를 극복할 수 있을지 경영자로서의 의지를 나눈 글이다. 혼란기에 정답은 없다. 그러나 경영자는 이렇게 하기로 했다고 선명하게 말할 수 있어야 한다.

착한 기업이 아니라 지혜로운 기업이 되어야 한다. 코로나19 사태로 한국 사회는 착한 건물주, 착한 가맹본부, 헌신적인 의료진, 투명한 정부, 성숙한 시민의식을 지향하는 분위기다. 각자의 자리에서 서로를 배려하며 사회적 약자를 돕는 일에 자발적으로 나서는 모습들을 보면서 우리의 가능성을 다시 한번 확인할 수 있는 다양한 모습들을 보고 있다. 미국에 사는 여동생은 전 세계로부터 주목받고 있는 조국의 위상을 보면서 생각만 해도 가슴이 뜨겁고 자랑스럽다고 이야기했다.

특히 대형 가맹본부를 중심으로 발표되는 가맹점 지원 정책들을 보면서, 착한 기업으로서 핸즈 가맹본부의 역할이 꼭 필요한 시기라는 생각을 자주 하게 된다. 그래서 핸즈도 지난 3년간 지속적으로 인하해 온 물품 공급가를 금년에도 10여 가지 추가해서 40여 가지로 확대하는 것과 지난 2월 로열티 전액을 면제하는 것을 골자로 하는 가맹점 지원책을 발표 했었다.

그러나 코로나19 사태가 언제까지 갈지 누구도 장담하기 힘든 '팬데믹' 상황 속에서 우리는 계속 이런 '착한 본부'의 역할만 생각하고 있어도 될까라는 생각을 하게 되었다. 우리는 어떻게 살아남아서 가맹점의 든든한 본부의 역할을 흔들림 없이 수행해 낼 수 있을까?

나는 핸즈가 마냥 착한 기업으로 남아서는 안된다는 생각을 하기 시작했다. 이런 혼란기에 착한 기업이 꼭 필요하지만 착하기만 해서는 이 상황에서 살아남을 수 없을 것이란 생각이다. 사회적 분위기도 착한 기업, 착한 본부에서 지혜로운 기업을 지지하는 분위기로 변화되어야 한다는 생각이다.

그래서 나는 착한 기업가가 되자는 의지를 줄이고 냉철한 기업가가 되기로 했다. 어쩌면 더 차가워져야 할 수도 있다는 생각이다.

코로나19 사태는 장기화된다고 한다. 하버드대학교 교수인 케네스 로고프는 코로나19 사태로 인해 "세계 경기침체(Recession) 가능성이 90% 이상이다. 올해 중국 경제는 제로 성장 가능성도 있다."고 했다.

그 이유는 세계 각국이 아무리 수요 진작을 위한 정책을 내놓아도 바이러스로 인한 위기는 수요와 공급 모두의 쇼크이기 때문에, 금리를 인하하고 돈을 풀어도 오히려 극심한 인플레이션이라는 부작용을 일으킬 수도 있다는 예측 때문이다. 특히 세계의 공장 격인 중국의 경제가 마비되면서 전 세계 기업의 생산이 차질을 빚고 있어 공급 가격이 오르고 인플레이션이 올 가능성이 크다는 전문가들의 소견이 힘을 얻고 있는 것이다.

또 다른 위기는 유가의 폭락에 기인하는데 코로나19로 인해 산유국들이 감산 논의에 들어갔지만, 사우디와 러시아가 극단적인 치킨 게임을 벌이면서 사우디가 큰 폭의 가격 인하를 단행해 버린 상황에서 왔다. 러시아의 감산 합의 반대가 아쉬운 부분이다. 그 결과는 미국 셰일 유전 회사의 파산이다. 현재 서부텍사스산 원유(WTI) 가격은 30달러 이하로 떨어졌다. 참고로 사우디의 원가는 배럴당 2.8달러인데, 미국 셰일 업체들의 손익분기점은 40달러대 초반이다. 이런 상황이 3~6개월만 계속되면 미국 유전 회사들 절반 이상이 문을 닫게 되고, 유가 폭락은 산유국들의 경제를 늪으로 빠뜨리게 된다. 미국 경제의 침체는 가장 먼저 한국 주식시장으로 연결된다.

지난 2월 말과 3월 초에 나온 맥킨지McKinsey, 블룸버그Bloomberg, 모건스탠리Morgan Stanley의 분석에서 나온 3가지 시나리오 중 조기 종식 시나리오의 경우, 3월에 나타난 현상들로 인해 물 건너간 시나리오가 되었다. 이제 남은 시나리오는 'U자의 제한적 경기 둔화', 아니면 'L자형 경기 침체' 두 가지이다. 이 두 가지는 모두 이 코로나19 사태가 장기화될 것이라는 예측을 전제로 한다. L자를 예측하는 전문가들도 적지 않고, 상당수는 U자가 되더라도 그 골이 깊을 것이라고 보고 있다.

결국 코로나19 사태로 인한 경기 침체는 장기화된다는 결론이다. 여파가 1년 이상 갈 것이란 것이고 우리가 그토록 기다리는 일상으로의 복귀는 당분간 어려울 것이다. 일상이 회복되더라도 이전과는 완전히 다른 시장, 소비 패턴을 만나게 될 것이다.

미래 경쟁력 강화에 집중해야 한다. 지금은 머뭇거릴 때가 아니다. 즉시 코로나19 사태가 장기화될 것에 대비하고 '위기 경영 체제'로 전환해야 한다. 직원들에게 현재 상황을 설명해 주고, 회사의 구조를 바꾸고, 사업 환경을 변화시키는 경제적 혼란과 이로 인해 생겨나는 새로운 기회를 포착하는데 집중해야 한다.

본부의 손익분기점을 낮추고, 재고 회전율을 높이고, 현금 위주의 재정 정책을 수립해야 한다. 회사 직원들의 분위기를 바꾸고 더 대담해져야 한다. 핵심을 지켜 일하고 경영진들의 대처 능력, 심리 상태, 전문성을 재평가해야 한다. 현장으로 나가서 변화된 시장을 연구하고, 전문가들과 현장을 아는 직원들과 더 자주 만나고, 날마다 수치를 파악하고, 사업계획서를 재검토하고 즉각적으로 집중할 단기 목표를 수립해야 한다. 열심히 일해야 한다. 무엇보다 직원들이 이 위기를 함께 극복하겠다는 다짐을 할 수 있도록 동기를 부여하는 것이 중요하다. 손익분기점을 낮출 때는 현재 유동성으로 버틸 수 있는 기간을 2~3배로 늘이는 것을 목표로 삼아야 한다. 과감하게 살을 깎아 내야 한다. 어떤 경우에는 직원들이 멀티로 일해야 할 수도 있다.

그리고, 코로나19 이후에 일어날 변화를 예측하기 위해 정보를 수집하고, 전문가의 조언을 듣고, 신중하게 분석해서 어디에 집중하고 어디에 투자해야 할지 결정해야 한다. 해야 할 일과 하지 않아야 할 일을 분별해야 한다. '언택트 기술'이라는 말을 많이 하는데, 언택트 기술은 무엇이며, 우리가 반드시 도입해야 하는 서비스는 무엇인가? 어느 기업이 그 분야에서 최고인가? 누구를 만나야 정확하게 이해하고 방향성을 잡을 수 있을까? 끊임없이 생각하고 신속하게 판단해야 한다.

팀장, 대리급 연석회의를 통해 현장을 파악하는 데 집중해야 한다. 소비자는 어디로 이동하고 있으며 어떻게 소비하는지 패턴을 이해해야 한다. 나는 현장을 알기 위해 사무실에 앉아 있지 않고 움직일 생각이다. 현장을 보고 현장에서 느껴야 한다.

그리고, 책을 읽어야 한다. 예상치 못한 위기와 불확실성의 시대를 경험한 경영자들과 경영 구루들의 글들을 읽어봐야 한다. 해 아래 새것이 없다. 이미 경험한 사람은 이 위기 가운데 뭘 해야 할지 안다. 우리는 처음 겪는 일이지만 그들은 이미 경험한 일이다. 그들의 이야기를 듣고 우리의 미래를 준비해야 한다. 그래야 후회하지 않을 것이다.

이제 진심으로 일해야 할 때인 것 같다. 결국 내 진심은, '살아남는 것'이다.

위기 경영, BaM 기업도 예외는 없다.

우리를 없애지 못한 것은 우리를 더 강하게 만들 것이다 - 니체

외부로부터 오는 혼란기는 어느 기업에나 위험한 시기지만 가장 큰 위험은 현실을 부정하려는 충동이다. 진짜 위기는 기업의 경영자나 관리자들이 가진 환상과 현실의 괴리에서 비롯한다고 봐야 한다. 혼란기도 새로운 현실을 이해하고 수용해 활용할 수 있는 조직에는 기회이다. 무엇보다 정직하고 준비된 경영자에게는 새로이 다가온 현실에서 조직 내부의 신뢰를 얻고 기업을 획기적으로 성장시킬 기회가 된다.

그 방법을 가르쳐 주는 책이나 스승은 없다. 각자 무엇을 해야 할지 조사하고 분석하고 깊이 생각한 후 결정하고 실천해야 한다. 경기 침체로 온 위기 상황은 정치, 경제 전문가들의 처방이 유효하고, 그 침체기가 종료되면 소비의 패턴도 회복된다. 그러나 코로나19 같은 재난이 왔을 때는 상황이 달라진다. 우선 경제 전문가들의 경기 진작을 위한 처방의 실효성이 떨어지고 소비의 패턴이 예측할 수 없는 방향으로 이동한다. 시장이 달라지는 것이다. 이때는 미래를 예측하기보다 직접 만들 수 있는 용기와 지혜가 필요하다. 이런 용기와 지혜는 온전히 헌신된 리더에게서만 나올 수 있다.

그래서 불황기와 위기는 BaM 기업에 기회이다. 우리는 이미 섬기고 희생할 각오를 가지고 비즈니스를 시작했다. 이제 직원들과 하나가 되는 기회가 왔다. 우리의 정직성과 집요함을 보여 줄 기회가 온 것이다.

감당할 시험밖에는 허락하신 것이 없다. 우리는 위기를 두려워하지 말아야 한다. 그것이 제자 된 우리의 자세이다. 우리를 없애지 못한 것은 우리를 더 강하게 만들 것이다.

지금 여기, 선교의 시대

선교지 BAMer의
Faith Book

유재철 대표 보이마루

2019
2019
2020
2021
2022
2023

글로벌 선교현장에서는 오늘도 다양한 BAM 기업들이 '비즈니스 그 자체를 통한 선교'를 펼쳐내고 있다. 기업 활동을 통한 매출규모나 고용인원의 수준도 의미 있겠지만, 근본적으로 비즈니스 상황 속에서 매일 꾸준히 현지인 한 사람 한 사람을 만나고 그들과 더불어 소소한 일상을 살아가면서 '삶으로 전하는 복음'을 살아내고 있다.

코로나19 상황도 예외가 아니다. 팬데믹 난리 속에서도 여전히 상품을 생산-판매하며 기업의 존재를 유지함은 물론, 현지인 이해관계자들과 지속적이면서도 건강한 관계를 유지해야 하기에, 이들의 기업 활동은 표현 그대로 '거룩한 발버둥'이다. 본 지는, 아시아권 창의적 접근지역에서 오랜 시간 BAM 기업을 운영해온 한 기업대표의 최근 페이스북 기록을 공유하려 한다.

편집인 주

2020년 1월 26일

이 땅에서 신년을 맞이한 것이 벌써 10년을 넘어갑니다. 매년 구정이 되면 현지인 제자들 집 두 곳을 방문하여 함께 구정을 보내고 있습니다. 올해도 선물을 싸 들고 편도 580km의 거리를 가서 2~3일 그들과 교제하려고 계획을 세웠습니다.

복병이 나타났습니다. 코로나19 바이러스입니다. '그래도 청정지역이라 괜찮겠지' 생각하고 어제(25일) 오전에 출발했습니다. 그런데 출발한지 얼마 되지 않아 방문할 현지인 형제에게서 연락이 왔습니다. 여행객 중에 ○○성에서 온 사람이 있어서 공안들이 손님을 받지 말라고 했다는 겁니다.

'그래도 남은 한 군데를 들러보겠다'고 열심히 6시간 운전해서 갔습니다. 현장에 가보니 삼엄하게 검문을 하고 외지인의 차를 모두 돌리게 했습니다. "아…." 현지인 형제에게 전화를 하니 매우 섭섭한 목소리로 우리를 위해 백숙을 해놓았다며 안타까워합니다. "형님, 미안해요"라고 하는 말에 마음이 뭉클해집니다.

시간은 오후 5시를 가리키고, 우린 150km 떨어진 다음 지역으로 갈 생각으로 지인에게 알아보니 이미 톨게이트마다 검문이 있고 지역이 봉쇄되어 한 번 들어가면 내일 못 나올 수도 있다는 말에, 그냥 580km 떨어진 우리 집으로 돌아오기로 결정했습니다. 그렇게 다시금 13시간을 운전해서 집으로 밤늦게 돌아왔습니다.

1월 30일

나는 나쁜 아빠인가? 주님이라면 어떻게 하셨을까?

고3 아들이 한 달 전에 여권만료와 비자갱신으로 한국에 나갔습니다. 구정에 어른들께 인사도 드리고 2월 3일에 돌아오는 일정입니다. 그런 중에 현지상황이 심상치 않게 돌아가는 것을 느낄 수 있었습니다. 거리 현지인들 대부분이 마스크를 하고 다니고 마트에는 식품을 구입하는 사람들로 가득하였습니다. 그리고 알코올과 마스크를 구할 수가 없었습니다. 그때서야 '이 문제가 심각한 문제이구나'를 피부로 느끼게 되었습니다. 특히, 우리 집에도 마스크가 없고 다른 한인들도 미처 준비 있지 하지 못했음을 알게 됩니다.

급한 마음에 한국 이곳저곳 도움을 요청하고 사비로 마스크를 300여 만원 어치를 구입하여 아들에게 2월 3일 입국 시 최대한 가져오라 했습니다. 어제(29일), "K항공의 1월31일 비행기가 마지막 운항으로 2월부터 한국행 직항이 운항정지에 들어간다"는 공지를 듣게 되었습니다. 이에, 곤명에 거주하던 한인들이 많이 귀국길을 선택합니다. 순간 고민에 빠졌습니다. '다들 한국으로 귀국 하는데…. 한국에 있는 아들을 일부러 들어오게 할 이유가 있나?' 그러나 아들이 마지막 비행기를 타고 마스크를 가져오지 않으면 어렵게 지원받고 구입한 마스크들을 운송방법이 없습니다. 최대한 빨리 마스크를 들여오는 길은 아들이 들고 들어오는 것입니다.

총 8박스를 가져와야 하는데, 마스크 짐을 싸보니 1인이 가져올 물량을 한참 초과했습니다. K항공 측에 한인들을 위한 마스크니 운송에 협조해주십사 요청했는데, 대답은 원칙대로 "추가 시 비용을 지불해야 한다"는 대답뿐이었습니다.

어제 잠시 고민하다 아들에게 전화 했습니다. "아들아, 이번에 네가 중요한 일을 감당해야겠다. 2월3일 K항공이 취소될 수 있으니, 1월 31일로 무조건 변경하고 그때까지 도착한 마스크를 압축 팩에 담아 모두 가져와야겠다." 아들은 "네, 제가 가져가죠."라고 대답했습니다.

우리 가족만을 위한 것이라면 안 와도 됩니다. 우리 지역에 200여 명의 한인들과 40여 명의 현지인 제자들과 아이들이 있습니다. 모두가 구정 연휴에 갑작스럽게 일어난 일이라 아무것도 준비하지 못했습니다. 조만간 항공이 닫히면 다시 항공이 열리기까지 한 달이 될지 두 달이 될지 모릅니다(2020년 10월 현재까지도 직항이 없다). 그런 가운데 최선의 방법은 한국에 있는 아들을 통해 마스크를 조달하는 방법뿐이었습니다.

근데… 왠지 모르게 내 마음이 이상하게 짠합니다. 만약 우리 가정에 코로나19에 감염이 생긴다면 난 엄청 후회할거 같은. "내가 아빠가 맞나?" 하는 생각도. 내가 다른 이들을 위해 이렇게까지 안 해도 뭐라 할 사람이 없을 텐데 말입니다.

2월 1일

공항이다. 오늘은 아들이 마스크를 가지고 오는 날이다. 나올 시간이 한참 지났다. 조금씩 걱정이 되었다. 순간, 마스크를 하고 큰 박스 8개를 가득 끌고 아들이 나오는 모습이 보였다. 마스크로 얼굴 절반이 가려져 있으나, '승리한 모습'이 보였습니다. 본인도 많이 긴장했구나 싶었다.

짐을 찾고 엑스레이를 통과하며, 혼자 감당 안 되는 물량을 가득 가져온 아들! "아들 수고했다." 꼭 끌어안고 돌아오는 차 안에서 아들은 "비행기 타고 오면서 기도하는데 하나님이 확신을 주셨어요. 그리고 '아! 아빠가 이런 마음이셨구나'를 느끼게 되었어요." 이런 아들에게 "그래. 수고했다"는 말밖에 할 말이 없었다. 감동이다.

2월 6일

마스크는 복음입니다!
지금은 어디서도 마스크를 구입할 수가 없습니다. 소독제도 구입할 수가 없습니다. 그래서 지금은 마스크가 그 자체로 사람들에게 복음(기쁜 소식)입니다.

한 손에는 마스크를 한 손엔 전도지를. 이곳은 자유롭게 길거리에서 전도하는 것이 쉽지 않습니다. 한 자매사역자는 "노방전도를 통해서 복음의 자유를 느꼈다"고 합니다. 누구에게는 흔한 자유일 수 있으나 누구에게는 일생에 한 번 경험하는 자유이기도 합니다.

마스크를 나눠주기 시작했을 때 여러 가지 생각이 들었다. 사람들이 안 받을까 걱정도 했고, 또 나를 사기꾼으로 보지는 않을까 생각도 했다. 나눠주면서 "나는 기독교인이고, 교회에서 나왔다"고 설명했고, 무료로 주는 것이라고 하면서 한 손에는 마스크를 주고 한 손에는 전도지를 주었다. 그리고 집에 가서 그 종이를 잘 읽어보라고 당부했다. 그 안에 소망이 있고 평안과 하나님의 사랑이 있다고 했다. 그리고 마스크 사용의 정확한 방법도 알려주었다. 이럴 때 그들이 나를 믿기 시작했고, 여러 가지 질문도 했다. 내 생각에 사람들은 생명의 위협을 받을 때 그들에게 도움을 주면 잘 받아들이는 것 같다.

마스크를 위해 헌금해주신 분들께 너무 감사하다. 이번에 주민들에게 마스크를 나누어줄 때, 사람들의 두려움, 그들의 필요를 느낄 수 있었다. 나는 실제로 그들에게 가장 필요한 것은 복음이라는 것을 안다. 실제로 많은 사람들은 마스크가 필요하지만, 나는 그들에게 "예수님이 당신을 사랑하십니다"하면서 전도지를 주었고, 예수님이 그들을 사랑하시는 것을 알고, 하나님께서 그들 마음속에 일하실 것을 믿는다. 이번에 나는 어떻게 복음의 핵심인 예수 그리스도를 더 많은 사람들에게 나눠줄 수 있는지를 깨달았다. 마스크가 곧 복음처럼 여겨지는 가운데, 많은 분들이 보내주신 마스크는 예수님이 모든 사람을 사랑하시는 증거물이라고 느꼈다.

3월 20일

코로나19로 인한 위기가 실제적으로 느껴집니다. 2월 달 회사 매출이 전혀 없습니다. 준비하던 다구 풀세트 제작이 미뤄졌습니다. 올해 상반기 한국에서 준비하고 있었던 차(다예사) 교육이 취소되었습니다.

내가 책임자이기 때문에 뭐라도 해야 되는 상황입니다. 그래서 '이미 있는 것'(재고)으로 기획 상품을 만들기로 했습니다.

우리 기업은 살아남아야 합니다. 그래서 코로나19에 맞는 새로운 상품을 준비해야 합니다. 오늘도 믿음의 발걸음으로 달려갑니다.

3월 28일

지금은 살아남는 것이 중요합니다

코로나19로 인해 참 많은 생각을 하게 됩니다. 누군가 '진짜 승리자는 살아남은 자'라고 했습니다. 그러나 "어떻게(!) 살아남을 것인가"가 나의 고민입니다. 하나님의 사람답게, 하나님의 절대주권과 공의와 사랑을 아는 사람답게.

현지인 동역자들이 매일 일터에서 함께 합니다. 그들이 매일 지켜봅니다. 그들이 매일 듣습니다. 그들이 매일 느끼고 있습니다. 세상 안에서 살아가는 저의 모습을. 이것이 MISSION이고, 이것이 BUSINESS입니다.

우리는 세계 중심에 서 있습니다

저희 사무실은 작습니다. 3평정도 됩니다. 매일 아침, 이곳에서 우리는 말씀을 나누고 기도합니다. 네 가지입니다. 코로나19로 인해 (1) 상처 입은 사람들에게 하나님의 사랑으로 치유 되도록, (2) 지금 이 때에 교회가 회복되고 세상을 향해 복음 전해지도록, (3) 세계가 어려움을 당하는 가운데, 하나님의 은혜가 임하시기를, 마지막으로 (4) 이 때에 하나님이 우리에게 주시는 메세지와 부르심에 민감하게 반응하도록.

보이마루 살아남기

우린 가만히 있을 수 없습니다. 어제 내가 소속한 단체의 대표님과 멘토의 전화가 왔습니다. 지금 코로나19 상황에서 운영에 조언을 해주셨습니다.
a. 현재 가용할 수 있는 현금보유량을 직원들과 공유
b. 직원들 급여는 현재의 50-60%정도까지 삭감해야 한다.

c. 투자는 최소로 유지, 유동성을 유지해야 한다.

d. M사역은 잠시 멈추고, B가 살아남아야 한다.

e. 두렵고 어려운 것은 오너가 해결한다.

하루 종일 이를 생각하고 생각하며 또 기도합니다. 무엇보다도, "코로나 19 상황을 이길 방법은 솔직과 정직" 이라는 것을 알게 됩니다.

3월 29일

우리가 먼저 회개하자

어제 아침, 직원(제자)들과 함께 말씀과 기도제목을 나누고 함께 기도했습니다. "코로나19로 전 세계의 사람들이 어려움을 겪고 있다. 그들을 위하여 기도하자. 그리고 한참 이 질병으로 고통 받고 있는 사람들을 위하여 기도하자."

이런 말을 그들에게 한다는 것이 조심스러웠습니다. 그러나 그렇게 한참을 기도했습니다. 열방의 치유와 회복을 위하여 기도하고, 지금 이 난국에서 우리 회사가 가야 할 길을 볼 수 있기를 기도했습니다.

보이마루는 얼마나 버틸 수 있을까?

"내일의 소망이 점점 보이지 않는 터널 속에서…."

우리 회사는 분명히 주님의 손에 있음을 알지만, 한편으로 며칠째 잠을 이루지 못하고 있습니다. 어제 출근하여 해외로 나가는 배송상황을 확인해 보니, 국제 항공 횟수를 줄이면서 택배물류도 며칠 전과는 다르게 막히고 있습니다.

심각합니다. 1월과 2월 한창 코로나19 확진자가 주변에서 나와도 3개월을 버티고 나왔는데 참 앞이 캄캄합니다. 지난 1월, 처음 코로나19 상황을 경험하면서 "3~4개월만 버텨보자" 생각한 것이, 지금은 다시 코로나19 처음 때로 돌아간 느낌입니다. 얼마나 더 길어질지 모르는 이 상황. 앞으로 큰 이변이 일어나지 않는다면 한두 달 정도 버틸 수 있을 것입니다.

다시금, 최근 한국에 계시는 BAM 멘토들과 유동자산에 대해 대화를 나눴던 이야기들을 다시 복기해 봅니다. 그리고 다시금, 직원들과 사역자들의 전체 회의를 긴급소집 했습니다. 솔직과 정직이 이 난국을 돌파는 포인트라 생각이 듭니다.

오늘도 우리는 거룩한 예배자로 나아갈 것입니다
코로나19로 해외로 나가는 비행기가 끊겼습니다. 고립된 이곳에서 할수 있는 것은 오로지 예배뿐입니다. 예배를 통해 하나님이 나의 주인 되심과 나의 생사화복이 하나님 손에 있음을 고백합니다. 주님이 잘 하실 것을 믿습니다. 마라나타!!! 주님을 찬양합니다. 다윗처럼 평생 하나님의 은혜를 구하며 살아가면 좋겠습니다.

3월 31일

긴급하게 소집한 직원들과 사역자 전체 회의에서 솔직하게 이야기를 했다.
a. 월급을 -30% 삭감한다.
b. 보이차의 전문성을 더 심화시켜 코로나19에 대응할 수 있는 새로운

상품을 만들자.

c. 타오바오 같은 온라인 매장의 활성화와 실시간 방송으로 매출을 증대시켜보자.

d. 우리 회사는 무역회사이다. 질도 가격도 좋은 제품을 찾는 고객의 구매대행을 해보자.

우리가 왜 이 일을 하고 있는지 기억해야 한다. 또 무엇을 해야 하고 방향을 무엇인지도 기억해야 한다. 살아남기를 위한 우리의 대응과 도전은 계속 될 것이다.

현지인 제자들 가정과 식사하며 상담하고 있다

어제는, 목회를 하면서 택배담당을 하고 있는 한 형제 가정과 함께 식사했다. 몇 년 전 사고로 한쪽 눈이 거의 실명 상태가 되었다(치료의 시간을 놓쳐서). 그러나 부부가 전도하고 목회를 잘한다. 특히, 자매는 2주에 한 번씩 200km 떨어진 시골로 가서 전도하며 예배모임을 만들었다. 사역도 잘한다. 그리고 자녀들 교육도 잘 시킨다. 아이 둘, 남매가 아주 건강하다. 형제는 말이 적다. 그러나 교회에서 설교를 들어보면 은혜가 된다. 아직 20대인데 영혼을 사랑한다.

우리 회사에서 주는 월급이 넉넉하지 않을 거다. 그래서 아이들 장학금 명목으로 따로 좀 더 지원하고 있다. 이들이 전임사역 할 수 있도록 경제적 지원을 받을 수 있으면 좋겠다.

4월 11일, 부활주일

"영원한 부활의 기쁨이 이 땅에 참 소망이 되길…."

고민 많이 했다. 올해는 어떤 부활주일을 맞이할 것인가. 올해 부활주일을 떠올리니, 왠지 마음이 뭉클하다. 코로나19가 준 많은 긴장감 때문이 아닌가 싶다.

제자의 부탁으로 주일예배 설교와 성찬식을 인도한다. 현지인들에게 참된 부활을 상기하는 예배가 되길 소망한다. 그리고 최근 식량문제가 뉴스에 나와 현지인들에게 25kg 짜리 쌀 한 포씩 전달하기로 했다.

6월 6일

지난 4월 이래 지금까지 회사의 코로나19 비상운영으로 4명의 직원들 (가족들까지 12명)의 월급의 30%를 감봉해왔는데, 이를 6월부터 정상화하기로 결정했다. 목요일 회식 때, 직원들과 5월 매출과 지출상황에 관해 나누며 이러한 결정한 상황도 함께 나눴다.

나는 그때 그들의 눈빛을 보았다. 너무나도 기뻐하는 눈빛들이다. 참 미안했다. '두 달 동안 많이 힘들었구나.' 이젠 내가 그 십자가를 지고 간다!

7월 20일

주일예배를 마치고 저녁시간에 현지인 리더들을 만났다. 벌써 6개월째 어려움이 있으나 꿋꿋하게 버텨온 그들이기에, 마음껏 격려해 주고 싶었다. 밤늦게까지 이어진 토론…. '교회가 무엇인지'부터 시작하여, 교회의 비전과 사명, 목회자의 사명과 역할, 교회 조직-집사조직의 역할과 책임, 교회의 개척과 연합, 그리고 지속가능성 차원에서 노회의 필요성 등에 관해 설명을 했다.

정말로, 기도하는 마음으로 그리고 그들을 사랑하는 마음으로 비전을 제시했다. 5명의 리더들. 늦은 시간까지 토론을 하고 결론을 내리고 갔다. 늦은 밤, 비는 계속 왔다. 교회가 세워진다는 것이 쉽지 않다.

7월 24일

현지인 직원들을, 최근 파송한 두 가정을 위로하라고 출장 보냈다. 만나서 생일축하 해주고 격려하고 돌아올 예정이다. 현지인 제자들을 통해 그곳 사람들이 주님을 만나도록 이 곳에서 기도한다. 보내고 나니 사무실이 조용하다.

오랫동안 함께한 장학사역, 이제 그 열매를 맺는 것 같다. 선교에는 인생을 드려야 한다는 것을 다시 경험한다.

얼마 후, 출장을 다녀온 제자들이 "우리 회사가 있어서 가능합니다"라고 말을 한다. 우리 회사는 존재해야 한다. Business As Mission.

8월 19일

커피, 와인, 차가 생산되는 위도는 모두 같다

농대 차과 석, 박사과정 학생들과 교수가 보이마루에 왔다. 보이차에 대해 2시간 강의를 했다. 차의 종주국으로서 차의 세계화를 위한 대안을 제안했다. 모두 도전이 되었다고 한다.

동역자

페북에 나의 삶의 기록을 남기고 있는데, 우리 삶을 보시는 페친 몇몇 분들이 톡으로 격려의 글들을 보내주신다. 어느 교회 권사회에선 제자들의 생활에 보태라고 헌금을 보내주셨다. 또 어느 개척교회는 주일 한주 선교헌금으로 모아 보내 주셨다. 그리고 담임목사님 카톡이 왔다.

"절대 연락하지 말고 선교보고 편지도 보내지 말고, 한국에 오더라도 일부러 시간 내서 오지 말고, 만약 지나가는 길에 들린다면 커피 한 잔 하자"고 하신다. 원래 선교보고 편지보다는 내가 직접 가서 말씀을 나누는 스타일이긴 하나, 편지를 통해 목사님의 깊은 배려와 사랑의 마음을 느낄 수 있었다.

9월 24일

코로나19 상황이 8개월을 넘기고 있다. 지난 1월 말 처음 마주하게 된 코로나19, 첫 일주일을 초긴장으로 지냈다. 한 달이 지나니 점차 적응이 되었지만 할 수 있는 것이 별로 없었다.

"주님, 무엇을 할까요?" 그래서 시작된 일대일 제자훈련. 매주 한 번씩 아내는 자매들을, 나는 형제들을 만났다. 형제들은 매주 수요일 저녁마다 두 시간씩 할애하여 약 4개월 동안 공부했다. 한 과 한 과를 준비하면서 나 또한 '내게 주시는 은혜'를 경험하게 되었다. 물론, 우리가 양육한 형제와 자매들도 모두들 더 성숙해졌다.

그리고는 수료식을 했다. 큰 식당 예약을 하고 10여 명이 함께 모여앉아 찬양하고 말씀과 간증을 나눴다. 특히, 간증은 한 명 한 명 큰 은혜가 되었다. 보람이 있다. 마 16:24~25 말씀에 있는 제자도 3가지를 이야기하고 마쳤다. 기업 활동과 더불어, 복음, 교회, 제자 그리고 재생산…. 우리의 도전은 계속될 것이다.

9월 30일

"이런 게 감동이라."
이곳의 연휴는 10월 1일부터 8일까지, 즉 이제부터이다. 오늘 직원들을 퇴근시키고 집에 왔다. 한 시간쯤 지났을까, 한 직원이 찾아왔다. 과일 한 상자를 쑥 넣어주고 갔다. 그 안에 작은 카드 한 장…. 카드 겉면을 보니, 크리스마스 카드에 뭔가를 적었다. ㅎㅎㅎ 물론, 내용이 중요하다.

존경하는 선생님, 사모님께.
저희들의 삶에 항상 함께해 주셔서 감사합니다.
베풀어주신 격려, 위로, 지지, 축복에 감사합니다.
부모님처럼 이끌어 주시는 사랑으로 품어 주셔서 감사합니다.
추석 즐겁게 지내세요 '

주의 은택으로 한 해를 관 씌우시니 주의 길에는 기름방울이 떨어지며
(시편 65:11)

잠시 생각에 잠겨본다. 어떤 마음이었을까? 주님 안에서 그냥 생긴 대로
살고 나눈 것 밖에 없는데…. 부끄럽다. 조심스럽다.

10월 4일

오래 전 사용하다가 보관만 하고 있던 약탕기 세트가 있었는데, 최근 건
강 즙을 만들어 현지인 직원들 면역력 위해 양파즙을 만들기 시작했다
(사실 코로나19로 인해 출근해서 시간이 많이 남아 일을 만든 이유도 있
다). 3개월이 지난 지금, 건강 즙 매출이 좋다. 수입원이 하나 더 생기게
된 것이다. 하나님의 은혜이다. 지금은 6종류의 즙이 판매되고 있다.

10월 6일

"하나님은 지금도 일하고 계시다."
나는 Business As Mission을 한다. 우리 Mission 가치는 복음/제자/교
회/재생산 이다. 이 4가지는 단계별로 일어나기도 하지만, 주로 동시 다
발적으로 일어난다. 성령이 하시는 사역이라 확신한다. (오랫동안 이곳
에 있으면서 교회건축 하는 일은 하지 않았다) 거룩한 예배자와 거룩한
공동체를 세우는 것이 중요하다고 생각한다. 늘 성령이 하시는 것보다
앞서가지 않으려 한다. 그런 중에 내가 할 수 있는 최선의 일을 한다.

尊敬的：俞老师．俞师母
　　感谢在我们的生命中一直有你们的
参与．给我们带来．鼓励．安慰．支持与祝福．
在我们的生命中．你们一直扮演着父母的角色．
给我们带来爱与包容．谢谢你们！
　　在新的一年岁中．祝你们节日快乐！♡

　　　　　你以恩典为年岁的冠冕，
　　　　　你的路径都滴下脂油．
　　　　　　　　　　　——诗65:11

　　　　　　　　██ ██

특히, 우리 회사는 보이차 전문점이다. 코로나19가 터지고 나선 매출이 급감하였다. 위기를 느끼며 직원(제자)들에게 처음으로 회사 상황을 오픈했다. 가장 쉬운 방법은 비용을 줄이는 것으로, 현지인 직원 숫자를 줄이는 것이다. 나는 줄일 수가 없었다. 제자들인데. 식구인데…. 그래서 끝까지 함께 이겨내자고 했다. 모두가 월급 자진삭감을 하겠다고 했다.

월급을 삭감했던 그 두 달간, 하나님은 월급 삭감으로 줄어든 생활비로 어려움을 당하는 가정에 대한 마음을 주시며 이를 '대표인 내가 져야할 십자가'라고 말씀하셨다. 최대한 빠른 시일 안에 월급을 정상 수준으로 회복 시켰다. 그리고 이 과정으로 인한 시너지가 크게 일어났다. 모두가 BAM 사역 전체를 자기 일처럼 대하고 열심히 기도하고 있다. 소문에, 우리 회사가 주변 현지인들 사이에 '일하고 싶은 곳'으로 알려졌다고 한다.

하나님께 감사드리며, 오늘도 내가져야 할 십자가를 지고 그 영광스러운길에 서 본다. 우리의 도전은 계속 될 것이다.

지금 여기, 선교의 시대

Part 3
시대와 세대, 글로벌 선교의 방향

한국교회의 글로벌 선교는 지금 이 시대, 지금 이 세대 속에서
다층적 고민과 도전들을 직면하고 있다. 그럼에도, 여전히 확실한 한 가지는
"하나님의 선교는 여전히 진행 중"이라는 것이다.
본 장에서는 어려움 속에서도 선교지 곳곳에서 일하고 계신 하나님의 손길을 소개한다.
최근 상황에 대한 현장 선교사들의 묵상과 성찰, 글로벌 BAM 운동가들의 활동,
그리고 목회 사역을 통한 청년 선교사 세움과 파송과정 등을 소개한다.

2019
2020
2021
2022

선교지 현장에서
온 편지

김동건 대표 GP한국선교회

2019
2020
2021
2022
2023

코로나19가 확산된 이후, 필드 선교사들의 목소리들을 1) 뜻밖의 이별, 2) 닫힌 국경, 3) 차가운 비대면, 4) 락다운Lockdown, 5) 적응과 새로운 도전, 6) 불안정한 체류, 7) 로컬 온라인Local Online 기반, 8) 글로벌 온라인 네트워크 Global Online Network 구축 등 8가지 키워드로 정리해 보았다.

뜻밖의 이별 (2020.7.12.)

남미 B국에서 코로나19로 소천하신 C선교사의 사모님

아프기 시작한 주일 아침. 열이 밤새 104도(섭씨 40도) 넘게 아파서 고생하다가 아침에 겨우 설교하고, 저녁예배는 링거 맞으면서 숨도 잘 못 쉬면서 기어이 하겠다고 열심히 말렸는데, 링거 맞으면서 성도들 걱정할까 산소도 못 끼고 힘들게 저녁예배를 마친 당신의 모습이 아직도 생생하게 기억이나.

그렇게 2주 동안 병원이 없어서 집에서 병을 키워 힘든 고비 한번 넘기고 병원에 갔는데, 그게 마지막이 될지 정말 몰랐어. 병원에 간 뒤로 배고프다고 전화로 힘들게 말하는 자기의 목소리가 마지막으로 들을 수 있는 기회였다는 게 믿어지지가 않네. 그리고 주일날 아침에 하나님 품에 안으시고.

장례식은 자기가 원할듯해서 주일 예배와 똑같이 찬양 팀, 댄스 팀, 그리고 탬버린 팀 다 함께 했어. 찬양하는데 난 자기가 온몸을 다해 주님께 찬양하는 힘찬 목소리가 들리고, 그동안 예배 시간들이 다 슬라이드처럼 지나가더라. 이 시간 또한 지나가겠지. 한 순간의 추억으로. 나의 모습 그대로 사랑해주고 예수님의 사랑으로 사랑해줘서 너무 고마워.

자기를 내 손으로 그 큰 관에 작은 상자에 담긴 자기를 넣는데 마음이 너무 아팠어. 외롭게 그 긴 세월을 혼자 살았는데, 또 다시 그 큰 곳에 혼자 덩그러니 있으니 마음이 너무 아프고 메이더라.

자기가 다 묻히고, 그 위에 내가 제일 먼저 이쁜 꽃을 올려놓고, 관위에 나머지 꽃들을 다 올려놓고 돌아오는데 마음이 그렇게 따뜻해지는 거야. 아…. 정말 자기가 하늘나라에서 주님과 행복하게 지내고 있구나. 그래서 이제는 울지 않으려고. 물론 얼마간이 걸릴지는 모르겠어. 지금도 내 사랑~ 하며 환하게 웃으면서 문 열고 들어올 것만 같은데. 내가 감히 여보 뒤를 따라 이곳에서 여보가 사랑했던 우리 교인들을 품으려고 해.

내가 더 열심히 기도하고 말씀 묵상하고 하루하루 감사하며 스페인어도 열심히 해서 나에게 바톤 터치 하고 간 그 사명 내가 할게. 너무나 보고싶고 너무나 사랑해 지금도. 조금 일찍 집에 갔으니 나랑 우리 기다려줘. 고마워 사랑해.

닫힌 국경 (2020.9.15.)

남미 P국에서 J선교사

새벽에 사랑하는 여동생이 하늘나라로 갔다는 소식이 한국에서 왔다. 코로나19 때문에 하늘길도 막히고 멀기도 멀어 장례식에 참여도 못해 마음이 너무 아파 울지도 못하고 답답하기만 했는데, Zoom으로 한국 장례식장에 있는 가족들과 장례식에 참석 못한 가족들이 같이 모여 얼굴도 보며 서로 위로하고 예배도 드리고 나니 눈물은 계속 나오지만 마음은 시원함을 느낀다.

차가운 비대면 (2020.9.18.)

아프리카 T국에서 J선교사

현재 이곳은 인구 1,100만 인데 매일 약 400명씩 신규확진자가 나오고 있습니다. 정부나 국민들은 코로나19보다 경제적 어려움이 더 크다고 생각하고 있으며 마스크도 쓰지 않고 코로나19 이전의 일상처럼 생활하고 있습니다. 이곳 사람들은 코로나19의 두려움이 없이 생활하는 것처럼 보여 오히려 마스크를 쓰고 있는 우리가 더 이상해 보일 정도 입니다. 저는 음악을 가르치고 아내는 한국어를 가르치고 있는데, 정부에서는 학교나 학원에서의 대면수업을 지시했고 현재 수업을 진행하고 있습니다.

4년 동안 신뢰관계를 만들어온 청년들과 소그룹모임, 성탄절 모임 등 많은 행사들이 있는데, 계속 진행해야 하는지 고민이 됩니다. 서로 얼굴을 보고 온기를 느끼며 음식을 나누는 모임을 지속해왔고 이러한 모임을 기다리고 있는 청년들을 실망시키고 싶지 않고, 10월부터 새롭게 시작하는 소그룹 모임에서 진지하게 ㅂㅇ에 대해 대화하려고 했었기에 고민이 더 큰 것 같습니다.

대사관에서는 현지인들과의 접촉자제와 학교나 학원에서 감염되었을 때의 방법들을 공지해 주고 있으며 강제적인 것은 아니더라도 현지인과의 만남에 대한 심리적 압박을 느끼기도 합니다.

T국의 상황을 보면, 보이지 않게 느껴지는 두려움과 거리낌 속에서, 아무도 장담할 수 없는 이런 상황에서, 현지인들과의 만남과 모임을 어떻게 만들어 갈 지에 대한 지혜가 필요한 것 같습니다.

락다운 (2020.9.19.)

동남아 T국에서 D선교사

T국은 이미 몇 해 전부터 경제 침체가 계속되고 있고, 정부에 대한 불만이 커지고 있는 가운데 올해 초 코로나19 확산이 되면서 3, 4월은 락다운 수준의 비상조치가 진행됐으며, 5월부터는 조치 완화가 계속되고는 있다. 하지만, 외국인 관광이 주수입원인 이 나라는 호텔 등 관광 업종뿐 아니라 모든 업종에서 3월 이후 아직까지도 휴업이 유지되거나 폐업하는 회사들의 수가 늘고 있다. 우리 회사도 4월에 비공식 휴업을 하고 직원들의 월급을 절반만 지급하기도 했고, 5월부터 다시 정상 운영 중이나 대부분의 고객사들의 상황이 좋지 못하여 적자 폭이 커지고 있다.

몇 개월 코로나19 상황을 지나면서 전통적인 사역을 하는 선교사들은 입으로는 어렵다 힘들다고는 하지만, BAM 사역자들보다는 상황이 괜찮은 것 같다. 외국인이어서 회사 운영 자체를 못해도 한국처럼 지원금이나 자영업자 대출 같은 혜택을 받을 수 없는 상황이지만 어떻게든 회사 운영을 통해서 직원들의 고용을 유지하려고 한다. 그리고 회사를 휴업하면 바로 비자가 정지되어 출국을 하거나 다시 비자를 받기 위해서는 시간과 비용을 들여야 하기에 휴업을 할 수 있는 상황도 아니다. 그리고 다른 BAM 사역자의 경우 코로나19 확산 방지라는 정부 지침으로 몇 개월 영업을 못했고, 건물주는 영업 못한 몇 개월 월세를 못 받은 것 때문에 밀린 월세를 갚을 때까지 임의로 영업장을 폐쇄해서 다시 영업을 못하게 된 일도 있다. 그렇지만 이곳이 부르심의 자리라고 생각하고 어떻게든 버티면서 대안을 찾기 위해 고군분투하고 있다.

현재 상황에서 암울한 것만은 아니다. 실직과 경제적 어려움을 극복하고자 하는 온라인 개인 판매자들이 저희 상품을 취급하거나 공급받기 위한 문의들이 증가했고, 오프라인 자영업자들을 위한 컨설팅과 교육의 기회가 생기면서 새로운 기회들이 생겨나긴 했다. 그리고 실직한 교회 성도들 대상으로 직업 교육 프로그램을 진행하여 코로나19 이후 삶을 준비할 수 있도록 돕기도 했다.

코로나19로 경제적 어려움이 더 커지는 것과는 별개로, 우연한 기회에 통해 비전으로 생각해왔던 BAM 사역의 구조와 모양들을 일부 실행할 수 있게 되면서 하나님께서 다음 단계의 사역으로 인도하시는 것이라고 생각한다. 하나님의 인도하심에 따라 진행해 온 BAM 사역이 다음세대의 선교 대안이 되도록 건강한 BAM 구조를 세우는 것이 중요하다고 생각되어 한국에 나가 일용직 노동을 통해서라도 필요한 회사 운영자금과 가족 생활비를 마련하려고 계획 중에 있다.

적응과 새로운 도전 (2020.9.20.)

아시아 I국에서 N선교사

제가 살고 있는 I국에서는 지금껏 전도집회나 방과후학교 등 사람들을 모아 프로그램 위주로 선교활동을 하여왔습니다. 하지만 코로나19로 락다운이 되면서 사람들을 모으는 것이 힘들게 되면서 일대일 접촉을 통하여 복음 전하는 일에 집중을 하고 있습니다. 특별히 이번 기회에 온라인으로 전도폭발 훈련을 받는 기회를 가지게 되면서 더욱 개인 전도의 중요성과 필요성을 깨닫게 되고 개인 전도를 통한 효과를 눈으로 보는 기회가 되었습니다. 또한 온라인을 통한 새벽기도를 시작하게 되고 이는 사역자 부족의 문제를 해결 할 수 있는 좋은 기회가 되었습니다. 락다운 이전에는 한 달에 한번 정도 만날 수 있었던 성도님들을 매일 만나 말씀을 전하고 함께 기도하는 시간을 가지고 있습니다. 이를 통하여 다섯 지역에 흩어진 아가페 교회가 하나로 묶이는 좋은 기회가 되고 있습니다.

하지만 많은 성도님들은 아직도 2G전화기를 사용하고 있어서 온라인으로 모두를 연결할 수 없어 안타깝습니다. 코로나19로 인한 락다운에서 오는 다른 즐거움은 도심지에 차량들이 없어서 I국 특유의 혼잡에서 벗어난 것입니다. 매일 교통에서 오는 엄청난 스트레스에서 자유롭게 된다는 것은 I국에서는 상상을 할 수가 없는 일이였는데….

코로나19 팬데믹 가운데서도 하나님께서 저에게 새로운 기회를 열어 주셨습니다. 작년 목장갑을 생산할 공장을 설립할 목적으로 회사를 I국 정부에 등록을 하고 올해부터 시작을 하려고 준비를 하고 있었으나 팬데믹으로 인하여 I국 정부에서 목장갑 기계의 대금 결제를 위한 외한 거래 승인을 거부하여 목장갑 기계를 아직 사지 못했습니다. 하지만 하나님은 저희들에게 새로운 길을 열어 주셔서 면 마스크를 생산하게 하시고 주변의 선교사님과 NGO등에 납품을 할 수 있도록 하여 주셨습니다. 그리고 I국에서 생산되는 면으로 이코백을 만들어 성경 가방용으로 소량이지만 판매를 시작하게 되었습니다. 이번 일을 통하여 다시 한 번 선교의 중요한 비밀을 알게 되었습니다. 오병이어 기적은 예수님이 제자들에게 '너희가 먹을 것을 주어라'고 말씀하심으로 시작이 됩니다. 제자들에게 없는 200데나리온을 찾는 것이 아니라 나에게 있는 작은 것에 충실하는 것이 우리들의 본분임을 코로나19를 통해 배우게 되었습니다.

이번 코로나19 동안 저는 선생님들을 섬기는 것이 얼마나 행복하고 즐거운 일인지를 알게 되었습니다. 지역에 계시는 선생님들에게 저의 장기 중 하나인 백정이 되어 고기를 사서 손질해서 전해 주면서 많은 기쁨을 누리게 되었습니다. 이렇게 고기를 전해 주면 선생님들이 김치나 뭐든 냉장고에서 꺼내어 주셔서 저는 이번 코로나19 기간 동안 제가 18년 선교사의 삶 중 가장 많이 한국 음식 특히 김치를 먹을 수 있었습니다. 서로 궁하니까 통하게 되고 그러면서 서로의 삶이 더 풍요로워 졌습니다. B도시에서는 8개의 한인 선생님들이 계시는데 이제는 다 나가고 3개만 남아있습니다. 전에는 그런 적이 없었는데 한 분 한 분이 그립네요. 특별히 I국에 언제 다시 들어 올 수 있을지 기한이 없어서 더욱 그런 것 같습니다.

불안정한 체류 (2020.9.24.)

아시아 I국에서 N선교사

I국에 있는 선교사로서 현장을 바라보는 마음은 복잡하다. 국제선의 왕래가 이루어져도 선교사들은 비자를 취득하기 더욱 어려워질 전망이다.

9월에 법이 바뀌어 비자와 외국인 거주지 등록을 할 때 확실한 사업장과 고용주가 있어야 하며 전공에 관련된 상급교육기관의 Education Certification과 사업이나 부서관련 자격을 증명을 해야 한다. 일반대학교를 나오지 않은 나와 같은 경우는 다음 거주지 등록연장과 비자를 어떻게 해야 할 지 고민스럽기만 하다. 타이트하게 신원을 확인하고 싶어하는 것은 코로나19 팬데믹 상황에서 아무나 자국에 들여보내지 않겠다는 정부의 의지가 느껴진다.

봉쇄기간이 길어져 현장에 나갈 수 없는 상황이 되었을 때 많은 선교사들이 이런저런 이유로 고국으로 돌아갔다. 긴급하고 생명을 다투는 일 때문에 나간 분들도 계시지만 스트레스와 불안감으로 인해 좀 더 선진화된 고국으로 돌아간 분들이 많은 것으로 알고 있다. 비자를 갱신하기 위해 나갔다가 국제선이 막혀 돌아오지 못하고 있는 분들도 많다. 대부분의 선교사들이 비즈니스 리서치와 관광 비자로 다녔기 때문에 올 수 없는 상황이다.

각종 비자로 왔다가 남아 계신 선교사들은 국제선이 없는 관계로 인해 정부에서 비자를 한 달씩 연장해 주는 것으로 버티고 있다. 현장예배를 드리지 못하고 모임의 어려움으로 인해 전화나 인터넷 미팅을 통해 소통하거나 오히려 더 전투적으로 복음과 구제를 하시는 분들도 계시고 나와 같이 정부의 지침을 기다리며 현장에서 잠시 물러나 있는 경우도 있다.

구제를 할 수 있는 분은 구제를 하고, 소수의 인원에게 말씀을 깊게 가르치고 계신 분도 있다. 지금 상황에서 서로를 비교하며 현장이나 후방에서 판단할 일은 없어야 할 것이다. 마음대로 오가지 못하는 선교사의 마음을 다 알아주지 못한다 하여도 가끔씩 안부를 물어봐주는 것만으로도 힘이 나고 계속 이곳에 남아 있을 수 있는 용기가 생긴다.

전세계적으로 어려움이 있기에 어디에도 자신들의 아픔을 드러내 놓을 수 없는 상황에서 선교지의 상황과 한계는 정신적으로도 많은 어려움을 주고 있다. 우울증, 불안감, 공황장애, 육체적 아픔, 과도한 피로감들이 있다고 다수의 사람들이 말하고 있다.

현장사역을 할 수 없어서 죄책감이 든다고 한다. 늘 열심이 특심한 한국 선교사들은 이 마음이 큰 것 같다. 사역을 못해 하나님께 불충한 종 같다고 말들을 한다. 이 번 기회에 지난 사역과 하나님과의 관계를 뒤돌아보고 다시 정립할 시간이 주어진 것에 감사하다고 한다.

나름 생각으로는 앞으로는 지금껏 해왔던 각개 전투식 물질선교, 보여주기식 선교는 더 이상 설 자리가 없다고 본다. 진정한 의미의 선교는 이제부터 시작이다. 말씀과 기도로 예수님의 제자를 세우고 교회를 세우는 것, 확실한 기독교 세계관으로 현지인들과 함께 살아갈 수 있는 전문성과 거주할 수 있는 비자를 가진 자가 선교지에 남아 있을 것 같다.

I국의 크리스천 청년들과 젊은 사역자들은 컴퓨터를 잘 다룬다. 동영상을 만들어 예배를 인도하고 있다. 그러나 문제는 극소수의 성도들과 사

역자들만이 사용할 수 있다는 것이다. 이곳 그리스도인들은 가난하기 때문에 인터넷으로 쌍방향 소통이 어렵다. 또한 선교사들도 오랜 선교지 생활로 인터넷, 유트브, 동영상을 제작하고 방송하는데 뒤떨어져 있다. 이제는 I국의 청년들과 젊은 사역자들이 일어나 교회를 세우고 예수님의 제자를 세우는데 더 앞장 설 수 있는 기회가 온 것이다.

현장선교사는 이제 철수를 준비해야 할 시대인 것 같다. 나부터도 선교지를 떠나면 무엇을 하고 살아야 할지 고민이 깊다. 경력도 단절되었고 전문적인 기술도 없는 선교사들이 많은데 어떻게 준비해야 할지도 모르겠다. 이 땅에서 설 자리가 없어진다고 해도 이 곳에 있는 그날까지 선교지 영혼들을 사랑하는 하는 마음이 있어 하루하루 버티고 있는 이유인 것이다.

로컬 온라인Local Online 기반 위에
(2020.9.18.)

아시아 N국에서 J선교사

온라인을 통한 교육은 거의 진행되지 않았습니다. 교육현장에 종종 말하는 농담 중에 하나가 세상에서 가장 변하지 않는 사회그룹이 공무원과 선생님 집단이라는 말이 있습니다. 대부분의 학교에서 온라인 교육과 컴퓨터를 사용하는 것을 권장해 왔지만, 오래 전부터 해오던 교육방식을 고수해오던 N국 교육현장은 이번 코로나19를 통해서 본의 아니게 강제로 변화하게 되었습니다.

이러한 교육현장의 변화로 선생님들을 갑자기 IT 선생님으로 변화시켜야 하는 도전을 받게 되었습니다. 선생님들 대부분이 컴퓨터를 다루거나 구글 도구를 사용해 본 적이 없고, 무엇보다도 새로운 도구들에 대한 거부감이 많았습니다. 이런 선생님들에게 온라인 Zoom 교육과 구글 도구를 바로 적용시키는 것은 어찌 보면 그들의 역량을 뛰어넘는 것이었습니다. 그래서 가장 직관적이면서도 선교현장의 사람들이 좋아하는 것이 무엇일까 생각하고 고민하게 되었습니다.

선교현장 사람들은 대부분 인스타그램과 페이스북에 자신들의 사진과 동영상을 올리는 것을 즐기고 좋아했습니다. 그래서 줌과 구글 도구로 가기 전에 친근한 영상편집 툴을 선정해서 선생님들로 하여금 자신들의 과목을 영상으로 찍고 공유하는 것을 가르치게 되었습니다. 그렇게 만들어진 영상을 우리는 유튜브에 올리고 실시간 채팅 앱을 통해서 학부모들과 소통하면서 코로나19 기간 동안 학생들에게 교육을 전송하는 작업을 하게 되었습니다. 선생님들은 본인이 원래 좋아하고 재밌어하던 영상편집을 간단하게 배우면서 익히게 되었고, 덕분에 대부분의 선생님들이 자신들의 가르침을 영상으로 찍고 보내는 일을 할 수 있게 되었습니다. 그렇게 한두 달 동안 이들에게 IT 유전자를 주입하고 실천하게 된 후, 그들이 스스로 실시간 온라인 교육의 필요를 느끼고 제안해옴으로 자연스럽게 전환할 수 있게 되었습니다.

코로나19 이후로 선교지에서 선교사에게 실제적으로 필요하게 되는 것은 아마도 온라인 툴을 사용할 수 있는 교육이나 그것을 위한 디바이스를 마련하는 재정일 경우가 많습니다. 물론 그 점을 간과해서는 안 되겠지만, 여기서 두 가지를 현장전문인으로서 제안해 보고자 합니다.

첫째, 단순히 온라인 툴을 사용하고 그것에 맞는 환경을 제공하는 것으로 충분하지 않다는 것입니다. 온라인 교육이 단순히 교실이라는 물리적 공간에서 온라인이라는 가상현실공간으로 이동하는 개념으로 대부분의 현지인들이 이해합니다. 그렇기 때문에 온라인으로 학생들을 가르치지만 가르치는 방식이나 패턴은 현실의 공간에서 하던 것과 마찬가지로 하는 경우가 부지기수입니다. 학생들에게 강의하고, 문제를 풀게 하고, 답을 체크하고, 지속적으로 집중하게 만들기 위해서 학생들을 통제하는 것은 온라인 교육이 지향하고 있는 방향성과 전혀 맞지 않기 때문에 선교사는 현지인들에게 온라인 교육이 가지는 참의미와 방향성을 지속적으로 말해주고 변화를 촉구해야만 합니다.

둘째, 대부분의 선교지 사람들에게 한 번의 큰 변화를 주기 위해 접근하기 보다는 그들이 이미 알고 있고 익숙한 IT 도구들(예를 들어 인스타그램, 틱톡, 페이스북, 바이버 등)들을 사용해서 그들이 이해하는 방식과 언어를 통해 접근한 후 고차원단계의 온라인 도구를 사용하도록 해야 할 것 입니다.

코로나19는 가난한 나라에도 큰 변화를 일으켜서 현실적으로 많은 어려움에 봉착하고 있지만, 이 기회를 통해 진정한 본질이 무엇인가에 대한 질문과 성찰을 통해 한 단계 도약할 수 있는 길이 열리기를 소망해 봅니다.

글로벌 온라인 네트워크Global Online Network 구축 (2020.8.17.)

동남아 M국 J선교사

제가 몇 년 전에 야심차게 비올라를 배워보겠다고 연습용 비올라를 사서 두 번 정도 한국에서 레슨을 받고 M에 가져왔어요. 당연히 비올라 선생님을 구할 수 없으니 혹 유튜브가 가능한가 했는데 역시나 방 한 구석에 자리만 차지하고 있었죠.

이번 코로나19 상황으로 인해 저는 하루에 한두 개 꼭 온라인 미팅을 하게 되었어요. 이렇게 온라인으로 미팅, 세미나, 강의 등을 하다 보니 악기도 온라인으로 배울 수 있지 않을까 생각이 들더군요. 그래서 한국의 비올라 선생님께 Zoom으로 혹시 레슨을 해 줄 수 있을지 물었더니 한국에서 오히려 Zoom을 사용해 본 적이 없다고 하더군요. 그래서 간단한 설명을 드리고 연습으로 연결해 보고, 본격적으로 일주일에 한 번씩 Zoom으로 만나 두 달 정도 레슨을 받고 있는데, 튜닝이며 레슨이 가능해서 어눌하지만 간단한 찬송가 연주가 되고 있어요.

온라인 레슨이 가능한 것을 경험하고 나니, 저를 레슨하는 선생님은 선교에 관심이 있어 언젠가 선교지에서 음악학교를 하고 싶어하는 분이신데 뭔가 현지와 연결할 수 있는 시작점을 만들어 주면 좋겠다 싶었지요. 그래서 이곳 현지에서 작게 음악학원을 하는 현지 바이올린 선생님과 저를 레슨하는 한국의 바이올리스트를 연결하여 on&off 협업 레슨을 준비하고 있어요. 한국 선생님의 화려한 경력을 홍보로 내세워 국제학교 학생 중 2-3명만 제한 모집하여 현지 레슨비 보다 높게 2-3배의 가격으로 진행해요. 서로 부담이 없도록 적은 인원으로 한국의 선생님이 일주일에 한 시간 온라인 수업을 하고, 현지 선생님이 주중에 두 번 직접 레슨과 연습을 병행하는 것으로 10월에 레슨 시작을 위해 지금 홍보 영상 및 학생 리쿠르트를 하고 있어요.

준비하면서 보니, 빠른 스마트폰 보급은 현지 젊은이들의 Online 사용 방법을 탁월하게 만들었기 때문에 사실 우리들 보다 노하우가 더 많았습니다. 현지 M국 음악선생님의 학원 사업도 돕고, 한국의 선교 후보자 선생님도 직접 현지에서 사업을 시작하기 전에 온라인 협업을 통해 발판을 마련해 둘 수 있는 기회를 만드는 것이지요.

온라인 기반의 비즈니스로 변형
(2020.8.21.)

포스트 코로나19 BAM의 변화(중동 S국 L BAMer)

코로나19라는 100년만의 팬데믹으로 세상이 격렬한 변화를 겪고 있다. 선교와 비즈니스도 변화를 비껴갈 수 없을 것이며, 변화의 방향을 잘 읽고 적응해 나간다면 새로운 기회를 얻게 될 것이나 기존의 틀에 갇혀 적응에 실패한다면 심각한 타격을 입게 될 것이다. 코로나19로 무너지게 될 것과 새롭게 부상하게 될 것을 예상해 보고, 예상되는 변화에 적합한 대안을 모색해 보자.

기존 질서의 붕괴
먼저 주목할 것은 선교와 비즈니스를 지탱하던 기존 질서들이 약화되어 더 이상의 동력을 제공할 수 없게 된다는 것이다.

세계화의 후퇴
우선 1990년 냉전 시대의 종식 이후 가장 강력한 변화의 동력이던 세계화가 쇠퇴하게 될 것이다. 지난 30년간 선교와 글로벌 비즈니스의 성장은 세계화에 빚을 가장 많이 졌다고 해도 무방하다. 냉전과 보호 무역으로 문을 걸어 잠그던 나라들이 경쟁적으로 빗장을 열어 젖히며 엄청난 교역의 증가와 대대적인 인적 교류가 이뤄지며, 많은 사람들에게 낯선 지역에 대한 강한 동경을 일으켰다. 특히 한국은 88올림픽 이후 해외여행 자유화와 맞물려 수많은 사람들이 다양한 동기로 해외에 나가게 되었고, 선교와 비즈니스는 이런 세계화의 물결을 타고 이전에 비해 매우 손쉽게 상대적으로 많은 기회를 누려왔다. 코로나19는 이런 세계화의 동력을 심각하게 손상시킬 것이며, 더 이상 예전과 같이 쉽고 자연스러운 이동과 교류는 어렵게 될 것이다.

서구의 영향력 감소

코로나19의 국가별 대응 모습을 보며, 전 세계는 거의 200년간 세계를 지배해 온 서구가 더 이상, 모두가 꿈꾸던 이상향이 아님을 깨닫게 되었다. 민주주의 실패, 의료시스템 붕괴, 빈부격차, 사회적 갈등 등 이전까지 내재해 있던 기저 질환들이 적나라하게 드러나며 처참한 몰골을 보여 주었고, 앞으로는 이전과 같은 글로벌 리더십을 회복하기 어렵게 될 것이다. 선교와 비즈니스에서도 이들의 영향력은 약화될 것이며, 비서구 국가의 역할이 더욱 중요해 질 것이다.

전통 산업의 약화

항공, 자동차, 석유, 여행, 숙박, 요식업 등 세계화의 혜택을 누리던 많은 전통 산업들이 심각한 위기를 겪게 될 것이다. BAM 역시 이런 산업들의 성장 속에서 여러 기회들을 누려 왔지만, 더 이상 이런 업종들을 통해 부를 창출하고 신분을 유지하며, 사람들과 관계 맺기가 어렵게 될 것이다. 해당 산업군에 속한 사람들의 신속한 전환 배치가 BAM의 시급한 과제라 생각한다.

비대면의 일상화

반면 코로나19로 인해 비대면의 일상화가 가장 강력하게 부상하는 트랜드가 될 것이며, 그런 변화에서의 기회를 발견하는 것이 BAM의 매우 중요한 과제가 될 것이다.

정보화의 가속

지난 30년간 세상을 이끌어 왔던 '세계화'와 '정보화'라는 두 축 중 세계화는 코로나19로 인해 심각한 타격을 입겠지만, 정보화는 오히려 더 강력한 힘을 발휘하게 될 것이다. 더욱 많은 사람들이 재택근무를 하게 될 것이고, 온라인 회의, 예배, 소모임 등은 일상화 될 것이며, 이전에 오프라인에서 이뤄지던 수많은 활동들이 랜선으로 옮겨가게 될 것이다. 이런 변화는 인공지능과 빅데이터의 발전을 더욱 가속시키게 될 것이고, 그로 인한 정보화의 진전은 또 다시 인간의 삶의 모습을 바꾸게 되는 나선형 순환 성장이 일어날 것이다.

배달-구독 서비스의 성장

온라인 상거래의 증가, 배달 서비스의 활성화, 유튜브/넷플릭스 등 구독 플랫폼의 영향력은 더욱 강화될 것이며, 전통 산업의 빈자리를 빠르게 채워갈 것이다. 규모의 경제와 전문화를 통해 효율을 추구하던 전통 산업에 비해, 새롭게 성장하는 배달-구독 서비스 시장은 소규모 개인 사업자들에게도 많은 기회를 제공할 것이다.

관계 맺는 방식의 변화

기존의 '오프라인 to 온라인'이던 관계 맺는 방식은 '온라인 to 오프라인'으로 변화하게 될 것이며, 학연, 지연, 혈연 등 오프라인 소속 기반의 관계가 약화되고, 온라인에서 관심사, 사상, 정신, 취미 등을 공유하는 사람들의 관계가 더욱 강화될 것이다.

프로슈머 경제의 부상

앨빈 토플러가 예언했던 대로 생산(Producer)과 소비(Consumer)를 동시에 하는 프로슈머(Prosumer)가 향후 경제의 핵심 역할을 하게 될 것이다.

가정의 기능 강화

코로나19로 집안에 머무는 시간이 급격히 증가하면서, 가정의 기능이 대폭 강화될 것이다. 특히 배달-구독 경제에서 가정은 가장 강력한 프로슈머가 되어 지속가능한 부와 가치를 창출하며 선교와 비즈니스의 가장 중요한 플랫폼이 될 것이다. 기존에 기업, 교회, 단체, 조직 등이 담당하던 많은 기능들이 가정으로 옮겨가게 될 것이며, 이런 변화를 잘 준비하는 것이 향후 BAM의 가장 중요한 과제가 될 것이다.

디지털 자영업 기회 증가

온라인 상거래와 배달-구독 서비스, 디지털 컨텐츠 산업에서 많은 디지털 자영업자들이 나타나게 될 것이며, 지속 가능한 부와 가치를 창출하여 선교와 비즈니스의 또 다른 한 축이 될 것이다. 특히 디지털 컨텐츠 분야는 관심사, 사상, 정신, 취미들을 공유하는 사람들에게 복음을 전할 수 있는 매우 강력한 도구로 성장하게 될 것이다.

독립된 디아스포라 교회의 연대

대형교회와 선교단체, 기업 등의 조직을 중심으로 이뤄지던 많은 활동들이 가정이나 디지털 자영업자와 같이 독립된 디아스포라 교회의 연대를 통해 이뤄지게 될 것이다. 새롭게 부상하는 다양한 산업 영역에서 영적/경제적으로 독립하여 왕성하게 세상 속으로 침투해 들어가는 디아스포라 교회들이 세워질 수 있기를 소망한다.

결론

세계화, 서구, 전통산업, 대형교회, 선교단체, 기업 등 지금까지 BAM에게 동력과 그늘을 제공하던 많은 것들이 약화될 것이나, 정보화, 비서구화, 배달-구독 서비스, 디지털 컨텐츠 플랫폼, 가정, 디지털 자영업, 디아스포라 교회 등 새로운 동력 등이 등장하며 기존의 구조를 대체해 나갈 것이다. 새로운 변화를 잘 준비하여 코로나19 위기를 기회로 살려 나가는 BAMer들이 되기를 소망한다.

현장선교사들이 들려주는 현장 소식은 우리의 짐작과 크게 다르지는 않다. 코로나19로 선교지와 선교사들은 가족과 동료들의 죽음이라는 뜻밖의 이별을 경험하고 있다. 국경이 닫혀 이동이 불가능하여 물리적으로 고립되어 있다. 생활과 사역이 차가운 비대면으로만 변화 되었다. 락다운은 기존방식의 여러 사역과 경제활동을 마비시키고 있다.

그럼에도 불구하고 선교사들은 코로나19 팬데믹 속에 나름대로 적응하며 새로운 가능성을 발견하고 도전하고 있다. 선교사로서 더욱 불안해진 체류비자는 큰 부담이 되고 있지만, 로컬 온라인을 발판으로 글로벌 온라인 네트워크로 확장하여 사역의 지속성과 안정성을 강화하려고 노력하고 있다. 코로나19 시대에는 BAM사역 역시 offline보다는 online 기반 위에, 공유와 협업의 플랫폼을 구성하는 형태로 변화 발전해 갈 것으로 예상된다.

상황, 예언자, 운동: 일곱 개 글로벌 BAM 스토리

조 샘 대표 인터서브코리아

2019
2020
2021
2022
2023

변화하는 선교Transforming Mission

하나님께서 세상을 회복시키시기 위해서 사람들을 사용하시는 흐름에는 계속된 변화가 있어왔다.[1] 창세기 1-11장에는 자연과 인간 문화 가운데 보편적으로 등장한 죄와 악의 문제를 다루고 있다. 이후 12장부터 아브라함을 시작으로, 하나님께서는 이 보편성Universality의 문제를 역사의 한 시점, 한 인물과 공동체를 통해서 해결하는 특정성Specificity의 방법을 사용하셨다.[2] 하나님은 변함없으신 분이나, 상황과 사람과 문화의 변화로 인해 선교 역시 다양한 모습을 띄는 것은 당연하다.

구약 시대부터 현대에 이르기까지 선교의 큰 틀은 계속 변화해 왔다.[3] 타 문화권에 초점을 맞추는 현대 선교의 출발은 17C 부터 라고 할 수 있다.[4] 유럽 국가들의 식민지 개척과 더불어 식민지 조차지에 천주교 사제들이 선교사로 가기 시작했고, 개신교가 그 뒤를 따라가며 "해외선교"의 흐름이 형성되었다.[5] 해외선교 중심의 선교적 흐름은 2차 세계대전 이후, 좀 다른 변화를 갖게 된다. 10-40 창, 미전도 종족, 전방 개척 등의 새로운 방향이 제시되면서 국가 중심의 선교가 민족과 부족 단위의 선교로 변화되었다.

이런 변화에는 미국 풀러 신학교가 큰 역할을 했다. 인도에서 40년간 선교사로 살았던 도널드 맥가브란Donald McGavran이 미국 풀러신학교에 오

---

1) Ralph Winter (2009 A). 하나님나라가 반격을 가하다. 미션 퍼스펙티브스 1, 463-487. 예수전도단.
2) Christopher Wright (2012). 하나님 백성의 선교. IVP.
3) Ralph Winter (2009 B). 네 사람, 세 시대, 두 전환기: 현대 선교. 미션 퍼스펙티브스 1: 553-564. 예수전도단.
4) Ralph Winter (2009 A).
5) Ralph Winter (2009 A).

면서 1960년대 세계 선교 학부를 세웠고 초대 학장이 되었는데,[6] 이 선교학부에서의 논의들은 이후 등장하는 로잔 운동과 연결되면서 큰 영향력을 갖게 된다. 1974년 풀러의 교수였던 랄프 윈터는 스위스 로잔에서 모였던 "세계 복음화를 위한 로잔 위원회," 즉 로잔 1차 회의에서 미전도 종족의 개념으로 선교적 필요를 나눴다.[7] 70년대는 세계 교회 협의회 WCC를 중심으로 "선교 유예론, 또는 선교 모라토리움"이 제기되며, 각 나라에 이미 세워진 현지 교회를 중심으로 선교가 진행되면서 해외선교의 무용론 내지는 자제론이 등장하던 때였다. 랄프 윈터의 이 발표는 선교의 단위가 국가가 아니라, 종족과 문화 그룹이 되어야한다는 점을 소통함으로서 전방 개척 선교의 필요성을 새롭게 했다.[8] 74년부터 시작했던 미션 퍼스펙티브스 교육 과정과 함께 랄프 윈터는 전방개척 선교를 현대 선교계의 가장 큰 흐름으로 자리매김하는데 공헌했다.

Business As Mission (BAM) 운동과 비슷한 흐름들은 교회사 전체에 있었다. 현재의 BAM 운동과 가까운 흐름의 태동은 언제부터로 봐야 할까? 현재 BAM 운동의 리더인 마츠 튜네핵Mats Tunehag이나 마이크 베어Mike Baer는 BAM에 관심을 가진 사람들이 컨퍼런스로 모이기 시작한 시점을 대강 1990년 전후로 보고 있으며 그 배경에는 소비에트 공화국의 몰락과 함께 독립한 중앙아시아의 국가들에서의 선교적 상황을 기억한다.[9] 이런 만남들이 쌓여져 2004년 태국 파타야에서 로잔 BAM 이슈 컨설테

6) George Hunt III (1992). The legacy of Donald A. McGavran. International Bulletin of Missionary Research, 1992 October, 158. 2020년 10월 5일 검색, https://journals.sagepub.com/doi/abs/10.1177/239693939201600404?journalCode=ibmc
7) Harold Fickett (2012). The Ralph D. Winter Story: How One Man Dared to Shake Up World Missions. Pasadena, CA: The William Carey Library
8) Harold Fickett. Ibid.
9) 이 인터뷰는 이 연구를 위해서 행해졌으며 자세한 방법은 이후에 기술한다.

이션이 처음 열렸고 이때 정리된 로쟌 주제 보고서는 전 세계적인 확산을 촉발했다.[10]

우리나라에서도 신갈렙 선교사를 시작으로 90년대 자생적으로 비즈니스 미션이 제시되었고 BAM 중심으로 한 선교단체와 교육 프로그램이 시작되었다.[11] 그러나, 이 흐름이 한국교회에 전체에 본격적으로 확산되고 운동으로 자라나게 된 것은 2007년부터 상하이한인연합교회에서 모이던 상하이한인비즈니스포럼(Shanghai Korean Business Forum, 이하 SKBF) 이 2012년 IBAInternational BAM Alliance라는 구체적인 네트워크로 변한 시점이라고 할 수 있다.[12] 이제 BAM 운동은 모든 대륙의 다양한 국가들이 동참하는 네트워크로 자라났다. 로쟌 뿐 아니라 개신교를 넘어선 다양한 교단들과 연결되는 Business As Mission Global 이라는 초교파 국제 선교 운동으로 자라나고 있다.[13]

선교는 세상을 변화시키지만, 그 흐름 가운데 스스로도 변한다.[14] 교회사에 등장했던 다양한 크리스챤 운동들은 어떻게 시작해서 모습을 갖추

---

10) Neal Johnson (2009). Business As Mission: A Comprehensive Guide to Theory and Practice. Downers Grove, Il: InterVarsity Press.
11) 다음 책에서 신갈렙 선교사의 생각과 시도들을 읽을 수 있다. 신갈렙 (2010). 하늘기업가 비즈너리. 서울: 규장. 당시 신 선교사에 의해 한국 최초의 BAM 선교단체인 열방네트워크(ANN) 시작되었다. BAM 교육 프로그램으로 시작했던 VISION MBA 는 많은 기업가들에게 영향을 미쳤다. 물론, 당시에는 BAM 이라는 용어를 사용하지는 않았다.
12) 조샘 (2013). BAM 모든 이들의 선교. 제 7회 IBA 서울 포럼 자료집, 72-90.
13) 현재 진행되는 글로벌 네트워크과 다양한 자료들을 보려면 BAM Global의 웹싸이트를 참고하면 된다: https://bamglobal.org
14) David Bosch (1991). Transforming Mission: Paradigm Shifts in Theology of Mission. Maryknoll NY.: Orbis Books.

며 자라는 걸까? BAM 운동은 불과 30년이라는 시간 동안 자라나 전 세계적인 운동이 되어 영향력을 미치고 있고 여전히 현재 진행형이다. 각 나라마다 상황도 다르고 시작 시점도 달라서 크리스챤 운동의 변화가 어떤 식으로 진보해 나가는가를 스펙트럼처럼 볼 수 있는 사례가 된다. 선교의 하나님께서 어떻게 인간과 함께 일하실까 라는 근본적 질문을 일곱 개의 얘기를 통해서 들여다 보자.

자료 모음 과정

이 논문에서는 BAM 운동과 관련된 여러 지역의 리더들과의 인터뷰를 통해서 자료를 모으고 다음의 세가지 질문에 답하려고 한다:

• 글로벌 BAM 운동을 돌아봄
• BAM 운동의 공헌, 도전, 질문
• 새로운 운동 과정에 대한 모델 제시

먼저, 전세계에 진행되고 있는 BAM 운동의 현황을 파악하는 것이다. 다양한 나라들 가운데 진행되고 있는 BAM 운동 현황과 도전들을 듣고, 그런 운동이 일어나게 된 배경을 살펴본다. 둘째, 이런 다양성 가운데 존재하는 공통점을 찾는다. 이를 통해서 BAM 운동이 전체 교회에 주는 공헌, BAM 운동이 직면한 도전들, BAM 운동이 선교학적으로 던지는 질문들을 정리한다. 셋째, BAM 운동을 하나의 사례로 보고 크리스챤 운동이 어떻게 시작되는가에 대한 모델을 제시하려고 한다. 특별히 그 나라의 상황과 운동을 섬기는 사람들 간의 상호 작용이 어떻게 운동을 만들어 가는가를 보고자 했다.

위의 질문을 답하기 위해서, BAM 운동을 섬기고 있는 여섯 개 국가의 리더들을 대상을 각 나라의 현황에 대한 자료를 모았다. 대상이 되었던 나라는 인도네시아, 러시아, 네덜란드, 한국, 미국, 러시아, 브라질이었다. 각 나라에서 일하는 BAM 운동가들과의 Zoom을 통해서 1시간에서 1시간반 가량의 인터뷰를 진행함으로 자료를 모았다. 추가로, 현재 로쟌 BAM 이슈 그룹의 리더이며, BAM Global 의 의장이며, 2004년 로쟌 BAM 컨설테이션을 처음 조직 했던 마츠 튜네핵과도 글로벌 BAM 의 현황에 대한 인터뷰를 진행했다. 결과적으로 총 7명의 응답자를 대상으로 진행한 연구가 되었다.

다양한 리더들을 모두 알고 있는 마츠 튜네핵의 추천에 의해서 각 나라를 대변할 수 있는 리더를 선정했다. 대표했던 응답자 네덜란드의 리더만이 여성이었고, 나머지는 모두 남성이었다. 모든 응답자들은 각 나라에서 일어난 BAM 운동에 초기부터 관여되었고, 현재도 BAM Global에 적극적으로 참여하고 있었다. 그러나, 이들의 얘기를 객관적으로 검증할 또 다른 자료를 모으지는 않았다. 자료 수집은 인터뷰와 이메일을 통해서 2020년 9월 20일부터 28일 사이에 진행되었다. 인터뷰에서 사용한 질문들은 다음과 같았다.

- BAM 운동과 관련한 자기 소개
- 현재 자국에서 일어나는 BAM 운동
- BAM 운동에 도움이 되었던 교회의 신앙적 유산
- 자국 BAM 운동에 가장 중심이 되는 그룹은?
- BAM 운동에 있어서 가장 어려웠던 점은?
- BAM 운동이 교회에 주는 교훈은?

이런 다양한 질문을 통해서 BAM 운동의 현황을 기술할 수 있는 자료를 모으려 했다. 그러나, 더 관심 있는 것은 한 운동의 성장과정에서 상황과 사람이 어떻게 상호작용하는가였다. 그래서, 인터뷰 과정에서 주목한 것은 크게 두 가지였다. 인터뷰의 대상이 되는 BAM 리더와 그를 통해서 본 그 나라의 BAM 현황이었다. 먼저, 각 리더들의 성장 배경과 BAM 운동에 들어온 계기를 살펴보는 것은 그 나라에서의 특수한 상황을 볼 수 있는 창이 되었다. 또한 현재 그 나라에서 진행되고 있는 BAM 의 현황을 보려고 했다. 이런 인터뷰 과정 가운데, 어떻게 개인과 상황이 그 나라 BAM 운동의 현황과 연결되는지를 추론해보려고 노력했다. 그리고 인터뷰 내용을 정리할 때에는 그 추론적 결론에 의해서 다시 재구성했는데, 이하의 일곱 개 스토리는 그 결론을 전제로 다시 구성한 얘기들이다.

이하의 인터뷰 정리 순서는 BAM 운동에 얼마나 오랫동안 관여되어 있는가를 순서로 하였다. 편의상 그렇게 한 부분도 있지만, 시간의 흐름에 따라서 BAM 운동이 어떤 다른 흐름을 갖고 있는가를 보여주려고 이유도 있다. 먼저 전세계의 흐름을 얘기할 수 있는 마츠 튜네핵부터 얘기를 해보자.

첫째 이야기, 마츠 튜네핵Mats Tunehag
– 공산권의 해체 속 비즈니스의 필요

누구?

마츠는 스웨덴인으로 현재 전세계 BAM 운동의 가장 큰 네트워크인 BAM Global의 공동의장이다.[15] 30여 개의 국가 및 다양한 이슈 그룹들이 이 네트워크에 속해있으며 2011년부터 시작한 글로벌 BAM 씽크 탱크Global BAM Think Tank의 결과로 30개의 논문집과 2개의 BAM 선언문을

---

15) 마츠 튜네핵에 대해서 더 알기를 원한다면 다음의 웹싸이트를 추천한다: http://matstunehag.com

출간하고, 수많은 컨퍼런스를 조직해왔다.[16] 로쟌과 WEA 에서도 시니어 리더로 참여 중이고, 중요한 국제 BAM 펀딩 기관에도 파트 타임으로 일하고 있다.

마츠는 침례교 목사이며, 30대 초반이던 1988년에 구 소비에트 동구권을 섬기기 위한 슬로빅 미션Slovic Mission이라는 선교단체를 창립했다. 당시에는 소비에트와 중앙 아시아의 공산 국가들이 경제적으로 큰 어려움을 겪으며 높은 실업 문제와 불황을 경험하며 체재가 해체되기 시작했다. 이 국가들 가운데 효과적인 선교를 전개하기 위해서 다양한 컨설테이션을 주도하던 중 비즈니스의 가능성을 발견하게 되었다. 그가 기억하는 첫 번째 BAM 컨퍼런스는 1988년 키프로스에서 열렸던 중앙아시아 비즈니스 컨퍼런스(Central Asia Business Conference)였다. 이런 포럼에 모여지며 2004년 태국 파타야에서 로쟌과 함께 진행한 BAM 컨설테이션은 BAM 로쟌 주제보고서(Lausanne Occasional Paper)를 만들었는데[17] 이 보고서가 여러 나라 언어로 출간되며 글로벌 BAM 운동을 촉발하게 되었다.

BAM 운동 현황은?

현재의 글로벌 BAM 운동은 40여 개국에서 동시다발적으로 진행되는 운동이다. 어디 한 곳이 중심이라고 할 수 없으며, 다양한 리더십들이 독자적으로 진행하며 동시에 함께 협력하며 자료들을 영어와 자신들의 모

---

16) 더 자세한 정보와 자료를 위해서는 공식 웹싸이트를 추천한다:
www.BAMglobal.org

17) Business As Mission 로쟌 주제보고서 59 (2004).
http://www.lausanne.org/documents/2004forum/
LOP59_IG30.pdf
이 보고서는 한글로도 번역되어 출판되었다. Business
As Mission (2010). 마츠 튜내핵 저. 해리 김 번역.
예영커뮤니케이션.

국어로 정리하고 있다. 그 범위는 복음주의 개신교를 넘어서서, WCC나 동방정교회와 천주교의 리더들에게서도 반향을 일으키며, 연결되고 있다. 천주교의 경우는 제 2차 바티칸 공의회 이후 자본주의와 시장경제와 일에 대한 관심이 일찍부터 있어왔는데, 이는 당시 교황이었던 요한 바오로 2세가 공산주의 체제가 흔들리며 실업과 공황으로 고통 당하던 폴란드 출신이었다는 점도 한 역할을 했을 것으로 보인다.

선교사와 선교단체 중심으로 시작했던 글로벌 BAM 운동은 이제 다양한 나라에서 보통의 크리스챤들의 운동으로 이어지고 있으며, 많은 컨설팅과 펀딩 기관들이 등장하여 기업들의 문화를 변화시키고, 많은 네트워크가 형성되고 있으며 지역교회들에게 영향을 미치고 있다. 또한, 많은 나라들에서 신학교와 일반 대학에서도 수많은 논문들이 출간되고 있으며, 공식 비공식의 다양한 교육 프로그램들이 나옴으로써 다음세대들에게 계승되고 있다. BAM 운동은 불과 30여 년 만에 전세계적 동시 다발적 운동으로 나아가고 있으며, 마태복음 28장의 선교위임령과 창세기 2장의 문화명령이 통합되는 가운데 다양한 열매들을 맺고 있다.

둘째 이야기, 미국 마이크 베어Mike Baer – 다양하고 창의적인 BAM

누구?

70년대 중반 캠퍼스에서 복음을 영접한 마이크 베어는 이후 신학교에 갔고, 목사 안수 후 15년 동안 교회 개척과 목회자로서 일을 했다.[18] 그

---

18) 마이크 베어에 대해서 더 자세한 정보를 원한다면 여기를 보시길: https://businessasmission.com/bam-for-the-rest-of-us-excerpt/

는 점점 비기독교인들에게 직접 복음을 전하고 제자도를 나누고 싶어졌고 자연스럽게 비즈니스와 일터 쪽으로 관심이 옮겨지기 시작했다. 목회를 내려놓고 사업을 시작하여 성공적으로 일하던 중 1994년에 키르키즈스탄을 방문하였고 구 소비에트 질서에서 나와 복음과 직장이 필요한 이들의 필요를 보게 되며 BAM에 대한 생각을 품게 되었다. 미국에서 사업을 하며 키르키즈스탄에 확장을 하고 소액대출 사업을 하며 천 여 개의 기업들이 시작하도록 도왔다. 또한, 창업자가 아니라 직장인으로서의 BAM을 알기를 원해서 중소기업의 CEO로 의도적으로 들어가서 작은 규모의 회사에서 6년 동안 일하며, 3,000명 규모의 회사로 성장시키고 2019년 은퇴했다. 2006년과 2016년 BAM에 관한 두 권의 책을 출판했고 제 3의 길 운동(Third Path Initiative)이라는 네트워크를 형성하여 비즈니스 컨설팅과 다음세대 멘토링을 하고 있다.[19]

BAM 운동의 현황?

마이크가 기억하는 미국의 BAM 운동은 현장에서의 다양한 실천을 통해서 일어났다. 키르키즈스탄에서 마이크 베어가 시작한 것처럼, 중국에서의 드와이트 노드스트롬Dwight Nordstrom이나 빌 잡Bill Job과 그 외 많은 이들이 2000년 전후 BAM 을 현장에서 시작했고 초기 글로벌 BAM 컨퍼런스에 사례를 들고 나타났었고 지금도 창의적 접근지역에서 많은 사례들을 만들어내고 있다. BAM 에 대한 구체적인 연구 역시 바이올라 대학의 스티븐 런들 교수 등이 2003년에 실증 연구에 기초한 책을 2004년 로쟌 BAM 주제보고서에 앞서서 출판되기도 했다.[20] BAM에 대한 교육 프로그램 역시 2000년대 중반 콜로라도 스프링즈에서 시작되었고 YWAM 공식 DTS 프로그램으로 운영되고 있다.

---

19) https://thirdpathinitiative.com
20) Steve Rundle and Tom Steffen (2003). Great commission
   Companies: The Emerging Role of Businss in Missions.
   Downers Grove Il: InterVarsity Press.

그럼에도 미국 내에서의 BAM 컨퍼런스나 네트워크가 구성된 것은 비교적 최근으로 2012년 미네소타 주에서 작게 모였던 모임이었다. 이제는 수 백 여 명이 모이는 연례 컨퍼런스로 발전하며 미국 내에서의 네트워크를 구축해가고 있다. 그러나, 미국의 BAM 운동은 한 두 개의 컨퍼런스로 정리할 수 없을 만큼 다각적이다. 여러 개의 운동 그룹들이 존재하지만, 하나의 조직으로 연결되어있지 않은 경우가 많다.

기독교 대학에서의 정규 프로그램 뿐 아니라 일반 대학에서 비슷한 생각의 사회적 기업에 대한 프로그램들이 왕성하게 진행 중이며, 이와 관련한 수십 개의 석 박사 논문들이 나오고 있다. 또한 라이온 덴Lions' Den등의 벤처 펀딩 기관들이 시작되어 활발히 진행되고 있다.[21] 또한, 2010년에는 컨설턴트였던 코트니 밀즈Courtney Mills가 대학원생 시절 생각하던 비전을 케냐에서 실천하며 시작한 벤처 교육 및 엑셀러레이터인 시냅시스Synapsis의 사례가 있다. 1,000여 개의 새로운 기업가들을 BAM 정신으로 교육하고 창업하고 경영하도록 도움으로서 케냐를 비롯한 남아프리카 국가들의 경제와 비즈니스 문화에 큰 영향을 미치고 있다.[22]

선교단체들의 경우에는 일찍부터 이 운동에 관련해왔으나, 실제적인 진보에서는 느린 속도를 보이고 있어서 이제는 더 이상 주역이라고 볼 수는 없다. 지역교회들의 경우 일터 사역이나 직장인 사역에 관심을 갖는 교회들이 있기는 하지만 BAM과 같은 타문화 선교로 확장됨에는 한계를

---

21) https://www.thelionsden.us
22) 어떻게 이 창의적인 액셀러레이터 기업이 케냐의 잘못된 비즈니스 문화를 바꾸는가에 대한 감동적인 스토리를 다음에서 읽을 수 있다. Courtney Rountree Mills: Training entrepreneurs to integrate faith with work and grow their business. Gea Port & Mats Tunehag (2018). BAM Global Movement: Business as Mission Concepts & Stories: 100-107. Peabody, MA: Hendrickson Publishers. 시냅시스의 공식 웹싸이트 https://sinapis.org

보이고 있다. 다른 나라들에서도 나타나는 현상이지만, BAM 운동에서는 일반 기업가들이나 직장인들이 더 큰 역할을 하고 있다.

셋째 이야기, 한국 송동호
- 교회와 함께 가는 BAM 운동

누구?

송동호는 80학번으로 대학에 입학할 때, 당시 한국은 군사정권의 계엄령 치하에서 광주 민주항쟁의 발발과 함께 민주화 운동이 시작되던 시기였다. 한국 사회의 민주화 과정에서 보수적인 성향을 가진 대부분의 한국교회는 정교분리라는 명분 아래 무력함을 보였다. 당시 교회의 사회 참여에 대한 그의 질문은 기독교 세계관 운동에 눈을 뜨게 했고, 그 대안을 찾는 과정에서 천주교 신부들의 '노동사목-사제'들의 모델을 보며, 일찍 노동현장에 나온 공원들을 위한 야학을 시작했다. 신대원 재학 중에는 민중신학과 해방신학을 독학했으나 한계를 느꼈고, 신대원을 마치며 '창조 명령과 노동 문제'에 대한 졸업논문을 쓰게 된다. 그는 1989년 지도하던 청년들과의 필리핀 단기선교 중에 현지 CGM이라는 선교단체 리더와 연결되어 동역하게 되었고, 타문화 선교에 참여하게 되었다. 당시 시작되었던 <선교한국>의 영향으로 출발한 <선교대구>의 선교동원가로 일하였다.

1992년 이스라엘로 유학을 떠나 수학 중에 성속이원론을 극복한 유대 랍비들의 이중직 수행을 보며 그가 찾고 있던 '일터 사역'의 실제들을 확인한다. 이후 영국으로 건너가서 존 스토트John Stott와 만나 런던 현대 기독교 연구소(London Institute of Contemporary Christianity)에서 수학하면서 그의 오랜 질문들을 정리하게 되었고, 당시 영국 내에서 일어나는 다양한 선교적 교회 운동을 관찰할 수 있었다.

동아시아 경제위기 또는 IMF 경제위기 속에 많은 기업이 도산하고 실업이 나라를 흔들던 1998년말 귀국한 송동호는 전통교회 담임으로 시작했으나 이후 삶의 현장과 연결되는 교회를 꿈꾸며 카페 교회를 개척하여 운영하면서 일터 신우회와 CBMC의 지도목사 등의 책임을 맡아 십여 년간 대구를 중심으로 사역하였다. 성령의 강권하심 가운데, 2006년 BAM사역에 대해 눈을 뜨고, 교회 목회를 내려놓고 2007년 선교단체 <나우미션>을 설립했다. 또한 이 시기 2007년부터 IBA의 전신인 SKBF 네트워크에 참여하기 시작했고, 2012년에 발족한 한국 BAM 네트워크 운동인 IBA의 초대 공동총무로 일하며, 2019년 말까지 사무총장으로 일했다.

BAM 운동의 현황?

한국 BAM 운동의 뿌리는 80년대 시작한 이랜드 라고 할 수 있다. 이 모판을 기반으로 일터 신학 쪽으로는 방선기, BAM 쪽으로는 신갈렙이라는 리더가 나왔다. 그러나 IBA라는 이름으로 연합적인 네트워크를 형성하고 운동으로 자라날 수 있었음에는 2007년 중국 상하이한인연합교회가 BAM 포럼을 열기 시작하면서부터이다. 이렇게 자라난 IBA는 지난 13년 동안 계속해서 사례들과 이론들을 정리하여 책을 출간함으로서 한국교회 가운데 BAM 을 소개하는 역할을 해왔다. 이 글 역시 2020년 IBA 리더스포럼을 위해서 쓰여졌다. 연구 기능을 통해서 자료를 만들어 온 점은 한국 BAM 운동의 첫 번째 특징이다.

현재 한국의 BAM 운동은 다양하다. 기업가들과 선교사들이 다양한 모습으로 BAM 사례들을 만들어가며 크고 작은 모임으로 모인다. IBA의 네오모라비안하우스를 비롯하여, ANN, Center for Business as Mission, NOW, SFK, BTC, 기독경영연구원, 열매나눔재단, 요셉비즈니스스쿨 등에서 교육 프로그램을 제공하고 있고, 학교 정규 학위과정으로도 고신대학과 ACTS 에서 석사과정이 진행되고 있으며, 2020년 10월 현재 석사 27명, 박사 3명이 BAM 으로 논문을 쓴 것으로 파악되는데 더 많은 숫자가 있을 것으로 생각된다. 또 BAM 펀딩 및 컨설팅을 하는 SFK 가 만들어져서 운영 중이다. 전체적인 흐름으로 볼 때 가장 진보가 약한 곳은 오히려 선교단체들이다. 선교사들이 사례를 만들어내면서 일찍 시작했음에도 불구하고 단체 차원에서 BAM 이나 텐트메이커에 대한 이해나 제도적 장치는 약한 편이다.

한국 BAM 운동의 또 다른 특징은 처음 시작할 때부터 지역교회에서 시작했고 계속해서 지역교회 목회자들과의 동역을 시도해왔다는 점이다. 다양한 지역교회에서 일터 사역이나 BAM 관련 훈련 프로그램들이 진행되고 있다. IBA를 통한 13년 간의 신학적 성찰이 이어지며, BAM이 전통적 선교지역에서 창업하는 일을 넘어서, 세상 속 보통 사람들의 삶을 통한 선교의 시대를 알린다고 합의하게 되었다. 동시에, 글로벌 시장 자본주의가 지배하는 현대 문화 속에서 복음의 증거는 비즈니스 세계에서 살아가는 우리들의 삶으로 드러날 수 있음을 제시해왔다. 이런 생각 때문에 지역교회와 성도들을 깨우는 것이 미래 선교의 과제라고 생각하고 있다. 그 동안 BAM운동은 목회자들과 소통하면서, 지역교회가 교회성장 운동의 담론에서 나와서 세상으로 성도들을 파송하는 선교적 교회로서서야 한다는 바른 시각을 제시하였고, 함께 기대하며 노력해 왔다.

넷째 이야기, 인도네시아 줄리안 포Julian Foe
– 무슬림 가운데 자라난 킹덤 네트워크

누구?

줄리안은 중국계 인도네시아인으로 90년대 대학을 다니며 학부에서는 컴퓨터공학을, 석사과정에서 교육학을 공부했다. 1998년에 IT 회사를 창업했고, 현재는 칸도 코칭Qando Coaching의 운영이사이며 인도네시아에서 가장 큰 BAM 네트워크인 킹덤 비즈니스 커뮤니티Kingdom Business Community의 코디네이터이다. 외부적으로는 루이스 부시가 시작한 글로벌 리더십 써밋Global Leadership Summit의 인도네시아 대표이며, BAM 글로벌 씽크탱크BAM Global Think Tank의 조직위원이기도 하다.

인도네시아 BAM 운동의 특징은 사업가들의 강하고 넓은 네트워크이다. 이런 네트워크의 시작에는 줄리안이 속한 자카르타 소재의 순복음 교단 대형교회인 아바러브 교회Abba Love Church가 있었다. 1999년 교회 담임목사는 후원에 기반하지 않은 선교를 꿈꾸며 열명의 평신도들을 초청해서 창업의 비전을 제시하고 각 사람들에게 미화로 $5,000-10,000 을 씨드머니로 나눠주었다. 서점, 학원, 예술학교 등등 다양한 여덟 개의 창업이 성공되어 지금까지 운영되고 있으며, 줄리안 역시 IT 훈련 학교를 추가로 창업해서 지금까지 이어지고 있다.

이렇게 해서 연결된 열 가정은 정기적으로 부부동반으로 만나서 사업가들로서의 고민을 나누며 펠로우십을 만들어갔다. 2005년 이 모임은 이런 공동체를 확장할 마음을 품게 되었고 2006년에 킹덤 비즈니스 커뮤니티Kingdom Business Community(이하 KBC) 라는 이름으로 NGO 등록을 하며 본격적인 사역을 시작했다. 이 시점에 싱가폴에서 열렸던 한 선교 컨퍼런스에서 마츠 튜네핵을 만나고 BAM 의 개념을 알게 된 것은 큰 도움이 되었다. 이후 KBC 는 다양한 컨퍼런스와 학교를 진행하였다. 지금까지 KBC 가 진행한 캠프에 참석한 학생들의 숫자는 약 2만 6천 명 가량이 되며, 놀랍게도 그 가운데 무슬림들이 약 7,000명 가량이 있다. 졸업생들이 모이는 수천 개의 기업이 함께 협력하여 BAM의 비전을 만들고 있다.[23]

BAM 운동의 현황?

비즈니스의 배경이 되는 인도네시아 사회를 이해하는 것이 이해에 도움이 될 듯 싶다. 인도네시아는 300여 종족이 함께 2억 7천 만 명을 구성하는 다민족 국가이다. 인구의 86.7%가 무슬림인 가운데 세계 최대 이슬람 국가이며, 10.72%가 기독교인으로 지난 십 여 년간 급속한 성장을 보이고 있다.[24] 교회의 성장은 중국 화교들을 중심으로 이루어지고 있는데, 국가 종교 정책상 무슬림에게 복음을 직접 전하는 것은 금지되며 다민족 간의 갈등은 종종 종교와 연결되어 발생하기에 직접 전도에 주의가 요구되는 사회이다. 인도네시아의 화교들은 대부분 표준 인니어나 지방언어인 자와어를 첫 번째 언어로 하며, 다른 동남아 국가와는 다르게 중국 표준어나 방언을 모르는 경우가 많다. 정부나 국립기관에서 소수 민족으로 일하기가 쉽지 않기에 대부분 중소기업을 하고 있다.

줄리안에 의하면, 인도네시아 내에 다른 BAM 움직임들은 거의 없다. 크라운재정학교 강의가 진행 중이고, 순복음교회들에서 재정에 대한 강의들이 있지만 BAM 이라고 하기에는 한계가 있다. 누가 중심에 있는지 알기 어려울 정도로 다양한 흐름이 있는 미국이나 한국과는 많이 다른 상황이라고 할 수 있다.

23) 이 네트워크의 더 자세한 정보는 다음을 참고하기를: https://
kingdombusiness.community
24) Statistik Umat Menurut Agama di Indonesia" (in
Indonesian). Ministry of Religious Affairs. 2018년 5월 15일
자료. 2020년 9월 24일 검색.

KBC의 성공에는 리더십의 강한 펠로우십이 있다. 1999년에 시작한 열 가정은 2005년에 본격적인 사역을 하기 전까지 매주마다 모여서 함께 토론하고 기도하며 서로에게 많은 투자를 하였다. KBC의 사역이 캠프를 중심으로 전개되어 나갈 때에도 급격한 성장보다는 신생 기업들을 돕기 위한 멘토링으로 실제적으로 돕는 네트워크에 많은 힘을 기울였다. 경제계에 부패와 잘못된 관행이 많은 인도네시아 상황에서, 비즈니스의 과정 가운데 하나님의 말씀에 순종한다는 일은 아주 어렵다. 또한 새로운 기업이 창업되어 성장함에 있어서는 많은 자원과 경험 지식이 필요한데 이때 같은 산업군에 있는 선배가 도와주는 것은 아주 큰 도움이 된다.

KBC 네트워크는 처음부터 서로 영적으로 격려할 뿐 만 아니라, 새로 창업하는 이들을 같은 분야에 있는 선배가 1-2년 옆에서 돕는 것을 문화로 만들고, 이런 멘토링 관계를 맺는 것과 소그룹 모임을 외적인 성장보다 중요하게 생각했다. 사실, 동종 산업에서 후배를 돕는 것은 미래의 경쟁자를 세우는 것으로 여겨져 보통은 꺼려지는 일이다. 그럼에도 KBC 는 이런 생각을 도전하고 적극적으로 서로를 돕고 함께 커 나가며 새로운 혁신과 시장 확장을 통한 부의 확장을 격려하였다.

사람들이 KBC 와 처음 연결점이 되는 것은 깸프 썩세스 쎄자띠Camp Sukses Sejati학교인데, "진실한 성공 캠프" 라는 뜻이다(이하 CSS). 이 학교 졸업생 기독교인 사업가들이 변화되어 무슬림 종업원들을 건강하게 대하면서, 무슬림 종업원들과 기업가들도 이 교육을 받기 원하면서, 2015년부터는 비기독교인들을 위한 Road to Success 학교도 시작하게 되었다. 같은 해에 대학생들과 20대 창업가들의 멘토링을 위한 Dare to Succeed 학교도 시작되었다.

이런 공동체적 성장에 있어서 세 가지의 초기 결정이 중요했다. 먼저, 학교의 운영에 있어서 실제 비즈니스 하는 사람들을 리더십의 중심에 둔 것이었다. 초기에는 목회자들의 강의를 중요하게 생각했으나, 실제 경험

나눔의 중요성과 멘토링적 연결이 더 중요하다는 피드백을 받기 시작하며, 2년 후부터는 모든 강사를 실제 비즈니스 하는 이들로 교체하게 되었다. 둘째, 지역교회와의 경쟁을 피하고 협력하기 위해서 회원들의 교회 참여를 격려하는 반면 지나치게 사역에 눌리지 않기 위한 기본 가이드라인을 정했다. KCC 안에서는 최대 2가지 봉사 만 할 수 있고 동시에 지역교회에서는 한 가지 봉사를 하도록 제안했다. 셋째, 무슬림들에게 직접 전도하는 것을 캠프 내에서 제시하지 않기로 했다. 이는 다민족 다문화라는 인도네시아 상황과 정부의 지시를 존중하려는 의미도 있었지만, 비즈니스 상황 가운데서의 직접 전도가 종종 이해관계와 얽힐 수 있음을 알고 있기 때문이었다. 이런 초기 결정들은 공동체의 성장과 함께 일어날 여러 가지 혼란을 줄여 주었는데, 리더십을 구성하는 초기 열 가정이 모여 함께 의논하고 기도하는 가운데 내려진 결정이었다.

코로나19 팬데믹은 양날의 검으로서 KBC 공동체에 영향을 주고 있다. 사업 환경이 어려워졌기 때문에 회원들이 정부관계, 경쟁관계, 종업원 관계에 있어서 말씀에 순종할 수 있는가에 대한 실제적 시험의 기간이 되고 있다. 많은 이들이 도산하고 있지만, 필요한 도움을 다 줄 수가 없는 상황이다. 인도네시아는 지난 십 년 동안 경제가 꾸준히 성장해 왔으며 창업가들에게는 좋은 환경이었지만, 이제는 전혀 다른 환경이 되고 있다. 이 가운데 BAM의 정신을 나누는 학교와 모임은 온라인을 통해서 오히려 왕성해지고 있다. 올해 3월부터 9월까지 23번의 웹비나가 있었고 각 웹비나에 1,000-2,000명이 참여함으로서 지금까지 약 2만 여 명이 참석하고 있는데, 이 가운데 절반이 비기독교인들이다.

다섯째 이야기, 브라질 조아오 모도모Joao Mordomo
– 전방 개척의 새 주역 브라질

누구?

미국인이며 브라질인인 조아오는 고등학생으로 복음을 듣고 크리스챤이 되었다. 1996년 만 20세로 선교에 헌신하고 브라질에 가게 되었고 Cross-Over Global 이라는 선교단체를 세웠다. 브라질인들을 세워 미전도 종족 지역에 교회 개척을 목적으로 훈련하고 파송하는 이 단체는 지금도 활동 중이며, 조아오는 현재도 리더십 그룹에서 일하고 있다. 사회학과 신학을 공부한 조아오는 졸업 후에 벨기에에 가서 지역교회 목회를 5년간 하고, 다시 브라질에 돌아오게 되었다.

브라질은 70년대까지도 천주교가 인구 대부분을 차지하였고, 개신교회는 5% 정도였으나, 80년대와 90년대의 첫 부흥이 시작되었고 지난 이십 여 년 간 폭발적 성장을 함으로서 현재는 전체 인구의 30%에 이르고 있다. 90년대는 브라질인들의 타문화 선교 파송을 생각하며 해외 선교단체들이 들어오는 시기이기도 하다. 브라질 자체의 선교단체를 만들어가던 조아오는 선교 파송에 현실적 어려움들이 있음을 보았다. 하나는 브라질 교회 자체가 선교사 파송을 위한 재정을 마련함에 익숙지 않았고, 둘째는 외국으로 파송한다고 하더라도 브라질 국적으로 비자 얻기가 쉽지 않았고, 셋째 입국 후에도 현지인들의 삶 속에 깊이 들어가지 못한다는 것이다.

2001년 브라질 선교 대회에 참석했던 조아오는 강사로 온 마츠 튜네핵을 만나게 되었고, BAM이 브라질 타문화 선교의 도전을 극복하는 방법이라고 직감하게 되었다. 그 이후 20여 년간 브라질 가운데 다양한 컨퍼런스를 열며 BAM을 알려왔다. 현재 조아오는 선교단체와 기업들에서 이사로서 일하고 있고, 로쟌 BAM 이슈 그룹 조직위원으로 일하고 있으며, 미국과 브라질 등 세 곳의 학교에서 겸임교수로 강의를 하고 있다.

BAM 운동의 현황?

2001년 이후 조아오는 매년 다양한 컨퍼런스를 통해서 BAM을 알려왔으나 첫 10년 동안 별다른 변화는 없었다. 선교단체들의 경우, 반응은 보이지만 이후의 진전이 없었고 지역교회들 아예 반응이 뜨겁지가 않았다. 그러나 2013년과 2014년, 세 도시에 열렸던 연례 컨퍼런스에 비즈니스 맨들이 대거 참여하며 운동성을 갖기 시작했다. 이를 기반으로 2016년에는 여러 단체들이 연합하여 포루트갈어 BAM 훈련 프로그램을 개발하여 시작했고, BAM 창업 인큐베이팅/펀딩 그룹이 시작되었다. 현재 BAM 그룹에 가장 적극적인 이들은 비즈니스를 실제로 하고 있는 사장들이다. 비슷한 운동으로 크리스챤 사업가들에게 킹덤 비즈니스를 가르치는 C12 프로그램과 네트워크가 진척 중이지만, 이런 프로그램의 경우 타문화 선교에 대한 동력은 약하다.

비즈니스와 같은 경제 활동과 신앙을 연결해서 생각하려는 시도가 그 동안 브라질 교회사에 없었던 것은 아니다. 그 중 한 뿌리는 남미 천주교에서 시작된 해방신학이다. 또한, 남미 복음주의자들이 70, 80년대에 형성했던 총체적 선교(Integral mission)의 접근들이 있었다. 그러나, 현재 교계에서는 이 두 가지 접근 모두 오래된 이야기로 여겨지고 있고 지나치게 진보적이라고 여겨져서 환영을 받지는 못하고 있다. 이런 접근들은 경제 제도와 복음과의 연결점을 생각한다는 점에서는 귀한 유산이지만, 비즈니스를 부정적으로 보거나 분배의 차원에서만 생각하는 경향이 있다. 한편 브라질 개신교의 다수를 이루는 오순절 교단에서 비즈니스의 접근은 번영신학이나 교회 재정 후원을 위한 도구로만 생각하는 한계에 머물고 있다. 이런 가운데 BAM은 브라질의 다양한 신학 가운데 새롭고 신선한 운동이라고 할 수 있다.

전방개척 선교의 주역들이 바뀌고 있다. 미국과 한국을 중심으로 10-40 창에 진출했던 미전도종족 개척선교의 바통은 이제 브라질과 남미 교회, 인도와 중국, 이디오피아의 교회들로 넘어가고 있다. 과거의 재정후원방식과 선교사/선교단체 중심의 선교가 이 나라들에게 적합할 수 있을까? BAM과 텐트메이커 선교는 이 다음세대의 주자들에게 필요한 방법이 아닐까?

여섯째 이야기, 네덜란드 헤아 포트Gea Port
– 후기 크리스텐돔Post-Christendom 사회의 새로운 싹

누구?

헤아는 저널리스트이며 전문 경영코치이며 무엇보다 BAM 운동가이다. 고등학교 졸업 후 결혼하고 선장인 남편과 함께 YWAM에서 운영하는 머시쉽Mercy ship에 승선하여 20년간 선교사로서 일했다. 머시쉽은 보건의료장비와 인력이 갖춰진 배로 어려운 나라들을 방문하여 의료 사역과 복음전도를 하는 선교이다. 헤아가 BAM에 대해서 처음 들은 것은, 머시쉽을 사임한 뒤 미국 바키 대학에서 저널리즘과 신학을 공부하던 10년 전이었다. 바키 대학은 미국 캘리포니아에 소재하며, 크리스챤 대학원 대학으로 일의 신학, 도시 변혁, 다문화 선교 등등 선교의 새로운 방향들을 평신도들에게 가르치고 있다.[25]

네덜란드에 돌아온 지난 5년 동안, 헤아는 로테르담을 중심으로 도시 변혁을 위한 중보기도 네트워크를 만들고, BAM에 관한 글을 쓰고 책을 출

25) https://www.bgu.edu

판하고[26] 컨퍼런스를 개최하며 네트워크를 구축해 나가고 있다. BAM을 통해서 전방개척 선교에도 관심이 있지만, 동시에 네덜란드 도시들 가운데 변혁운동을 어떻게 할 것인가에 관심이 있어서 로테르담 시 자문위원으로 일하고 있으며 동시에 비즈니스 코치로도 일하고 있다.

BAM 운동의 현황?

네덜란드에서 처음 BAM 컨퍼런스를 연 것은 2016년 이후로 4년 동안 매년 진행되어 왔고 지난 해 100여 명 가량이 모였다. 네덜란드 모임의 특징은 참석자들이 그저 컨퍼런스의 구경꾼들이 아니라 실제로 이 일을 실천하거나 실제로 해보려고 준비 중인 사람들이다. 헤아의 말에 의하면 "네덜란드 스타일", 즉 실천하며 생각하고, 실천을 위해서 생각을 하는 사람들로 단단한 펠로우십이 형성되어가고 있다.

현재 두 가지 그룹이 선도적 역할을 하고 있다. 첫 번째 그룹은 비즈니스를 타문화 선교와 연결하려는 기업가들이다. 이 운동 전부터 시작된 일이긴 하지만 벌써 BAM 펀딩/컨설팅 기구가 만들어져서 운영 중이다. 두 번째 그룹은 선교적 교회 운동을 하는 교회개척가들이다. 지난 30년간 영국의 개신교회들은 "교회의 새로운 표현(Fresh Expressions)"운동을 통해서 비기독교인들에 복음을 증거하고 교회를 새롭게 하는 사례를 만들고 신학적 성찰을 정리해 왔다. 가까이에 있는 네덜란드 교회들은 이 영향을 받고 있다. 복음을 듣지 못하거나 교회를 떠난 이들과의 접촉점을 만들기 위해서 카페나 세탁소 등을 운영하며 세상으로 나가려는 평신도들이나 목회자들이 늘어나고 있다.

---

26) 최근 출판한 책은 전세계 BAM 운동의 흐름을 보기에 추천할 만하다. Gea Port & Mats Tunehag (2018). BAM Global Movement: Business as Mission Concepts & Stories. Peabody, MA: Hendrickson Publishers.

이상의 흐름은 서유럽과 네덜란드 교회라는 경험해 온 후기 크리스텐돔 Christendom문화를 설명할 때 더 이해가 된다. 서유럽 전역에 기독교가 사회의 정치적 사회적 문화의 중심으로 자리잡은 것은 10C 전후 로마교회가 교황권을 확립하고 이슬람의 지중해 장악으로 서유럽이 고립된 시기부터 라고 할 수 있다. 그 때 이후로 20C에 이르는 긴 시간 동안 서유럽의 국가들은 타문화와의 큰 접촉 없이 기독교의 정치적 질서와 문화 가운데 보냈다. 이를 크리스텐돔Christendom 또는 기독교 왕국이라고 부른다. 그러나, 20C의 계몽 과학주의의 흐름 가운데 이 기독교 문화는 무너지기 시작했다. 1, 2차 세계대전을 거치며 하나의 유럽을 떠나 각 나라들의 주체의식은 분명해졌고, 기성 세대가 갖던 세계관에 대한 강한 의심 가운데 다음세대는 각 나라를 다원화된 사회로 변화시켰다. 현재의 서유럽 사회는 이런 이유로 후기 크리스텐돔 사회라고 부르기도 한다.

네덜란드는 16C 스페인의 지배로부터 독립했고, 이후 무역과 비즈니스를 통한 도시들을 중심으로 개신교 특히 장로교를 적극적으로 수용했다. 장로교는 단순히 종교적 제도가 아니라 사회 전반의 도덕적 의식과 문화에 큰 영향을 미쳐왔다. 이 일을 상징적으로 보여주는 사건은 신 칼빈주의의 일반 은총론과 영역 주권설에 영향을 받은 신학자이며, 자유 대학을 설립했던 교육가 아브라함 카이퍼Abraham Kuyper가 20C말 네덜란드의 수상이 되었던 일이다. 이 영향은 지금도 남아 네덜란드인들의 비즈니스 문화 가운데 정직함과 신실함이 하나의 문화로 자리잡고 있다.

그러나, 2차 세계대전 이후, 이미 진행되어왔던 자유주의 신학이 네덜란드 개혁주의 교단을 장악하고 동시에 기성 세대들의 지나친 율법적인 태도들에 염증을 느낀 젊은 세대들이 교회를 떠남으로 인해서 네덜란드는 급속히 세속화 되었다. 70년대 전후로 미국의 영향을 받은 오순절 교단들과 복음주의 교단들이 들어와서 자라나면서 기존의 약해지는 개혁주의 교단과 함께 공존하는 형태로 조금씩 개신교의 지평을 만들어내고 있으나, 기독교 신앙은 여전히 약하며 복음주의 신앙 흐름은 더욱 그렇다.

사회 가운데 기독교와 교회는 비판적이고 반사회적 이미지가 강하다. 기존의 개혁교회는 사회 전체에 걸쳐 비판적이며 시장경제나 비즈니스에 대해서도 부정적이다. 새롭게 일어나는 오순절 운동이나 복음주의의 움직임도 반동성애나 반낙태주의자들로서 이미지가 굳어져 있다.

헤아의 경우 BAM 운동이 새로운 변화를 줄 수 있지 않을까 생각하고 있다. 화란 개혁교회의 전통에서는 도덕적이고 통합된 신앙의 모습을 받쳐줄 건강한 신학이 부활되고, 동시에 사업가들과 직장인들이 세상 속에서 선한 영향력을 미치고, 비기독교인들과 만나는 접촉과 교제의 장을 만드는 선교적 교회 운동이 자라나길 기대하고 있다. 기독교 문화가 한번 지나가서 신선함이 사라진 서유럽, 그곳에서 지금 형성되는 BAM 운동이 앞으로 어떤 변화를 만들어낼 수 있을까? 작지만 단단하게 자라나는 네덜란드의 BAM 운동이 선교적 교회 운동과 연결되어 영국에서 그랬듯 새로운 교회의 부흥을 이끌어주길 기대해 본다.

일곱째 이야기,
러시아 미하일 두부로브스키Михаил Дубровский
- 종교성을 넘어서는 제자도

누구?

미하일은 구 소비에트 체제에서 태어났고, 공산주의 가정에서 자라났고, 3대째 무신론자였다. 청년 시기 무기 공학을 공부하고 우크라이나에 장교로 배치되어서 일했는데, 그때까지 개인적으로 진정한 크리스챤을 만난 적이 없었다. 22세 때에 혼자서 성경을 읽으며 신앙을 갖게 되었는데, 이 시기는 구 소비에트가 해체되었던 1992년이었다. 이 시기 다른 크리스챤을 만나서 예배하다가 성령의 강한 임재를 경험했고, 그 이후 신학을 공부하고 목사로 안수를 받게 되었다. 지역교회 목회도 했지만, 현재는 주로 신학교에서 강의를 하며 지역교회는 파트타임으로 사역하고 있다.

소비에트 해체 후, 과거에 사라졌던 것처럼 보였던 러시아정교회 교인의 숫자는 급격히 늘기 시작했다. 2020년 현재 러시아정교회 신자들은 70%가 넘고, 무신론자들과 이슬람 신자들이 10% 정도를 각각 차지하고 있고, 개신교인들은 여전히 1%가 안 된다. 다수인 러시아정교회로부터 이단 취급을 받는 개신교는 소비에트 붕괴 후 외국 선교사들에 의해서 시작되었지만, 교회성장이 빠르지는 않다. 재정적으로 안정된 러시아정교회 수사들과는 달리, 많은 개신교 목사들은 생계를 위해서 목회와 일을 병행하고, 미하일 또한 그렇게 해왔다.

미하일은 일과 목회를 하는 과정 가운데, 만인제사장설에 관심을 갖게 되었고 종교개혁자들의 글을 읽기 시작했다. 또, 교회 내에 전문직을 가진 이들이 늘어나면서 이들의 은사가 교회 재정 후원이나 봉사를 넘어서서 사용될 수 있다는 생각을 하게 되었다. 2013년에 가르치던 신학교에서 "어떻게 현대 전문직 가운데 만인제사장설이 활용될 수 있나?"와 "직업을 통한 선교"라는 연구를 시작했고 여섯 편 정도의 논문을 낼 수 있었다. 그 연구 과정 가운데 로잔 BAM 주제 보고서를 만나게 되었고 이후 BAM 운동에 참여하게 되었다.

BAM 운동의 현황?

17C 러시아정교회의 수장이었던 니콘 사제는 정교회 안에 여러 가지 종교개혁을 시도 했으나 이후 이단으로 몰려 핍박을 받게 되었다. 이 니콘의 종교개혁을 따르는 이들이 19C까지 지하교회로 모였는데 이들은 신앙을 사회 안에서 도덕적 행동으로 증거하고 삶과 신앙을 통합하려는 시도를 했다. 20C 초반 볼셰비키 공산혁명이 일어난 후에 러시아정교

회는 사회 전면에서 사라졌다. 1991년말 구 소비에트가 붕괴된 후, 러시아정교회는 급격히 러시아 사회의 일부로 돌아왔다.

러시아에서의 BAM 운동은 그야말로 태동기라고 할 수 있다. 2017년부터 의논하기 시작해서 2019년 11월에 처음 BAM 컨퍼런스가 열렸고, 공식 웹사이트도 오픈한 상태이다.[27] 복음주의 계통의 교회는 아직 숫자가 작고 재정적으로 약하며, 다수의 러시아정교회 교인들로부터 여전히 의혹의 대상이다. 이 가운데, 종교와 일을 통합하는 신학적 성찰이나 교육적 시도는 거의 찾아보기 힘들다. 신앙과 일을 연결하려는 일터신학이나, 비즈니스 활동 자체를 통해서 복음을 증거하는 BAM은 러시아정교나 개신교 내에서 거의 나뉘어지지 않았다.

급격히 시장 자본주의로 돌아선 러시아에서 비즈니스는 여전히 돈을 벌기 위한 통로이며 부패와 부정 등 수단과 방법을 가리지 않는 경쟁으로만 여겨지곤 한다. 비즈니스에 좋은 점이 있다면, 교회에 헌금하고 가난한 이들을 구제할 때 정도이다. 감사한 것은 지난 해 열렸던 1차 BAM 컨퍼런스에는 150명의 사람들이 참석했는데 그 중에는 러시아정교회 교인들도 일부 있었다. 또, 러시아에서의 BAM 사례가 3개나 나뉘어졌다. 그 중에는 전 매춘부들과 마약 중독자들을 고용하는 차 렌탈 회사와 환경재를 사용하려는 택배 물류회사 등도 있었다.

현재의 러시아는 인구의 다수가 기독교를 종교로 갖고 있다. 러시아정교의 역사와 전통은 적어도 러시아 내 개신교와는 비교할 수 없을 정도로 깊다. 러시아에 또 다른 기독교가 필요할까? 만약 삶과 종교가 분리되며 종교적 행위를 통해서 위로를 얻고 공동체의 단결을 원하는 정도라면 러시아정교로도 충분할 것이다. 그러나, 예수의 제자로서 이미 시작된 하나님의 나라를 증거하고 복음을 땅끝까지 나누길 원한다면, BAM은 제

27) https://www.businessasmission.ru

자도로서의 신앙을 러시아 안에 회복시키는 운동이라고 할 수 있다. 러시아정교, 개신교를 넘어서서 이 오래된 새로운 길, 세상 속의 제자도가 러시아 안에서 회복될 수도 있겠다.

BAM 을 평가한다
– 공헌 둘, 도전 둘, 질문 둘

이상 국가들의 BAM 운동은 그 크기나 사회적 영향력, 시작한 시기 등에서 모두 다르다. 그 다양성에도 불구하고 반복 되어 나오는 얘기들이 있었다. 이를 세 가지 부분으로 보려고 한다.

• BAM 운동이 현지 교회와 선교계에 주는 공헌 두 가지
• BAM 운동의 진보에 있어서 어려움을 주는 도전 두 가지
• BAM 운동 가운데 드러나는 선교학적 질문 두 가지

두 가지 공헌 - 모든 이의 모든 삶을 통한 선교
모두의 선교

여러 나라의 운동 가운데 반복적으로 나타나는 공통점은 BAM 운동의 주역이 선교사나 목회자가 아니라는 점이다. 시작점에는 목회자들이나 선교사들이 있었지만, 시간이 흘러가며 자연스럽게 실제로 비즈니스 현장에서 일하는 이들에게 넘어가는 현상이 공통적으로 나타나고 있었다. 미국이나 인도네시아, 한국, 네덜란드 등은 이미 이 부분에서 주역들이 바뀐 상태이고, 러시아와 브라질의 경우에도 이런 징후가 나타나고 있다. 이미 실천하고 있었던 이들은 BAM 운동과 접하며 자신을 발견하기도 하고, 부족한 부분을 채우며 사례를 만드는 일이 늘고 있다. 이 현상

이 이상한 것은 아니다. 구약과 교회사 전체를 돌아볼 때, 최근 300년 동안의 해외선교 시대를 제외하고는, 선교의 주역은 늘 모든 백성들이었다. 이런 면에서 이는 자연스러운 회귀 현상이라고 볼 수 있다.

한국 BAM 운동의 경우에는 이런 의미를 생각하여 BAM 운동을 기업가들 뿐 아니라, 직장인들을 대상으로 한 일터 사역으로까지 확장하였고 미국의 마이크의 경우는 직장인들을 이해하고 돕기 위해서 피고용인이 되어 일을 하는 경험을 하고 이후 청년들을 멘토링하고 있다. 러시아의 미하일의 경우, 모든 크리스챤들의 사제됨을 믿고, 그들의 은사가 교회 밖에서도 활용되기 원하는 바램에서 BAM 운동을 주목하고 있다. 이런 점에서 BAM 운동은 선교사와 선교단체 중심의 선교를 모든 사람들과 현장에 있는 교회 공동체에게 돌려주는 현대 선교의 흐름 중 하나라고 할 수 있다.

모든 삶의 선교

하나님의 통치는 처음 창조 때부터도 특정 문화나 영역에 한정되지 않고 우주 안의 모든 피조물을 향하고 있었다. 인간 문화 가운데에서의 통치 역시, 종교적인 영역에만 매이지 않고, 경제 특히 시장경제 위에도 있음을 보여주고 있다. BAM은 비즈니스 영역이 교회를 재정적으로 후원하거나 구호를 위한 자금을 만드는 수단에 머물지 않고, 그 자체로 하나님의 영광을 드러낼 수 있음을 보여주고 있다. 또한 인간의 경제적인 필요를 채움으로서 인간에 필요한 구원의 총체성을 드러내기도 한다. BAM 운동의 출발에 구 공산권 체재에 경제적 어려움을 겪던 중앙아시아 국가들에서의 선교가 있었음은 이런 점에서 시사점이 크다. 시장경제 자체를 부인하던 이 나라들 가운데, 시장과 비즈니스를 통한 가치 생산이 그 자체로 선한 것이 될 수 있으며, 실업과 가난이라는 인간의 실제적 어려움을 해결해 줄 수 있음을 보여줬다.

1974년 로잔 운동의 첫 번째 모임이 열렸을 때도 빌리 그래함Billy Graham 의장은 로잔의 목적을 "복음전도"에만 둘 것을 제안했었다.[28] 또한 랄프 윈터 역시 모든 종족 안에 하나님 나라 공동체를 맨 먼저 세우는 것을 교회의 본질적 선교 과업으로 제안했다. 선교에 있어서 복음전도와 교회 개척을 최우선 순위에 두려는 움직임은 여전히 선교계에서 강하다. 그러나, BAM 운동은 복음의 내용이 인간 문화 전 영역에 대한 하나님의 통치에 관한 것이며, 동시에 우리의 복음 증거는 그 통치에 대한 가시적인 증거인 삶이 동반될 수 밖에 없음을 분명히 보여주고 있다.

이런 총체적 선교는 1970년대부터 남미의 복음주의자들을 중심으로 이미 제안되었고 이후 널리 알려져 왔다.[29] 그러나, 그들의 총체적 선교는 분배와 나눔에 초점이 맞춰져 있고 비즈니스와 시장경제가 갖는 순기능에 대한 격려는 약했다. 하나님의 통치는 악하고 잘못된 구조와 관행을 시정하는데 만에만 머물 수는 없다. BAM은 인간의 노동과 협력과 창의성과 교환을 통해서 새로운 가치를 창조하는 하나님의 성품을 드러내는 적극적인 의미에서의 총체성을 드러내고 있다.

두 가지 도전 - 성속이원론과 교회 중심주의를 넘어서기
성속이원론
이번 인터뷰에서 가장 큰 공통점이, BAM 운동에서 가장 큰 장애물을 논함에 있어서 모든 응답자들이 예외 없이 일순위로 성속이원론을 꼽았다

---

28) Alister Chapman (2012). Godly Ambition: John Stott and the Evangelical Movement. New York, NY: Oxford University Press.
29) 남미 신학자들의 생각을 읽기에 르네 빠디야의 이 책은 도움이 된다. René C. Padilla (2010). Mission Between the Times: Essays on the Kingdom, 1-25. Cumbria: Langham Monographs. 또, 총체적 선교에 관한 로잔의 2004년 주제보고서 33번도 도움이 될 수 있다. 총체적 선교 Holistic Mission (2004) https://www.lausanne.org/content/lop/holistic-mission-lop-33

는 점이다. 초대교회가 헬라 문화 가운데 믿음을 지켜내는 일에도, 이원론에 기초한 영지주의가 유대교의 율법주의와 더불어서 큰 어려움이었다. 이 천 년이 지난 지금도 여전히 이원론은 여전히 성도들의 성장과 선교에 있어서 큰 장애가 되고 있음은 놀라운 일이다. 이는 종종 종교 율법주의와 결합해서 성도들의 삶이 종교적인 의무를 다함에 집중하게 하며, 세상에서의 삶을 등한시 하도록 이끈다. 어떤 면에서는, 이런 간단한 흑백 논리는 크리스챤들의 신앙을 종교적 울타리에 머물게 하고, 세상에서의 도전을 피해가게 한다는 점에서 쉬운 선택이기도 하다.

BAM 운동은 많은 나라에서 선교단체들의 필요에서 시작되곤 했다. 그럼에도 불구하고, 한국이나 미국, 브라질 모두 그 동안 가장 더딘 성장을 보이는 그룹으로 선교단체가 거론되는 이유는 무엇일까? 실제적인 이원론 때문이 아닐까? 지적으로는 통합적인 선교관을 갖는다고 고백하지만, 막상 일의 우선순위를 실제로 정할 때에는 종교적이거나 직접 복음을 전하는 사역을 먼저 고려하려는 생각이 작용하는 것은 아닐까?

성속이원론의 이슈는 사실 모든 종교 가운데 존재한다. 기독교는 그 출발부터 이 이원론과의 싸움을 분명히 했음이 복음서와 바울의 서신서에 잘 드러나고 있다. 그럼에도 이 뿌리깊은 생각은 인간의 본성처럼 쉽게 없어지지 않고 계속 남아있다. 어떻게 극복할 수 있을까? 교육과 설교를 통해서 지적인 사고에서의 전환으로 이원론에 도전할 수 있다. 그러나, 지적인 동의와 별도로 실제 삶에서의 우선순위에서 이원론에 영향 받고 있음은 쉽게 깨닫기가 어렵다. 이는 실제 삶의 결정이 내려지는 현장에서 발견된다. 이런 점에서 삶의 현장에서 자신을 돌아보도록 도울 수 있는 BAM 운동은 더욱 중요하다.

교회 중심 주의

다양한 지역에서의 BAM 운동이 진행되면서 어김없이 마주하게 되는 것은 지역교회 리더들과의 긴장이다. 인도네시아의 BAM 운동의 경우는 지역교회 목회자의 제안이 그 시작에 있지만, 운동이 커지기 시작하며 교회 리더들과의 소통이 중요한 과제로 등장했다. 이는 브라질, 한국, 미국 BAM 운동에서도 나타났던 현상이다.

지역교회 목회자들과의 가능한 갈등 요소는 다양하다. 첫째는, 운동에 참여하는 구성원들의 재정적 시간적 헌신이 지역교회로부터 나뉘어지는 것에 대한 목회자들의 두려움이다. 둘째, 비즈니스나 운동에서 얻어지는 재원이 지역교회를 위해서 쓰여지길 바라는 목회자들의 기대이다. 셋째, 이런 BAM 운동에 있어서도 목회자들이 영적 리더십을 가져야 한다는 암묵적 기대가 운동 자체에서 유기적으로 자라나는 리더십과의 등장과 부딪히는 경우이다. 인도네시아 줄리안과 동료들은 이런 다양한 문제를 직면하고 함께 성찰함으로서, 지역교회와의 건강한 협력을 위한 건강하고 분명한 가이드라인을 만들 수 있었다.

그러나, 지역교회와의 긴장과 갈등이 꼭 부정적이거나 회피해야 할 일만은 아니다. BAM 과 같은 크리스챤 운동과 지역교회와의 긴장을 조금 더 큰 관점에서 생각해보자. 앞서 언급 되었듯 BAM 운동이 모든 이의 선교 시대를 여는 풀뿌리 운동의 시작이라면, 이런 선교의 중심이 더 이상 운동본부나 선교 단체가 되기는 어렵다. 보통의 크리스챤들이 모이는 지역교회 공동체가 이 선교 운동의 중심이 되어야 함이 자연스럽다. 이런 면에서 처음부터 지역교회들과 함께 일하려 했던 한국의 BAM 운동이 주는 시사점은 크다.

동시에 이런 흐름은 과거의 지역교회의 틀을 넘어서는 보다 현장에 뿌리내린 새로운 교회의 표현들의 등장을 의미하기도 한다. 인도네시아의 KBC는 그 안에서 서로 돕고 격려하며 복음을 전하는 기본적인 교회의 기능을 충분히 하고 있으며, 네덜란드에서 나타나고 있는 선교적 교회 운동은 젊은 목회자들이 카페나 세탁소 등의 비즈니스를 중심으로 그 전에 보지 못했던 공동체를 시도하고 있으며 이는 한국 BAM 운동에서도 나타나는 현상이다. 러시아 미하일의 경우, 러시아정교의 종교적이고 문화적인 기독교인들이 다수를 이루는 사회 가운데, 자신이 믿는 신앙과 공동체가 도대체 무엇이 다른가를 일과 신앙을 연결함으로 보여줘야 하는 숙제에 직면하고 있다.

이 모든 것들은 무엇을 의미하나? 랄프 윈터는 그의 논문 "하나님 구속적 선교의 두 구조"에서 선교가 현재의 선교단체 역할을 하는 소달리티 구조와 현재의 지역교회 역할을 하는 모달리티 구조 양쪽에 담겨져 왔음을 역사적으로 고찰한다.[30] 그러나 1-3C의 초대교회사는 이런 소달리티와 모달리티의 구분이 분명치 않고 통합되어 있음을 보여주고 있다. 도시 안 가정 안에 모이던 작은 공동체들은 보이지 않는 전체 교회의 하나됨을 믿고 예수 그리스도의 중심성 가운데 예배했다는 점에서 모달리티의 모습을 보여줬다. 동시에, 작은 공동체로서 외부인들을 환영하고 함께 식사하며 그들 가운데 복음을 증거했다는 점에서 소달리티적인 성격도 있었다.[31] 선교의 주체가 보통의 크리스챤들로 되어감에 따라, 이 두 구조의 구분은 초대교회처럼 불분명해지고, 이 두 가지 섞인 형태의 공동체들이 오히려 미래의 선교를 담아내는 구조로 등장할 것이다. 이런 선교적 공동체를 어떻게 만들어갈 것인가의 과제는 BAM 운동뿐 아니라, 현대 선교에 있어서 아주 큰 도전이라고 할 수 있다.

두 가지 질문 - 우리의 싸움은 어디서 일어나나?

인터뷰 진행하면서 선교학적으로 들었던 질문들을 두 가지로 정리했다. 이 내용들은 인터뷰에서 다양한 답이 나왔고 일치되지 않았던 것들이다. 그럼에도, 이 질문들은 미래의 선교적 논의에서 의미가 있는 것들이다.

---

30) Ralph Winter (1973). 하나님의 구속적 선교의 두 구조. 미션 퍼스펙티브스 1 (2009): 403-415. 예수전도단.
31) Alan Kreider (2019). 초대교회에 길을 묻다. 하늘씨앗.

"미래의 BAM 운동에 있어서 가장 큰 도전은 뭘까?" 이 질문에 대한 마츠의 대답은 즉각적이었다. "미션의 본질에 충실하고(Staying mission true), 미션이 희석되는 것을 피하기(Avoiding mission drift)." 즉 BAM 운동이 타문화 선교에 대한 집중성을 떨어뜨릴 수 있는 염려와 함께 이를 극복하는 것을 첫 번째 도전으로 본 것이다. 마츠의 대답은 <모든 것이 미션이라면 무엇도 미션이 될 수 없다>는 스테반 닐의 유명한 경구를 생각나게 한다.[32] 마츠에게 있어서 선교는 모든 민족들에게 가라는 마태복음 28장이 중심에 있다. 이미 있어온 일터 사역이나 킹덤비즈니스 운동과의 차별성을 잃는다면 BAM의 공헌은 사라진다고 보고 있었다. 이런 지적은 조아오와의 대화 속에서도 발견될 수 있었다.

러시아의 미하일이나, 한국의 송동호, 네덜란드의 헤아, 인도네시아 줄리안 등의 경우에는 이런 구분을 그렇게 중요하게 생각지는 않는 듯 보였다. 인도네시아 상황은 이미 무슬림과 함께 일하고 거래관계를 맺어야하는 상황 자체가 이런 구분을 의미 없게 하는 부분이 있다. 그러나, 헤아나 송동호의 경우에는 BAM의 시각으로 창세기의 문화/영역 명령과마태복음의 선교 명령을 통합하려는 의도가 분명해 보였다. 특히 한국의 BAM 운동은 교회들과 크리스챤들이 자신들의 소명을 깨닫고 선교적인 삶을 일상에서 실천하는 운동으로 BAM을 교회에게 제시하고 있었고, 이런 토양 가운데 타문화 선교도 함께 격려하는 방향으로 움직여 왔다.

이 질문은 선교의 본질이 무엇인가를 생각게 한다. "신학적으로 얘기하자면 해외 선교는 선교의 별도 영역이 아니다. 교회의 선교적 본질이 지금 이 순간 주어진 상황에 의지해서는 안되며, 그 본질을 복음 자체에 두

32) Christopher Wright (2010): 21.

어야 한다."[33] 이런 통합적 사고는 선교를 특정지역 문화권에 집중되었던 선교를 성도들의 일상적인 삶으로 가져오게 하는 강점이 있다. 반면, 이럴 경우, 선교의 불균형(The Great Imbalance) 이슈를 흐리게 할 수 있다는 위험이 자라게 된다. 이런 하나님 나라의 증거가 상대적으로 약하고, 가난과 왜곡을 겪는 이들 옆에 누가 자발적으로 갈 것인가? 모든 사람들의 선교적 삶을 깨우되, 보다 낮고 어렵고 복음이 없는 곳으로 가는 전방 개척의 선교적 지향점이 동시에 강조될 필요가 있다.

다만, 전통적으로 이런 불균형은 개종자가 적고 교회가 없는 미전도 종족으로만 정의 되었었다.[34] 이런 관점이 현대의 선교적 상황에도 맞을까? 마태복음 28:19 의 "모든 족속으로 제자를 삼아" 라는 말이 여전히 나라나 민족으로 국한될까? 현대 사회학에서 이런 문화 그룹(Cultural Group)의 정의는 언어군이나 종교로만 제한되지 않는다. 같은 세계관과 언어와 기준을 갖고 같이 시간을 보내는 문화 그룹은 현대 사회에서 나이, 지역, 취미, 라이프스타일 등 다양한 것들로 형성되며, 무엇보다 직업군과 커리어가 큰 영향을 미치고 있다. 이럴 경우, 선교의 불균형은 민족이나 종교군에만 머물지 않으며, 현대 사회의 아주 다양한 형태의 사람

---

33) 데이빗 보쉬의 변화하는 선교에서 가져온 인용이다. 원문은 "Theologically speaking, "foreign mission" is not a separate entity. The missionary nature of the church does not just depend on the situation in which it finds itself at a given moment but is grounded in the gospel itself." 이라 적었다. David Bosch (1991).Transforming Mission: Paradigm Shifts in Theology of Mission. Maryknoll NY.: Orbis Books. 1991: 9.

34) Ralph Winter & Bruce Koch (2009). 과업의 완수: 미전도 종족에 대한 도전. 미션 퍼스펙티브스 1 (2009): 745-763. 예수전도단.

들에게 나아가는 선교적 근거가 될 수 있다.[35] 이런 시도가 전통적으로 여겨졌던 민족, 언어군, 종교군으로 문화 그룹을 생각했던 전통적 선교 접근을 흐리게 하는가에 대해서는 더 논의가 필요하다.

자본주의 자체를 어떻게 볼 것인가?

한국 BAM 운동은 지난 13년 동안 BAM에 대해서 꾸준히 성찰하고 자료를 정리해 왔다. 그 가운데 BAM 운동을 적그리스도적인 성격을 가진 과도한 글로벌 자본주의에 대한 저항 운동으로 정의하고 있다. 이 천년 전 초대교회의 하나님 나라의 소식이 그에 대비되는 로마제국의 통치를 염두에 두었던 것처럼, BAM 운동은 전세계의 다양한 문화와 민족을 맘모니즘과 소비주의로 통합하는 제국 안에서의 복음 증거로 규정하고 있다.[36] 그러나, 이번 인터뷰에서 시장경제와 자본주의라는 구조적 틀에 대한 이런 비판을 다른 나라에서는 찾아보기가 힘들었다. 브라질과 남미의 경우 70년대 해방신학과 총체적 선교라는 신학적 유산이 있었음에도 불구하고 이런 구조적 사고가 BAM 운동의 일부는 아니었다. 네덜란드의 경우도 과거 화란개혁교회의 세계관적 접근의 전통이 있음에도 자본주의 자체에 대한 성찰이 운동에 반영되고 있지는 않았다.

왜 이런 다른 반응들이 있을까에 대해서는 각 나라들이 갖고 있는 특수한 상황들이 고려되어야 하겠지만, 현재 BAM 운동의 시발점이 되었던 선교사와 선교단체들이 갖고 있는 복음주의가 갖고 있는 신학적 한계성에서 그 이유를 찾아볼 수도 있겠다. 2차 세계대전 이후 개신교회의 연

---

35) 로잔 운동의 첫 번째 주제보고서가 바로 동질 문화그룹 원리, 즉 이 문화그룹에 관한 것이었으며, 이미 그때 문화그룹이 종교나 민족을 넘어섬을 지적하고 있다. The Pasadena Consultation: Homogeneous Unit Principle. Lausanne Occasional Paper 1 (1978). https://www.lausanne.org/content/lop/lop-1

36) 조샘. BAM 모든 이들의 선교. 제 7회 IBA 서울 포럼 자료집 , 2013: 72-90.

합운동의 중심이었던 WCC는 세계대전의 근본적 이유 중 하나였던 식민 자본주의의 문제를 직면하지 않을 수 없었다. 사회적 복음에 대한 성찰 가운데, 자본주의의 해석 틀로 들어온 공산주의의 영향력이 커졌었고 또 자유주의 신학자들이 주도권을 가지며 전통적 복음 해석과 다른 입장들을 보였다. 이에 대한 반동으로 분리하게 된 복음주의권은 독립과 함께 사회적이고 구조적인 문제에 대해서 함께 냉담해 졌다. 르네 빠디야가 복음주의 선교권의 이런 태도와 관행을 거대한 복음의 후퇴(The Great Reversal)라고 불렀다.

선교를 여전히 개인들의 실천으로만 보려고 하는 이런 복음주의권의 태도가 BAM 운동가들에게도 있는 것은 아닐까? 물론 BAM 운동은 위로부터 아래로 내려오는 구조 변혁 운동이 아니라, 오히려 기업활동이라는 일상에서 시작하는 선교 운동이다. 그러나, 그 목적에는 한 사회 전체의 총체적 변혁을 지향하고 있다. 그렇기에 구조적인 문화적인 악에 대한 직면을 피할 수는 없다. 자본주의와 현대 소비주의의 대한 이해와 구조적 변혁을 BAM 운동과 어떻게 연결 시킬지는 여전히 성찰이 필요한 질문이다.

새로운 운동, 어떻게 형성되나?

이번 인터뷰는 전혀 다른 상황과 시점에 있는 BAM 운동가들과의 대화였다. 운동의 규모나 진행 방향들도 차이가 있었지만, 운동가들 자체도 신앙의 여정이나 색깔이 모두 달랐다. 이런 다양성 때문에 크리스챤 운동이 어떻게 시작되고 어떻게 전개 되는가의 다양한 단계를 성찰해볼 수 있었다. 이런 단계를 다음과 같은 모델로 만들어 보았다. 각 단계들을 대해서 생각해 보자.

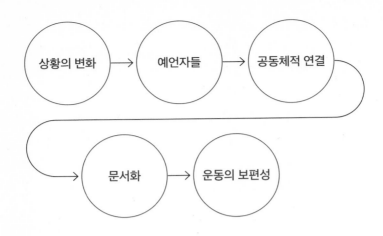

상황의 변화 - 하나님이 앞서 가신다.

이 운동의 시작에 두 가지 큰 변화가 세계적 규모로 진행되었음을 기억할 필요가 있다. 하나는, 90년대 초 구 소비에트의 몰락과 중국의 개혁 개방이 시작이다. 마츠 튜네핵은 현재 BAM 운동 시작의 배경으로서 공산주의의 몰락을 첫 번째 상황으로 얘기하고 있다. 이를 통해서 구 러시아에 속했던 많은 동유럽과 중앙아시아 국가들이 외국인들에게 비자를 허락했고 선교가 시작될 수 있었다. 한국 BAM선교의 시작인 ANN의 경우도 당시 중국에 들어가는 것을 비즈니스 미션의 시작점으로 하고 있다.

두 번째 변화는, 공산주의 전체주의 경제의 한계가 드러난 것이었다. 이는 전세계의 지성들과 사회운동과 정치구도에 큰 충격으로 다가왔고 근본적 변화를 일으켰지만, 교회나 선교계에도 드러나지는 않지만 깊은 충격을 주었다. 좌파로 경도화 되었던 WCC의 경우에는 공산주의 실체를 인정할 수 밖에 없었고, 그 동안 비판만 하던 시장경제 제도와 자본주의에 대해서 다시 생각을 하게 되었다. 로잔을 비롯한 복음주의 쪽에서는 실업과 가난으로 고생하는 구 공산권에서의 사람들을 보며 비즈니스에 대한 이해 부족과 이원론적 편견에서 나와 비즈니스를 긍정적으로 생각하게 되었다.

각 나라에서의 경제적 사회적 상황도 BAM 운동에 큰 영향을 미쳤다. 인도네시아의 KBC가 시작되던 2005년은 경제가 급격히 성장하며 많은 이들이 창업을 원했던 시기였다. 이 때, 잘못된 세금 관행이나 뇌물 수수 등을 배제하고 정직하게 사업을 배웠던 이들은 이후 2010년 중반부터 엄격해지는 정부의 규제 하에서 다른 기업들이 부정부패로 세금폭탄을 맞을 때 오히려 큰 힘을 발휘하며 KBC의 공동체성을 강화할 수 있었다. 또한 이슬람권에서 소수자로서 비즈니스를 함께 함도 이 공동체성을 소수 그룹으로서의 단결력을 주었다. 한국의 경우는 송동호의 배경설명에서도 알 수 있듯이 자본주의의 급격한 성장 가운데 일어난 여러 가지 문제점들과 군사독재가 민주주의로 가는 과정의 고통을 한국사회 전체가 경험하는 80년대부터 BAM 운동의 모판이 되는 세계관 운동 일터 신학 등이 자라났다. 이런 배경이 BAM을 개별적인 시도가 아니라, 자본주의가 갖고 있는 구조적인 문제 안에서 보려는 한국 BAM 운동의 독특성을 만들어냈다.

선교에 대한 사회적 정서 역시 상황으로서 중요한 기능을 한다. 미국이나 한국은 다른 나라에 비해서 타문화 선교에 대해서 긍정적 이미지이고 적극적인 열정을 갖고 있는데 이 부분이 BAM 운동에 대해서 적극적인 수용을 가능하게 하였다. 브라질 역시 새로운 타문화 선교의 주역으로서 등장함이 BAM 운동에 대해서 열린 태도를 갖는데 도움이 되었다. 반면 러시아와 네덜란드의 경우, 좀 다른 형태이기는 하지만, 복음주의 교회의 성장이 쉽지 않은 환경이어서 그와 함께 BAM 운동 성장의 속도는 더딜 수 있다. 그러나, 그렇기에 기존의 개신교 이미지를 새롭게 하는 제자도 운동으로서 BAM이 활용될 수 있는 상황이기도 하다.

앞서 언급한대로 글로벌 BAM 운동의 성장과 확산에는 거대한 지정학적 변화와 경제적 성장과 교회의 토양 등이 자리잡고 있다. 이는 하나님께서 친히 행하시는 일이다. 우리의 선교를 이야기하기 전에 하나님께서 하시는 이 선교의 흐름을 분별함이 중요하다. 한 시대 동안 펼쳐졌던 선

교의 틀이 다음 시기에는 오히려 장애를 주며 선교적 위기를 가져오기는 쉽다.[37]

과거의 틀에 매이지 않고 이런 변화를 일찍 감지하고 이 운동에 참여하는 이들은 어떤 특징을 갖고 있을까?

예언자들 - 모호함 가운데 서는 이들

마츠 튜네핵, 마이크 베어, 송동호, 조아오, 미하일은 모두 목사들이다. 그러나, 전통적 목회자라고 보기는 어렵다. 마츠의 경우는 한번도 목회를 하지 않았고, 다른 이들의 경우도 담임 목회를 십년 전후에서 그만 두었고 목회를 하는 시간 가운데도 전통적인 목회를 했다고 보기는 어렵다. 헤아의 경우는 저널리스트이지만 젊은 시간의 대부분을 선교사로서 보냈다. 마이크는 CEO로 일했고 줄리안 역시 사업을 하지만, 그들에게 우선 마음이 있는 것은 BAM 운동이며 사업 경험은 오히려 이 운동을 이해하는 수단이 된다. 이들은 모두 BAM을 교육하고 소통하고 사람들을 모으고 네트워크 하는 일에 대부분의 시간을 보낸다. 이들의 정체성을 통합해서 뭐라고 부르면 좋을까? 아마도 BAM 운동가를 영어로는 advocate로 부를 수도 있겠다.

이들은 모두 하나님 나라의 변혁과 복음 증거의 열정에 사로잡힌 사람들이다. 그 비전에 충분히 이르지 못하는 현실과 교회상태에서 대해서 불만이 있는 사람들이며, 동시에 새로운 방법이나 관점이 없을까 궁금해 한다. 새로운 길을 실험하고 싶어서 안정된 교회를 그만두기도 하고 지식을 얻기 위해서 해외에 나가서 공부하며, 진짜 경험을 갖기 위해서 기업을 창업하기도 한다. 그들에게 불확실성과 애매모호함은 두려움이나

---

37) David Bosch (1991). Transforming Mission: Paradigm
     Shifts in Theology of Mission. Maryknoll NY.: Orbis Books.

불안이 아니다. 오히려 모험으로 여기며 더 큰 대의를 위해서 언제든 자신을 가용한 available 상태로 비울 수 있다. 새로운 하나님의 뜻과 전략이 발견되면 이를 사람들에게 알리고 영향을 주고 싶어한다. 이 소통 가운데 반대에 직면하거나 정체를 맞이한다고 해서 쉽게 물러서지 않는다. 그들에게 중요한 것은 외적인 환경이 아니라, 본인이 납득하고 감동될 수 있는 이유이다.

이런 사람들을 성경에서는 무엇이라 부를까? 예언자들이다. 히브리어로 "나비" 즉 본다는 뜻이다. 그들은 남들이 보지 못하는 하나님의 뜻을 본다. 새로운 성경적 계시나 미래의 길흉화복을 미리 본다는 뜻은 아니다. 지금 현재의 복잡한 현실을 꿰뚫는 하나님의 스토리를 읽고 본다. 또 이 소식을 다른 이들에게 전달하고 싶어하고 이를 언어에 담아 잘 소통할 수 있는 사람들이다. 1차 선교여행을 마치고 온 바울이 그런 인물이었다. 복음은 민족과 문화를 넘어서며, 결코 유대교의 관습에 매일 수 없었다. 종교적 관습에 매여있는 복음을 자유케 하기 위한 열정으로 그는 불타올랐고 교회 내의 다른 사람들과 적극적으로 소통했다. 하나님께서는 앞서 가신다. 그리고 당신의 선교에 동참케 하기 위해서 사람들을 부르신다. 먼저 그 뜻을 발견하고 소통하는 이들은 하나님께서 새롭게 일으키시는 운동의 중요한 고리다.

공동체적 연결 - 함께 모일 때 임하시는 성령

모든 이들이 예언자일 수 있을까? 모든 생각들이 예언일 수 있을까? 성경은 예언들은 검증해야 하며 거짓 선지자를 주의하라고 말씀하신다. 그렇기에, 새로운 운동을 감지한 이들은 자신들이 알게 된 것이 정말 하나님께로부터 왔는가에 대해서 조심스럽게 분별하고 확인해야 한다. 운동의 다음 단계는 이 확인을 위해서 비슷한 생각을 한 이들이 함께 모이기 시작함이다. 예외 없이 모든 BAM 운동가들은 초기에 함께 모여서 서로의 생각을 듣고 함께 성찰하는 과정을 거쳤다. 이런 모임들은 혼자서 실험하고 생각했던 것들이 성령께서 여러 사람에게 주신 것이라는 확인이 된다는 점에서 초기에 필요하다. 동시에 이런 모임은 펠로우십이 되며 운동이 앞으로 나아가는 기초 공동체가 된다.

이런 모임이 성장하기 위해서는 하나님 나라의 넓은 마음으로 다양성을 수용할 수 있는 리더가 필요하다. 마이크 베어는 BAM 운동 가운데 경쟁심을 갖고 다투는 일들이 있음을 보았고 경계하고 있다. 이 경험은 모든 운동가들이 다 경험하고 있다. 사실 그 동안 일터 사역, 텐트메이커, 직장 사역, CBMC, C12유사한 운동들이 진행되어왔고, 또 BAM 사역 역시 여러 모양으로 진행되고 있다. 이런 여러 가지 흐름을 하나님께서 하시는 일이라고 여기며 기뻐하고 함께 격려할 수 있을까? 이런 넓은 마음과 열린 태도가 초기의 BAM 운동이 앞으로 나아갈 수 있도록 동력을 부여하는 작은 공동체를 구축하는데 도움이 된다. 인도네시아의 줄리안도, 한국의 송동호도, 네덜란드의 헤아도 운동의 초기에 만난 이들과 아주 가까운 친구 그룹을 형성했고 계속된 일의 동력이 되었다. "저는 공동체에 투자하는걸 아끼지 않습니다"라는 줄리안의 고백은 다른 운동가들에게도 나타나는 특징이다.

동시에 이런 운동은 좀 더 큰 네트워크 가운데 힘을 얻는다. 2004년 태국 파타야에서 모였던 로잔 컨설테이션과 2013년 태국 치앙마이에서 모였던 BAM 글로벌 총회(BAM Global Congress)에서 참석자들이 경험했던 것은 각각 다른 환경 문화 가운데서도 성령께서 같은 비전을 품게 하셨다는 점을 서로 발견하는 것이었다. 국제 컨퍼런스를 통해서 만날 때마다 또 이번 인터뷰를 통해서 반복적으로 나오는 고백은 모든 이들이 각자 자생적으로 시작했지만, 같은 생각을 하는 이들이 전세계에서 나오고 있음을 발견하는 기쁨에 관한 것이다. 지역에서 모이며 작은 공동체의 형성과 전체 교회 가운데 발견되는 성령의 임재는 불확실한 운동이 앞으로 지속적으로 나가도록 하는 동력을 부여해준다.

문서화 - 신학화의 중요성

한국을 포함해서 BAM 운동이 여러 나라에서 컨퍼런스를 시작하는 일에 2004년 로잔 BAM 주제 보고서는 중요한 역할을 했다. 쉽고 건강한 신학적 정리와 다양한 사례를 100페이지 남짓 모아두었던 이 문건은 여러 가지 언어로 번역되어 전세계의 많은 이들에게 영감을 주었을 뿐 아니라 함께 소통할 때 사용할 수 있는 기초적인 언어군을 만들어줬다. 이런 문건은 생각의 정리 뿐 아니라, 확장을 위해서 도움이 된다. 마이크 베어의 경우에도 BAM에 관한 책을 2권 저술했다. 한국 IBA의 경우에도 매년 모일 때마다 문건을 정리했고, 네덜란드의 헤아도 책을 쓰고, 브라질의 조아오도, 러시아의 미하일도 경험들을 논문으로 정리해 왔다.

복잡한 현상을 신학적, 선교학적 성찰로 정리하는 작업은 쉽지 않다. 그러나, 일단 잘 만들어지면 운동의 확장성을 위해서 큰 도움이 된다. 초대 교회에서 바울과 바나바를 통해서 이방인들이 대규모로 복음을 발견하고 예수님을 알게 된 사건은 큰 혼란을 일으켰다. 이를 해결하기 위해서 2차 예루살렘 공의회가 열렸다. 그 가운데 야고보와 베드로를 중심으로 하는 예루살렘 교회는 당시로서는 논란의 인물이었던 바울의 의견을 인정했고 공인했다. 그리고 이 결정을 문서화해서 흩어져 있는 모든 교회들에게 보냈는데, 기독교가 비로소 유대인의 종교에서 열방의 종교로 나아감에 있어서 이 문서화는 결정적 역할을 한다.

새로운 상황들은 복음의 새로운 해석을 요구한다. 게다가 "문화적 제약과 역사적 제약을 뛰어넘는 '순전한' 메시지가 있었던 적은 없다. 어떤 의미에서, 기독교 신앙에 있어서 인간의 해석을 다 제거하고, 순수하게 남은 메시지에 도달한다는 것은 불가능하다."[38] 그렇기에 변화되는 상

---

38) 영문 원문: "There never was a 'pure' message, supra-cultural and supra-historical. It is impossible to penetrate to a residue of Christian faith that was not, in a sense, already interpretation." David Bosch, Transforming Mission (1991). P. 422.

황 속에서 경험되는 일들을 함께 성찰하고 문서로 정리하고 함께 소통하는 일은 운동의 시대적 적실성이라는 점에서 중요하다. 이 일은 고단하며, 인문학적 신학적 소양으로 요구하기에 누구나 할 수 있는 것은 아니다. 글로벌 BAM 운동의 초기 주역들이 신학적 사고로 훈련된 이들이라는 점은 우연이 아니다.

운동의 보편성 - 공동체의 변화와 함께

바울은 2차 선교여행 가운데 고린도에 이르러서 텐트메이커로서 일하기 시작했다. 1차 선교여행 때에 유대인들의 회당을 중심으로만 복음을 전했던 바울은 2차 선교여행과 함께 로마의 영향력이 더 강한 그리스의 도시로 들어가며 시장에서 삶을 살아내며 복음을 증거하게 된다. 이런 바울의 변화는 바울의 것 만이 아니었다. 유대교와 분리하게 된 초대교회의 교인들은 모두들 로마제국의 도시들 가운데서 다양한 직업을 갖고서 일했다. 1C 말 예루살렘의 몰락과 함께 초기 기독교의 중심은 갈릴리의 제자들이 아니라 로마제국 도시들에 흩어져있던 유대인들이 된다. 바울의 예언적 깨달음과 변화는 초대교회 교인들 전체의 삶의 형태가 되었다. 또한 바울이 그의 동료들과 함께 집에서 모여서 교제하고 예배하던 공동체의 모습 역시, 성전이 무너져서 사라지고 회당에서조차 축출된 상황 가운데 크리스챤들에게 일반적인 공동체의 모델이 된다.

새로운 크리스챤 운동이 성령께서 이끄시는 것이라면 그 변화는 소수의 영웅들의 것이 아니며 모든 성도들의 변화로 동시에 교회 공동체적 변화로 이어져야 한다. 현재의 BAM 운동이 진행되어온 시기는 교회 운동에서의 변화가 있던 시기이기도 하다. 영국에서 시작된 교회의 새로운 표현(Fresh Expressions)운동 (이하 FX 운동) 역시 40년에 이르고 있다.[39] 미국에서 시작하여 전세계에 영향을 미쳤던 교회성장 운동은 이제 그 막바지에 다다르고 있으며 많은 이들이 회의를 갖기 시작하며 선교적 교회 운동이 어느새 미국 내 신학교에서 중요담론이며 일상용어로 거론

되고 있다. 교회성장 운동이 성도들을 교회 안으로 초청하여 교회 안에서 제자로서 성장하도록 도왔다면, 선교적 교회 운동은 성도들을 세상으로 파송하기 위해서 교회의 구조와 문화를 바꾸는 작업을 의미한다.[40]

BAM 운동과 선교적 교회 운동이 같은 시기에 진행되고 있음이 우연일까? 후자가 성도들을 세상 속으로 파송하기 위한 교회 구조에 관한 변혁이라면, BAM 운동은 모든 사람들의 모든 삶을 통한 선교 즉 세상 속에서 어떻게 살 것인가에 대한 내용을 얘기하고 있다. 모든 이들이 선교적 삶을 통해서 하나님의 선교에 동참하는 이 시기, 이 모든 변화를 이끄시는 성령의 놀라우신 조율이 이 두 가지 운동에 있는 것이 아닐까?

성령에 이끌림 - 예수님, 그리고 제자들의 공동체

이상에서 새로운 기독교 운동의 흐름을 "상황 → 예언자들 → 공동체적 연결 → 문서화 → 운동의 보편성" 을 정리해 보았다. 이 흐름은 분리된 것처럼 보이지만 사실 그 흐름을 이끌어가는 동력이 결국 무엇인가를 생각한다면, 결국 하나의 흐름이다. 이 모든 것들 가운데 하나님의 선교를

---

39) 영국 성공회와 개신교회가 20년 동안 진행한 FX 운동의 통계적 결과를 이 보고서에서 볼 수 있다. Church Army Research Unit. Church Growth Research Project Report on Strand 3b: An analysis of fresh expressions of Church and church plants begun in the period 1992-2012. https://www.churchofengland.org/sites/default/files/2019-06/church_growth_research_fresh_expressions_-_strand_3b_oct13_-_the_report.pdf (2020. 8. 12 검색). 결과는 아주 고무적이다. 교회 분립을 통해서 새롭게 등장한 교회가 전체 교회에서 15%를 차지했고, 이 구성원들 중 75% 교인이 아니었거나 다니다 그만 둔 이들이었다.

40) 영국 FX 운동의 시작에 저술된 이 책에는 선교적 교회 운동의 신학적 정리와 방향이 간명하게 정리되어있다: 잉글랜드 성공회 선교와 사회문제 위원회 저 (2016). 선교형 교회: 변화하는 상황에서 교회 개척과 교회의 새로운 표현. 비아.

읽을 수 있다. 창조의 영으로서 성령께서 새로운 상황을 만드신다. 진리의 영으로서 성령은 예언자들에게 영감을 불어 넣으신다. 공동체의 영으로서 성령께서 사람들을 모으시고 그들에게 확증하신다. 지혜의 영으로서 성령께서 생각들을 문서로 정리하도록 도우신다. 새로운 변화의 바람으로서 성령은 개인들과 교회를 새롭게 하셔서 하나님 아버지의 선교에 동참케 하신다.

그렇다면 우리가 할 일은 없는 걸까? 우리는 한때 성령의 인도하심으로 일어났던 운동들이 크리스챤들과 교회들에게 영향력을 주지 못하고 스스로 없어졌던 역사적 사건들을 모르지 않는다. 기존의 종교적 관행과 관점들이 견고한 진이 되어 새로운 변화를 막고, 오래된 가죽부대가 되어 스스로 터져버리는 일들을 늘 있어왔다. 그렇기에, 새로운 변화의 단계 가운데 성령께서 하시는 일을 잘 분별하고 다음 단계를 전망하는 것은 중요하며, 이 모델을 기억함이 도움이 될 수 있다. 예수께서 그러하셨듯, 제자들이 그랬듯, 바울이 그러했듯 우리 역시 상황 가운데, 앞서 간 이들을 통해서 말씀하시는 또 공동체를 통하여 확인하시며, 좋은 자료들을 통해서 증거하시는 성령님의 음성에 겸손히 귀를 기울이며 기꺼이 의탁할 일이다.

그 성령께서 예수를 광야로 또 십자가로 이끄셨고 부활의 아침을 맞이하게 하셨다. 그 성령께서 여전히 두려워하던 제자들에게 새로운 권능을 부으셔서 유대인들을 넘어서서 열방을 향한 선교로 나서도록 하셨다. 그 성령께서 다메섹을 올라가던 바울을 회심케 했고, 회당 안에만 있으려던 그를 시장과 감옥 등의 세상으로 보내셨다. 그 성령께서 종교화되었던 중세의 교회를 깨워 도시 속 빈민과 변방 가운데 수도원 공동체를 세우게 하셨다. 그 성령께서 종교개혁자들에게 목숨을 걸고 하나님의 절대 은혜와 성경의 권위를 회복케 했다. 그 성령이 윌리엄 캐리를 깨워 선교의 새로운 장을 열고 랄프 윈터를 통해서 전방개척 선교의 시대를 시작하셨다. BAM 운동은 모든 이의 모든 삶을 통한 새로운 선교의 시대가 열리는 싸인이라고 할 수 있다. BAM 운동은 선교사들의 것도, 목회자들의 것도, 기업가들의 것도 아니다. 하나님께서 하시는 선하신 변화 가운데 교회와 성도를 준비시켜 참여케 하시며 그 과정 가운데 지금 이 시대 삶과 문화 전체에서 당신과의 교제를 누리도록 하시려는 하나님의 선교이다.

참고 문헌

1. 신갈렙. 하늘 기업가 비즈너리. 서울: 규장. 2010.
2. 잉글랜드 성공회 선교와 사회문제 위원회 저. 선교형 교회: 변화하는 상황에서 교회 개척과 교회의 새로운 표현. 비아. 2016.
3. 조샘. BAM 모든 이들의 선교. 제 7회 IBA 서울 포럼 자료집 2013: 72-90.
4. Bosch, David. Transforming Mission: Paradigm Shifts in Theology of Mission. Maryknoll NY.: Orbis Books. 1991.
5. Business As Mission. Lausanne Occasional Paper 59, 2004. 2020년 10월 10일 검색 http://www.lausanne.org/documents/2004forum/LOP59_IG30.pdf
6. Chapman, Alister. Godly Ambition: John Stott and the Evangelical Movement. New York, NY: Oxford University Press. 2012.
7. Church Army Research Unit. Church Growth Research Project Report on Strand 3b: An analysis of fresh expressions of Church and church plants begun in the period 1992-2012. https://www.churchofengland.org/sites/default/files/2019- 06/church_growth_research_fresh_expressions_-_strand_3b_oct13_-_the_report.pdf (2020. 8. 12 검색).
8. Fickett, Harold. The Ralph D. Winter Story: How One Man Dared to Shake Up World Missions. Pasadena, CA: The William Carey Library. 2012.

9. The Pasadena Consultation: Homogeneous Unit Principle. Lausanne Occasional Paper 1, 1978. 2020년 10월 11일 검색. https://www.lausanne.org/content/lop/lop-1

10. Hunt, George III. The legacy of Donald A. McGavran. International Bulletin of Missionary Research: 1992 October, 158. https://journals.sagepub.com/doi/abs/10.1177/239693939201600404?journalCode =ibmc 2020년 10월 5일 검색.

11. Kreider, Alan. 초대 교회에 길을 묻다. 하늘 씨앗. 2019.

12. Johnson, Neal. Business As Mission: A Comprehensive Guide to Theory and Practice. Downers Grove, Il: InterVarsity Press. 2009.

13. Padilla, René C. Mission Between the Times: Essays on the Kingdom, 1-25. Cumbria: Langham Monographs. 2010.

14. Port, Gea & Mats Tunehag. Courtney Rountree Mills: Training entrepreneurs to integrate faith with work and grow their business. BAM Global Movement: Business as Mission Concepts & Stories: 100-107. Peabody, MA: Hendrickson Publishers. 2018.

15. Rundle, Steve and Tom Steffen. Great commission Companies: The Emerging Role of Businss in Missions. Downers Grove Il: InterVarsity Press. 2003.

16. Tunehag, Mats 외 공저 (2010). Business As Mission 마츠 튜내핵 저. 예영 커뮤니케이션. 2010.

17. Winter, Ralph. 네 사람, 세 시대, 두 전환기: 현대 선교. 미션 퍼스펙티브스 1: 553-564. 예수전도단. 2009.

18. Winter, Ralph. 하나님 나라가 반격을 가하다. 미션 퍼스펙티브스 1, 463-487. 예수전도단. 2009.

19. Winter, Ralph. 하나님의 구속적 선교의 두 구조. 미션 퍼스펙티브스 1, 403-415. 예수전도단. 2009.

20. Winter, Ralph & Bruce Koch. 과업의 완수: 미전도 종족에 대한 도전. 미션 퍼스펙티브스 1, 745-763. 예수전도단. 2009.

21. Wright, Christopher. 하나님 백성의 선교. IVP. 2012.

지금 여기, 선교의 시대

난민의 시대, 청년선교사 동원부터 파송까지

고성준 목사 수원하나교회

2019
2020
2021
2022

변화하는 시대, 변화하는 선교

New paradigm or die - 우리가 서 있는 곳

'해안선교 시대', '내륙선교 시대' '미전도종족선교 시대' 등 랄프 윈터가
분류했던 선교의 시대적 구분은 한 시대를 이끌어가는 선교의 패러다임
이다. 이 패러다임을 따라 선교사들이 배치되고, 선교전략들이 수립된다
는 점에서 패러다임은 한 시대의 선교를 정렬하는 기준이 된다. 선교의
패러다임은 시대가 바뀌면서 함께 바뀌어 가는데, 기존의 패러다임이 더
이상 작동하지 않는 시점이 패러다임이 바뀌는 시점이다. 패러다임이 바
뀌는 기간을 트랜지션 피리어드Transition Period라 한다면, 우리는 분명 지
금 트랜지션 피리어드 가운데 있다. 트랜지션 피리어드에 있는 단체나
개인은 그 시대에 맞는 새로운 패러다임으로 쉬프트가 이루어지지 않을
때 도태된다. "New paradigm or Die", 우리가 서 있는 곳이다. 지금은
치열하게 새로운 것들을 시도하고 발굴해야 할 때다.

이 시대의 키워드들

그렇다면 우리가 살고 있는 이 시대는 어떤 시대일까? 시대를 이해하기
위해선 역사적인 안목과 시대적인 안목이 필요하다. 역사적인 안목은 지
면상 생략하고, 시대적 안목만을 살펴보자. 시대적인 안목은 시대의 키
워드들을 이해함에서 온다. 이 시대에 선교적으로 유의미한 시대적 키워
드들을 살펴보면 대략 다음과 단어들이 떠오른다.

이슬람의 부흥

이슬람은 역사상 유례없는 속도로 빠르게 성장하고 있다. 기독교 성장
률의 거의 두 배에 달하는 이슬람 성장률은 선교에 큰 도전과 위협이
다. 지난 10년간 기독교의 성장률은 14.5%인 반면, 이슬람의 성장률은
23.5%에 이른다.

난민

2011년, 시리아 내전으로 촉발된 대규모 난민들의 이동은 중동과 유럽에 새로운 변화를 일으켰다. 이는 새로운 선교적 기회이기도 하다.

도시화

2007년 처음으로 전세계인구의 50% 이상이 도시에 살게 되었으며, 2030-2050 사이에 70% 이상이 도시에 거주하게 될 것으로 예상된다. 도시화는 '문화적 획일화'로 인해 선교의 진입장벽을 낮추는 효과를 가져온다.

세속화

이슬람권을 비롯한 많은 선교지들이 세속화되면서, 모든 이슈가 '돈'으로 집약되어져 간다.

젊은층의 이탈

인터넷과 SNS 혁명은 젊은 세대를 이전세대와 확연히 분리시키고 있다. 젊은 세대는 민족, 지역, 종교적 전통에서 이탈해 그들만의 새로운 문화를 만들어가고 있다.

빠른 변화의 속도

빠른 변화의 속도는 기존의 전통과 전략들을 빠른 속도로 무력화 시켜간다. 변화에 적응하지 못하는 단체나 개인은 급속하게 몰락해갈 것이다. 또한 예측에 의한 선제적 대응이 절실히 요구된다.

서구 기독교의 쇠퇴와 아시아 기독교의 부흥

서구 의존적이던 선교환경에서 벗어나, 아시아 국가들을 중심으로 한 선교연합체를 모색해야 한다.

포스트 코로나19 시대의 변화들

이런 변화들에 더하여, 세계는 코로나19 바이러스라는 전무후무한 글로벌 위기를 통과하고 있다. 코로나19 바이러스는 분명히 크고 항구적인 변화를 가져올 것이다. 이것을 이해하고 준비하는 것은 미래선교를 위한 중요한 초석이다. 포스트 코로나19 시대에 예측되는 변화는 다음과 같다.

비대면 사회로의 급속한 전환

이는 어쩌면 또 다른 선교적 기회가 될 수 있다. 비대면 사회를 위해 개발되는 테크놀로지와, 비대면 접촉을 자연스럽게 여기게 되는 사회적 인식의 변화는, 이제까지와는 다른 선교적 기회를 만들어 낼 수 있다.

경제위축

선교후원이 코로나19 이전처럼 원활하게 이루어질 수 있을지는 의문이다. 자비량 선교로의 전환이 요구된다.

통제사회로의 진입

코로나19 시대에 강화된 국가권력에 의한 통제가 '익숙해'지면서, 포스트 코로나19 시대에는 지금보다 통제된 사회로 진입할 가능성이 크다. 어쩌면 우리는 통제사회 속에서의 기독교를 준비해야 할지 모른다.

난민의 시대

시대적 키워드 중 '난민'에 대해 조금 더 자세히 살펴보자. 미국과 이라크 전쟁이 끝난 직후인 2000년대 중반, 이라크에 있는 미국 선교사가 전 세계 교회에게 이메일로 기도편지를 보냈다. 나도 한 통을 받았는데, 그 내용은 전쟁고아들에 대한 것이었다. 전쟁 후에 이라크에 3백 만의 전쟁고아가 발생했다며, 교회가 "고아와 과부를 돌보라"는 말씀에 순종해야 하지 않겠냐는 것이었다. 만약 교회가 이들을 돌아보지 않는다면, 3백만의 고아들은 10년 후, 근본주의 무슬림이 되어 전 세계에 테러를 일으키게 될 것이라는 것이었다.

그리고 정확히 10년이 흐른 2010년대, 이라크 북부를 중심으로 IS가 시작된 것은 결코 우연이 아니다. 3백 만의 소망 없는 아이들이 IS가 자라날 수 있는 자양분이 된 것이다. 생각해보라. 이 아이들은 교육도 받지 못했다. 돈도 없고, 힘도 없다. 미래에 대한 소망은 더욱 없다. 그런데 IS가 비전을 제시한다. IS에 들어오면 돈도 주고 결혼도 시켜준단다. 더욱이 이 일은 알라의 뜻을 이루는 위대한 성전(聖戰)이다! 반응하지 않겠는가?

오늘 우리는 고아와 과부를 돌보라는 성경의 말씀을 따르지 않은 대가를 톡톡히 치르고 있다. 사실 IS뿐 아니라 아프가니스탄의 탈레반도 마찬가지다. 러시아의 침공에 맞서 싸우던 아프가니스탄 무슬림들이 고아들을 전쟁터에 버려두지 않고, 업고 다니며 전쟁을 치른다. 이들에 의해 키워진 고아들이 훗날 탈레반이 되었다.

문제는 지금부터다. UN의 공식통계에 집계된 난민은 2019년 기준 7080만 명이다. 이들 중 약 40% 이상이 아이들이다. 이들은 고아이거나, 부모가 돌볼 능력이 없는 사회적 고아들이다. 이라크 전쟁고아의 10배 가까운 숫자의 아이들이 버려져 있다. 만약 교회가 이들을 돌보지 않는다면, 앞으로 10년 뒤 우리는 어떤 미래를 맞게 될까? 3백 만 이라크 고아들이 10년 만에 IS를 낳았다면, 3천 만 난민 아이들은 10년 뒤 무엇을 낳을까? 이 아이들이 세계를 어떻게 뒤흔들어 놓을지 두렵다. 고아를 돌보는 것은 21세기 교회의 선택이 아니라 생존이다. 직접적으로 이야기하면, 이 고아들을 누가 돌볼 것인가? 근본주의 이슬람인가, 아니면 교회인가? 여기에 10년 뒤 우리의 운명이 달려있다. 다른 미래를 만들 선택지는 교회의 손 안에 있다.

난민사역의 현재

UN이 발표한 7080만의 난민은 아프리카 난민들을 비롯해, 시리아난민, 페르시아어를 사용하는 이란과 아프가니스탄(특히 하자르족)난민, 그리고 세계 곳곳에서 발생한 여러 가지 이유의 이주민들을 포함하고 있다. 난민은 이미 오래전부터 존재해왔다. 그러나 세계의 주목을 받으며 '난민의 시대'라는 용어를 낳게 한 난민은 크게 두 종류의 난민들이다. 시리아 내전을 통해 발생한 난민들과 페르시아권(이란, 아프가니스탄)에서 넘어오는 난민들이다.

난민과 복음의 수용성

2011년. 시리아에서 사역하던 우리 장기선교사들이 시리아 내전을 맞아, 시리아 난민들과 함께 요르단으로 넘어왔다. 자연스럽게 요르단에서도 함께 넘어온 '고향사람들'인 시리아 사람들을 섬기게 되었는데, 흥미로운 일이 벌어졌다. 시리아에서는 그렇게 애를 써도 개종자를 얻기 어려웠는데, 요르단에서는 너무 쉽게 복음을 받아들이는 것이었다! 분명 같은 사람들인데 말이다.

난민이 되면 복음에 대한 수용성이 파격적으로 높아진다. 그 이유는 첫째, 마음이 가난해졌기 때문이다. 시리아에서 넘어온 난민들은 중산층 이상의 사람들이다. 사회적 약자들은 시리아 국경을 넘을 여력이 없다. 그런데 이 중산층 이상의 사람들이 난민이 되어 맞이해야 하는 현실은 참혹하다. 먹는 것도, 자는 것도, 사람들의 시선도 겪어보지 못한 것들이

참고 아티클
http://m.news.naver.com/read.nhn?mode=LSD&mid=sec&sid1=
102&oid=001&aid=0005408666

다. 더구나 미래에 대한 불안은? 아이들은? 학교에 가지 못해 교육에서 배제된 아이들은 어떻게 될까? 이런 불안들이 마음을 가난하게 한다. 그리고 불안한 마음은 복음에 대한 수용성을 높여준다.

둘째, 이슬람에 대한 실망이다. 믿었던 형제국가들보다 오히려 기독교인들이 더 친절하다. 꾸준히 관심을 가져주는 이들은 크리스천들뿐이다. 마음이 흔들리는 이유다. 처음에는 의심의 눈으로 바라보던 시선들이 1년, 2년, 5년 꾸준히 찾아주는 섬김을 통해 바뀐다.

셋째, 가장 중요한 이유인데 그것은 주변에 신경 써야 할 사람들이 없어졌다는 것이다. 이슬람의 명예살인에 대해 들어보았을 것이다. 이슬람은 그 태생 자체가 '공동체적'이다. 움마 공동체가 시작된 622년을 헤지라 - 이슬람 원년으로 삼는 것도 그 이유다. 개종하고 싶어도, 개종하면 생명이 위태롭다. 나만 위태로운 것이 아니라, 잘못하면 가족 모두가 위험해진다. 이 부담이 개종을 막는 가장 큰 이유다. 그런데 난민이 되면서 모두 흩어져 버렸다! 주변에 사는 요르단 또는 레바논 사람들은 난민에게 관심 없다. 그저 시리아 사람들이 빨리 자기 나라에서 나가 줬으면 하는 바램뿐이다.

이런 이유들로 인해, 난민들은 복음에 대한 수용성이 아주 높다. 보안 이유로 인해, 실제적인 숫자가 파악되지는 않았지만, 시리아 난민이 발생한 이후 기독교로 개종한 무슬림의 숫자는 상상을 훨씬 넘어선다. (비공식적 통계이지만, 적어도 수십만명에 다다른다!) 단언컨대 이슬람이 탄생한 이후 지난 1400년 동안 이런 기회는 없었다. 한 번도 없었다. 이슬람 선교라는 관점에서 보면, 우리는 지금 정말로 역사적인 시간을 살고 있는 것이다! 무슬림들이 돌아오고 있다!

난민 선교의 과제
그런데 앞서 살펴본 복음의 수용성이 높아지는 이유들은, 반대로 난민선교에 있어 실제적인 과제들을 안겨준다. 난민선교의 첫 번째 과제는 바로 '시간'이다. 복음의 수용성을 높게 해준 '가난한 마음'은 현지에서의 적응이 진행되면서 점점 평정심(?)을 되찾아 간다. 뿐만 아니라, 시간이 더 흐르면 함께 정착한 난민들끼리 게토화 되기 시작하며 그들만의 커뮤니티를 형성하게 된다. 예전의 '감시의 두려움'이 부활 한다. 새로운 커뮤니티가 서로서로를 개종하지 못하도록 감시한다. 이런 이유로 인해, 난민선교는 시간과의 싸움이다. 골든타임은 난민 발생 시점부터 늦어도 1년 안쪽이다. 실제적으로는 3-6개월 안쪽이 복음을 전하기에 가장 좋은 시기다.

시간이 흐르면, 이제 난민사역은 이민사역으로 성격이 변해간다. 초기의 복음수용성은 사라지고, 장기적인 사역에 대한 프레임이 요구된다. 그럼에도 불구하고 유럽에서는 여전히 프리미엄이 있다. 어찌되었던 난민들은 '이슬람 국가'라는 최악의 환경은 벗어났으니 말이다. 유럽에서 이들에게 복음을 전한다고 핍박할 국가권력이나 종교경찰은 없지 않은가! 반면 중동 - 요르단, 레바논, 터키 등에 거주하는 난민들은 이주민이 되는 순간 이런 프리미엄도 사라진다. 한 가지 특이한 점은, 코로나19 바이러스로 인해 난민들의 삶이 다시 '초기 난민' 수준으로 곤두박질칠 위기에 처했다는 점이다. 특히 레바논은 경제위기가 겹치며 난민들의 삶이 더욱 위태로워졌다. 그것은 복음의 수용성이 다시 높아질 수 있음을 시사한다.

둘째 언어적 장벽이다. 특히 아랍어를 하는 선교사들의 숫자도 많지 않고, 아랍어 권 현지인 목사들도 흔치 않다. 그나마 페르시아 권은 이란 지하교회의 부흥과 핍박으로 인해, 이란 목회자들이 세계 곳곳에 흩어져 있다. 세계 어디서든지 이란 목사를 만나는 것은 어려운 일이 아니다. 그러나 아랍어권은 상황이 다르다. 유일한 가능성은 이집트의 콥틱 교회인데… 콥틱에 대한 이해가 필요하다. 콥틱 교회는 '핍박을 견디는 것'에는 특화되어 있지만, 무슬림들에게 복음을 전하는 것에 대해서는 개념자체가 없다. 오랜 세월 이슬람과 공존하면서 암묵적으로 형성된 '약속'은 서로를 건드리지 않는 것이다. 기독교 커뮤니티 안에서는 무슨 일을 해도 오케이다. 그러나 기독교인의 모임에 무슬림을 초청한다든지, 무슬림에게 복음을 전하는 것은 전혀 다른 이야기다. 이건 콥틱 크리스천의 입장에서는 말도 안 되는, 절대로 해서는 안 될 금기다. 잘못하면 마을 전체를 죽음으로 몰아넣을 수도 있기 때문이다. 콥틱 교인들은 생명을 걸고 복음을 지킬 열정이 있다. 그러나 이슬람 선교는 다른 이야기다. 또한 대부분이 사회 하층민들로 구성된 콥틱 크리스천들이 해외 비자를 받는 것 역시 녹록치 않다. 이런 이유로 인해, 아랍어 권 사역은 페르시아 권 사역보다 어렵다.

아이러니 한 것은, 언어의 문제는 시간의 문제와는 서로 상반되게 진행된다는 것이다. 언어의 문제는 시간이 해결해 준다. 시간이 흐르면 어찌되었던 난민들도 현지어를 배운다! 특히 아이들은 더욱 그렇다. 우리가 난민의 기성세대보다 아이들에게 집중한다면 - 집중해야 한다! - 언어의 문제는 결국 현지어로 해결할 수 있을 것이다.

셋째 난민선교의 과제는 이동이다. 최종정착지로 목표한 곳이 아니라면 난민들은 계속 움직이려 하기에 장기적인 사역에 제한이 있다. 이동의 문제는 네트워크를 통해 협력함으로 어느 정도 해결할 수 있다.

국가별 다양성

또한 이들 난민에 대한 사역적 접근은 국가에 따라 매우 다르게 나타남으로, 일괄적 전략을 세우는 것은 조심해야 한다. 유럽만 해도, 난민들이 경유지로 생각하는 그리스와, 정착지로 생각하는 독일은 상황이 전혀 다르다. 중동에서도 레바논과 요르단의 상황이 다르고, 터키는 더욱 다르다.

어쩌면 난민의 시대는 지금부터가 시작인지 모른다. 이라크와 사우디의 불안정한 상황들은 언제 대규모 난민을 만들어 낼지 모른다. 이에 대한 선제적 대비는 선교적 열매를 거둘 수 있다. 새롭게 발생할 난민들에 대한 선제적 준비와 함께 정착기에 들어서는 정착난민들을 위한 대책이 함께 요구된다.

① 아랍어 사역자
선제적 준비를 위해선, 먼저 아랍어 사역자들을 준비해야 한다. 아랍어를 유창하게 할 수 있는 사역자가 있으면 좋겠지만, 그렇지 않더라도 기본적인 아랍어 자원들을 가능하면 많이 확보해 두어야 골든타임에 열매를 거둘 수 있다.

청년들을 1년 정도 요르단이나 레바논에 보내서 언어를 익히게 하는 것도 좋은 시도. 시리아 난민만으로 끝나는 것이라면 불필요한 투자가 될 수 있다. 이미 시간이 많이 흘렀기에 난민들이 곧 현지어로 적응할 것이니까 말이다. 그러나 시리아 난민이 끝이 아니라, 두 번째 세 번째 파도가 기다리고 있다면, 이 투자는 아주 요긴한 투자가 될 것이다.

② 이집트 크리스천들
아랍아 사역자가 절대적으로 부족한 이 때, 이집트 교회를 동원하는 것 또한 중요한 과제다. 이집트에는 콥틱 교회를 비롯해 크리스천들이 천만 가까이 존재하며, 이들 중 상당수는 기꺼이 난민들을 도울 열정과 준비가 되어 있다. 서양과 한국교회가 이들을 위한 재정과 비자문제를 도울 수 있다면, 이집트 교회는 난민 사역의 훌륭한 파트너가 될 것이다. 아니, 파트너를 넘어 주역이 될 것이다.

③ 직업훈련
셋째, 정착 난민들의 가장 시급한 필요는 자녀교육과 직업훈련이다.

NGO를 통한 직업훈련과, BAM을 통한 직업창출이 함께할 수 있다면, 난민들에게는 가장 큰 도움이 될 것이다.

④ 교육사역

직업훈련과 함께 자녀교육은 난민들의 절대적 필요다. 실제로 난민들은 자녀들의 교육을 위해서라면, 종교를 불문하고 손을 벌린다. 난민들의 대다수는 중산층 이상의 사람들이었기에, 높은 교육열을 가지고 있다. 그에 비해 대부분의 난민들(시리아 난민의 90%이상)이 거주하는 요르단, 레바논, 터키에서는 자녀들이 교육을 받을 수 있는 길이 거의 전무하다.

⑤ 연합적 네트워크 개발

다섯째, 연합적으로 사역할 수 있는 네트워크를 잘 개발해놓자. 단기간에 많은 자원을 쏟아 부어야 효과가 커지는 골든타임의 특성상, 난민사역을 위한 연합적 네트워크는 큰 도움이 될 수 있다.

중요한 것은, 난민사역이 끝이 아니라 이제 시작인 것을 인식하는 것이다. 늦지 않았다. 지금 새로운 사역을 시작해도 괜찮다. 이제 시작이다. 길고 큰 추수가 될 것이다!

자비량선교의 필요성

난민에 대한 이야기가 길어졌다. 난민뿐 아니라 이슬람이 부흥하고, 변화가 빠른 속도로 일어나며, 도시화의 물결과 젊은층의 이탈이 일어나는 시대에, 새로운 선교적 전략이 필요한 것은 지극히 당연하다.

이런 시대적 변화 속에서 '청년 자비량 선교사'의 역할이 당위성을 갖는다. Self-supporting 선교구조를 갖추지 않는다면, 시대적 흐름 속에서 어려움을 겪게 될 것이다. 그러나 이런 '당위성'과 '현실'이 꼭 일치하지는 않는다. 자비량 선교구조로의 전환을 위해 꽤 오랜 시간 BAM 운동이 활발히 시도되었지만, 실제 선교지에서의 성공사례를 찾기는 쉽지 않다. '선교와 비즈니스'라는 두 마리 토끼를 잡는 것이 녹녹치 않기 때문이다. 비즈니스 환경이 열악한 제3세계 국가에서, 현지 상황과 문화에 익숙하지 않은 외부인이, 그것도 언어도 미숙하고 인맥도 없는 외부인이 비즈니스를 성공적으로 일으킨다는 것은 쉽지 않은 도전이다. 더구나 비즈니스 재능과는 반대편에 있는 선교사들이 말이다. 이런 '당위성'과 '현실'의 괴리가 우리가 풀어야 할 과제다. 이 괴리를 어떻게 풀어가야 할까? 몇 가지 제안을 해본다.

한 살이라도 어려서 현지 경험을 하도록 하라
- 선교와 비즈니스라는 'Bilingual'(이중 언어)이 자연스러운 세대를 키우라.

비즈니스도 선교도 '어려서 익히는 것'이 유리하다. 어려서 외국에 간 사람은 완벽한 이중 언어 구사자가 되듯이, 비즈니스도 또 선교도 어려서 접하고 경험하는 것이 중요하다. 한 살이라도 어릴 때 현지를 경험할 수 있도록, 청년들에게 길을 열어주는 것은 미래선교를 위한 중요한 투자가 될 것이다.

'Global Life로서의 선교'에 대한 비전
크리스천에게 있어서 선교란 '특별히 헌신된 소수'의 사명이 아니라, '자연스러운 삶의 확장'이라는 비전을 제시하자. 꼭 한국에서 직장을 잡고 살아야 할 특별한 이유가 있는 것은 아니지 않은가? 제3세계로 눈을 돌리면, 한국에서 교육받은 청년들에게는 무한한 기회들이 열려있다. 선교는 '헌신된 소수'의 사명이 아니라, 크리스천으로 살아가되 삶의 지경을 한국 너머로 확장하는 것이라는 '개념'이 청년들을 움직일 수 있다.

청년 중단기선교 사례

내가 속한 청년교회 네트워크가 하고 있는 청년들을 위한 중단기선교 사례를 소개한다.

계기

2008년 전통적인 선교를 벗어나 '청년세대'가 '확장된 Global Lifestyle'로서의 선교적 삶을 살 수 있는 방법을 고민하던 중, 대학청년 3-4명이 한 팀을 이루어 1년 (혹은 그 이상의 시간을) 선교지에서 보내는 '학생 중단기선교운동'을 기획하게 되었다. 이것은 모든 사람을 전통적인 개념의 '선교사'로 만들기 위한 프로젝트는 아니었다. 반드시 (전통적 개념의) 선교사로 헌신하지 않더라도, 그 경험이 청년들의 인생에 소중한 경험이 될 수 있는 길을 모색했다. 청년들의 시야를 넓혀주고, 삶의 지경을 넓혀줄 수 있다면, 이들이 어느 곳에서 살든지 선교적 삶을 살 수 있지 않을까? 반드시 한국 안에서만 살아야 하는 특별한(?) 사명이 있지 않다면, 삶의 범위를 글로벌하게 넓히는 것은 어떨까?

실제로 선교지 경험을 마치고 돌아온 청년들은 다양한 방법을 통해 선교적 삶들을 살고 있다. 현지취업을 하기도 하고, 현지에 비즈니스 창업을 하기도 하는 등, 창의적인 방법을 통해 다시 선교지로 나간 사람들도 많다. 이런 취지로 인해, 기획 단계에서부터 너무 지엽적인 '언어 사용국'은 제외했다. 선교적 필요가 있고, 많은 나라가 사용하는 언어를 찾다 보니 아랍어 사용국을 선정하게 되었다. 2010년, 한국과 조선족 청년 4명으로 구성된 첫 번째 팀이 시리아로 들어갔다. 곧이어 닥치게 될 '시리아 내전'은 꿈에도 생각하지 못한 채 말이다. 이 조그만 시작은 시리아 내전과 함께 본격적인 '청년 중심의 난민사역'으로 이어지게 되었다.

목표

이들을 향한 기대는, 중단기선교 경험 후 다양한 선교적 삶을 살도록 하는 것이었다. 꼭 '전통적인 의미의 선교사'로 헌신하지 않더라도, 다양한 방법을 통해 다양한 곳에서 하나님 나라를 위해 선교적 삶을 살아가는 '선교적 미래세대'를 준비시키는 것이었다. '학생 중단기선교' 1년간의 구체적인 '목표'는 다음과 같다.

① 언어습득 : 첫째도 언어, 둘째도 언어, 셋째도 언어!
② 현지인 친구 사귀기
③ 복음에 대해 물어오는 친구가 있으면, 복음 나누기

가장 중심적인 목표는 '선교지를 내 삶의 영역으로 인식하게 되는 것'이었다. 언어는 무엇보다 중요하다. 청년들은 6개월 정도의 집중적인 언어 훈련을 받으면, 친구들과 기본적인 대화가 가능하다. 언어에 집중한 사람과 그렇지 않은 사람은 6개월 이후부터 차이가 나기 시작한다.

원칙

장기선교사 밑에 들어가지 않고 독립적으로 활동한다.

청년세대는 '스스로' 무언가를 해보고 싶어 한다. 단기선교가 실패하는 이유 중 하나는 '지나친 과잉보호' 또는 '장기선교사의 시다바리(?) 역할'로 생각하는 것이다. 물론 책임지고 보호해주시는 '책임선교사'는 있다. 책임선교사는 매주 학생 리더들을 만나 고충을 들어주고, 앞으로의 방향에 대해 멘토한다. 그러나 책임선교사의 역할은 어디까지나 '바운더리'를 결정해 주는 것일 뿐, 실제적인 결정은 청년들 '스스로' 하게 한다.

첫해는 언어에 올인한다.

처음 2-3개월은 '새로운 문화에 대한 호기심'으로 정신없이 보내지만, 5-6개월이 넘어가면 '꿔다놓은 보리자루처럼', 때로는 바보처럼 지내는 현지생활이 힘들어지기 시작한다. 여기서 언어에 집중한 사람과 그렇지 않은 사람의 차이가 나타난다. 언어에 집중한 사람은, 이때부터 말문이 조금씩 트이면서 현지인 친구를 사귀기 시작하는데, 이것이 새로운 활력을 줌으로, 1년 혹은 그 이상의 현지생활을 슬럼프 없이 유지하게 된다. 지금까지 데이터에 의하면, 현지생활에 힘들어서 돌아온 사람은 한 사람도 없었다. 오히려 대부분의 경우 2년차, 3년차로 남고 싶어 하는데, 그 주된 이유는 '현지인 친구들' 때문이다. 한국에 돌아와서도, 현지인 친구들과 SNS나 전화로 계속 연락한다.

적극적으로 친구를 사귀라.

현지인 친구들은 장기적으로 선교지에서 사역이나 비즈니스를 시작하려 할 때, 중요한 인맥이 되기도 한다. 전략적인 차원에서 '좋은 대학'에서 언어를 배우는 것도 고려해 볼 수 있다. 좋은 인맥들을 가질 수 있기 때문이다.

낮에는 집에 돌아올 수 없다.

동네 벤치에 앉아있더라고, 나가서 적극적으로 문화를 배우고 사람을 만난다. 단기선교사의 경우, 3개월이 지나면 대부분이 '방콕'족이 된다는 데이터가 있기 때문이다.

팀으로 움직인다.

반드시 팀으로 움직인다. 특별히 여성들의 경우는 더욱 그러하다.

철저한 영성생활을 유지한다.

영성의 유지를 위해 매일 기도하고 말씀을 묵상하는 정해진 시간을 가진다. 이 부분은 현장의 장기선교사를 통해 관리한다. 청년들의 자발적 사역이 가능하려면 영성이 뒷받침되어야 하기에, 철저한 기도/말씀생활이 필수적으로 요구된다. 물론 선교지에 들어가기 전 훈련과정에서 기도/말씀생활에 익숙해지도록 한다.

훈련

2개월간 집중훈련

청년세대의 특징을 고려할 때 6개월간 주1회의 훈련보다는, 짧고 집중적인 훈련이 효과적이다. 이들은 'Extreme'을 즐기며, 실전을 빨리 경험하기 원하는 세대이기 때문이다.

훈련의 내용

영성과 기도훈련, 제자도, 팀 빌딩, 선교에 대한 이해, 이슬람에 대한 이해.

공동체 생활

팀은 현장에 들어가기 6개월 전에 미리 구성하여 함께 살도록 한다. 미리 공동체로 생활하는 것을 통해 현장에서 일어날 수 있는 불필요한 갈등과 소모를 줄인다. 6개월 동안 갈등을 조율하고 서로에게 적응하는 기간을 멘토의 도움 속에서 진행하는데, 이는 현장에서 일어날 수 있는 갈등을 미리 조율하고 들어간다는 면에서 매우 효과적으로 평가되고 있다.

현황 및 평가

• 지금까지의 평가는 고무적이다.
• 현재까지 10여 개의 네트워크 된 청년교회를 통해 200명 가량이 '학

생중단기선교'의 경험을 했으며,

- 요르단, 레바논, 이집트, 모로코, 터키 등에서 활동 중이다. 중국교회를 통해 시리아로의 재진입도 준비 중에 있다. (코로나19 바이러스로 현재는 철수한 상황)
- 학생 중단기선교경험 이후에는, 많은 이들이 장기선교사, 현지취업, BAM 또는 난민 NGO 등을 통해 활발히 선교적 삶을 살고 있다.
- 현재 이집트에는 조그마한 비즈니스가 운영 중이며, 사업을 확대하여 공장을 건설하는 것을 놓고 기도 중이다.
- 요르단과 레바논에서는 NGO를 통해 난민 구호사업을 진행 중이다. 코로나19로 인해 중단되기는 했지만, 한국 정부자금으로 난민들을 위한 직업훈련도 계획 중에 있으며, 어린 자녀들을 홀로 키우는 과부들을 돌보는 사역도 진행 중이다. 이 일들을 진행하는 중추적인 자원들은 모두 '학생 중단기선교' 출신들이다.
- 현지에서 교회개척의 열매들 또한 인상적이다. 중동의 J국에서는 학생들만의 전도를 통해 몇몇 개의 가정교회가 개척되어 현지인 리더에게 이양되었으며, 현지 교회와의 동역을 통해 M사역 역시 활발히 진행되고 있다.

청년들을 어떻게 동원할 것인가?

그렇다면 어떻게 청년 선교자원들을 동원할 것인가? 청년동원을 위해선 청년세대의 변화된 생각들을 이해해야 한다.

- '사명'이 아니라 '의미와 재미'를 추구하는 세대
  한 자녀로 태어나 부족함 없이 자란 이 세대는 공동체를 향한 헌신 보다는 개인적인 삶에 의미를 고민하는 세대다. 이들은 '당위성'에 의해 움직이기 보다는 '의미와 재미'에 의해 움직인다. 충분한 동기가 부여되지 않는 '헌신'에 대한 도전은 이들에게는 '강요'로 인식될 위험성이 크다. 이들은 '해야 하는 일' 보다는 '재미(의미) 있는 일'에 인생을 던지고 싶어 한다.

- 청년들은 앉아서 듣는 것보다 직접 뛰면서 경험하는 것에 관심이 있다.
- 청년들은 틀에 박힌 일보다는 창의적인 일에 관심이 있다. 모험을 즐기며, 긴 준비보다는 빨리 실전을 경험하기 원한다.
- 그렇기에 다음과 같은 선교동원전략들은 청년들에게는 적합하지 않다.
  - 눈물을 자아내는 선교동원 전략.
  - 긴 훈련.
  - 젊은이들에게 기회를 주지 않는 사역.
  - 이론에 치우진 선교훈련과 동원.

그렇다면 어떻게 청년세대를 준비시키고 동원해야 할까?

글로벌 라이프의 데스티니Destiny를 일깨우라
- 아래로 향하는 사람들

단순한 '선교사로서의 준비'를 넘어, 글로벌 시대의 일꾼을 준비시킨다는 인식의 변화가 필요하다. '삶의 범위'를 해외까지 확장하는 것이다. 그에 더해, 위로만 향하던 시선을 아래로 향하게 하라. 미국이나 유럽으로의 삶의 확장이 아니라, 제3세계 국가들로의 확장을 도모하게 하라. 과거 미국도, 유럽도, '아래를 향하는 시선'으로 세계를 섬기면서 글로벌 리더십이 되었다. 적어도 아시아에서 한국의 미래 위상은 단순히 '위를 바라보는 모방'으로는 부족하다. 아래를 바라보는 글로벌 리더십이 필요하다. 우리의 도움을 요구하는 곳, 우리가 섬길 수 있는 곳, 그곳에 청년들의 인생이 드려지도록 그들의 데스티니를 일깨우라.

경험하게 하라

2030세대와 10대들은, 많은 가르침이 아니라 실제적인 경험을 원한다. 다양하고 흥미로운 경험을 할 수 있는 선교의 장을 마련해주어라.

성공을 맛보게 하라

청년들은 실패에 대한 두려움으로 위축되어 있다. 격려하라. 할 수 있다고 말해주라. 그리고 작은 것이라도 '성공'을 경험할 수 있게 해주어라. 이론만으로는 부족하다. 실제 '선교적 삶의 성취감'을 맛보게 하라. 그것이 이들을 더 큰 경험에 도전하게 할 것이다.

훈련은 짧게, 스피릿은 강하게!

긴 훈련 보다는, 짧지만 본질적인 훈련에 집중하라. 디테일한 'how to' 보다는 '스피릿'을 심는 훈련을 강화하고, '디테일한 훈련'은 선교현장에서 이루어지도록 하라.

스스로 결정할 수 있도록 하라

청년세대는 '선교 보조자원'이 아니다. 이들을 '중심'에 서게 하라. 이들의 결정이 위험하거나 반선교적인 것이 아니라면 존중하고 지지하라.

도전

우리는 지금 몰락하는 서구교회와 비상하는 아시아 교회의 전환기에 있다. 과거 어느 때보다 한국의 선교적 리더십이 중요한 것은, 아시아의 많은 국가들이 한국을 바라보고 있기 때문이다. 아시아 교회들이 '선교적 열정'에 비해 '경험과 전문성'이 떨어지는 이 때, 서구의 선교적 유업과 노하우를 축적한 유일한 아시아 국가는 '한국'뿐이다. 중국을 비롯한 아시아 국가들의 반서구적 정서에 비춰 볼 때, 서구의 선교적 유업이 아시아 국가들로 흘러갈 유일한 통로는 한국이다. 한국선교는 이제 홀로 선교지를 개척하던 '사병 아이텐티티'에서 벗어나, 아시아 교회들이 선교적 교회로 설 수 있도록 돕는 '장교 아이텐티티'로의 전환이 요구된다. 이 새로운 도전과 기회는;

① 아시아 교회와 함께 서는 연합,
② 현지교회와 함께 서는 연합,
③ 그리고 그 역할을 감당할 청년세대를 세우고 키우는 역할로 압축될 수 있다.

글로벌 선교에 있어서 한국교회의 역할은 아직 끝나지 않았다. 하나님께서 여시는 새로운 시대를 통해, 하나님께서는 한 번 더 한국교회에게 '아시아 선교의 리더'라는 '2막'을 열고 계시다. 한 세대 동안 헌신적으로 수고했던 소중한 한국선교사들과 함께, 이 영광된 사명을 감당해 가자!

Part 4
시대와 세대,
선교적 목회

한국교회 목회 현장은 하나님의 선교를 수행하는 데 있어
너무나도 중요한 역할을 맡고 있다. 한국교회는 글로벌 선교를 떠받치고 있는
귀한 기반이자 보루요, 특히 지금은 이미 선교지처럼 되어 버린 한국사회 곳곳
우리 성도들의 일터현장, 다문화 상황 그리고 다음세대 세움 등
우리네 일상선교의 전진기지 역할을 수행한다.
본 장에서는 다문화 목회자, 청년 선교단체 대표, 목회 중간지원 사역자의 목소리를 통해
이 시대 선교적 목회의 고민과 도전, 방향성을 공유한다.

2019
2020
2021
2022

다문화 상황과
BAM 목회

이해동 목사 다하나국제교회

2019
2020
2021
2022
2023

시대를 향한 하나님의 마음이 있다. 우리가 이것을 완벽하고 정확하게 알지는 못한다. 하지만 우리는 여기 그리고 현재의 상황들을 통하여 이를 깨달아 알아듣고 행동하고 살아내서 하나님의 마음을 시원케 하는 하나님 나라의 백성이 되기를 소망한다.

이번 IBA 리더스포럼의 주제는 <BAM: Here & Now>이다. 현재 한국과 전세계에서 일어나는 이주현상(디아스포라)과 이로 인한 다문화현상에 대하여 이것이 BAM과 어떻게 연결되고, 발생할 수 있는 문제점은 무엇이고, 결국 우리는 어떻게 대응해 나아가는 것이 하나님의 마음을 시원케 해드리게 되는 것인가에 대하여 함께 생각해보고자 한다.

다문화

한국에서는 지금 아이울음소리가 사라지고 있다. (Here & Now1)

하버드대 사회학자 크리스타키스는 인구구조 변화를 네 과정으로 나누었다. 첫째는 출생률과 사망률 공히 높아지는 단계, 둘째는 사망률만 줄어드는 단계, 셋째는 출생률이 떨어지는 단계, 마지막으로 출생률과 사망률 모두 낮아지는 단계다. 서구 사회는 이런 경로가 100년 이상 걸렸으나 한국은 불과 40년 만에 진입한 상황이다. 한국은 현재 합계 출산율이 전세계 최소이고 또한 인구고령화 현상으로 생산가능인구의 감소가 발생했다. 거기다가 2020년이 한국에 의미 있는 이유는 올해부터 대한민국의 자연 인구감소가 시작될 것이라고 예상되기 때문이다. 통계청 발표에 의하면 2019년 11월부터 자연 인구감소가 월별로 시작되었는데, 이것은 일시적인 현상이라고 여겼지만 현재 2020년 7월까지 대한민국의 월간 출생자 보다 사망자가 더 큰 자연 인구감소가 지속되고 있다. 이에 2020년은 연간 자연 인구감소의 첫 번째 해로 기록될 것이 거의 확실시 되고 있는 것이다. 2016년에 발표된 인구추계에서는 2029년부터 한국의 자연 인구감소의 시작될 것이라 예상했었는데, 예상보다 빨리 쓰나미처럼 인구절벽이 몰려왔다.

한국의 합계출산율이 2018년에 0.98명에서 2019년에는 0.92명이었다. OECD회원국 37개국 평균은 1.63명(2018년)이고, 일본도 1.42명이지만 한국은 전세계에서 최저를 기록하는 것으로 유일하게 0명대 출산율을 나타냈다. 특별히 서울은 0.64명으로 이는 전쟁 시에나 나타나는 현상인데 현재 한국의 합계출산율과 관련된 상황은 전쟁과 같이 매우 심각한 상황이라는 점을 시사하고 있다.

한국의 이러한 흐름은 1970년부터 50년동안 진행된 것으로 속도의 완급이 문제이지 자연 인구감소의 방향은 앞으로도 지속될 것이다. 대한민국은 1970년에 출생아의 숫자가 1백만명이라는 정점을 찍고, 그후에는 계속 감소해서 급기야는 출생아가 2002년에 연간 40만 명대로, 2017년부터는 30만 명대로 감소하고, 올해는 연간 출생아의 수는 30만 명대가 깨지는 현상(2019년 출생아는 303,100명, 2018년은 326,822명)이 발생할 것으로 예측 된다. 이에 따라서 정부는 올해 국내 출생 외국인의 한

한국 출생아 수와 사망자 수 월별 추이

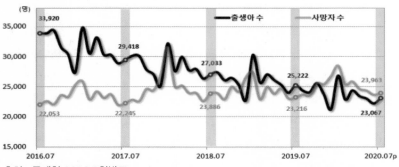

출처 : 통계청 2020.9월발표

국 국적 부여를 검토할 것이라고 발표했다. 홍남기 경제부총리는 2020년 8월 27일 '인구구조 변화 대응방안'을 발표했는데, '한국도 한국 국적 취득을 순수혈통주의에서 완화하는 방향을 취할 수밖에 없는 현실이 도래 되었다'고 했다. 또한 귀화요건도 완화되고, 복수국적도 확대된다.

그러나 현재도 한국에 너무 외국인들이 많이 들어왔다고 생각하는 사람들이 존재한다. 이에 대한 반응 가운데 한 가지로 한국 내에서 공존하는 외국인들에 대하여서 외국인을 혐오하는 외국인 혐오증(제니포비아) 현상이 나타나고 있다. 다문화에 대한 대중의 인식이 찬반양론으로 나뉘어지는 것이 현실이다. 이러한 외국인이 한국에 유입되기 시작한 것은 1980년대 말 이후 급격한 임금상승과 대졸자 급증과 한국의 88올림픽 등 국제적 인지도 상승으로 외국인들이 급속히 한국에 유입되기 시작했다. 1990년, 한국체류 외국인이 약 5만 명이였지만, 2019년 말에는 2,524,656명이나 체류하고 있다. 앞으로 이러한 증가는 더욱 가속화 될 것이다. 그래서 한국체류 외국인이 2040년 말이 되면 약 500만명으로 예측하는데, 이는 1990년 이후 50년만에 100배가 증가한 숫자다. 이같이 국가 총인구의 10%가 외국인이 되면 한국은 이민 국가로 분류되며 사회시스템과 국가운영에 많은 부분의 변화가 예상된다. 또한 위에서와 같은 이유로 인해서 미래에 한국사회는 지금보다 더 심화된 다문화 사회로 변화되어질 것이다. 이러한 사회적 변화에 대하여서 잘 파악하고 분별해야 하고, 그 가운데 하나님의 마음을 깨달아 잘 준비해야 한다.

한국 총인구와 체류외국인 증가추이와 예측 (50년추이)

구분	한국총인구 (천명)	체류외국인 (천명)	외국인비율
1990	42,869	50	0.1%
1995	45,093	270	0.6%
2000	47,008	491	1.0%
2005	47,279	747	1.6%
2010	49,410	1,261	2.6%
2015	51,529	1,899	3.7%
2020f	51,781	2,500	4.9%
2030f	51,927	3,200	6.12%
2040f	50,855	5,500	10.8%

* 한국 총인구는 통계청 장래인구 특별추계자료(2019.3), 체류외국인은
  출입국관리본부자료, 2040년은 본인예측
* 예측자료(2020, 2030년)는 '제2차 외국인 정책 기본계획', '외국인정책위원회', p.20

저출산과 고령화로 인한 전세계적인 인구이동과 이주민의 발생은 전지구적인 다문화를 요청한다. (Here & Now2)

한국에 심각하게 나타나고 있는 저출산과 고령화의 문제는 실제로 세계가 동일하게 겪고 있는 현상이다. 이로 인해 전지구적인 인구 이동과 디아스포라가 일어나고 있고, 세계는 다문화 상황에 놓이게 되었다. OECD의 합계 출산율은 독일(1.33명), 영국(1.94명)처럼, 평균이 1.63명(2018년)으로 1명대이다. UN에서 발표한 2015년~2020년 합계출산율은 아프리카 대륙의 경우는 4.44명이고, 전세계 201개국 합계출산율 평균이 2.47명이다. 기대수명도 한국은 82.5세이고, 전세계 평균은 72.3세이다. 그러므로 현재 모든 선진국들은 저출산과 고령화로 구조적으로 외국인을 받아들여야만 하는 상황이다. 이러한 상황은 결과적으로 개도국에서 선진국으로의 인구이동 현상을 발생시킨다. 이는 전지구적으로 공통적인 현상으로 도시화 현상으로도 나타난다. 이러한 흐름은 18세기

중엽 유럽에서 시작되었는데, 영국의 산업혁명으로 인해서 현재와 같은 형태의 도시화가 나타났다. 이에 대하여서 미국의 정치학자 홀리필드는 국가의 가장 중요한 기능이 18세기 이전까지는 안전유지였고, 18~19세기에는 무역과 투자 등 경제개발이었으나, 20~21세기에는 이민관리라고 주장한다. 18세기 산업혁명은 국가주의와 중상주의 그를 뒷받침하는 상품 제조와 무역의 발생으로 사람들이 도시로 모여들게 되는 현상이 차례로 발생했다. 그 결과 현재는 전세계인구의 약 55%이상이 도시에서 살아가고 있고, 그 비율은 비약적으로 증가하고 있고, UN에서는 2050년이 되면 도시화율은 68%가 될 것으로 예측하고 있다.

전세계적으로도 이주민들의 급증과 더불어 나타나는 다문화는 분명히 심화될 것이다. 즉 아이 울음소리가 사라진 대한민국은 생산가능인구의 감소와 자연 인구감소 등으로 인하여서 외국인의 유입의 증가를 초래하였고, 그 결과로서 한국에 다문화 사회를 요청하는데 이는 전세계적인 현상이며 이러한 MEGA-TREND 현상은 전세계적으로 진행되고 있으며 더욱더 확대되고 심화 될 것이다.

전세계 인구대비 도시화율 변화 추세

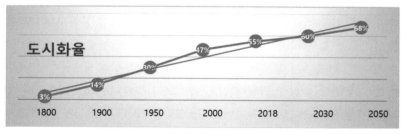

Resource : UN, World Urbanization Prospects, 2018

전세계 이주민 증가추이와 세계 총인구 중 비율

연도	세계이주민비율(%)	이주민(억명)	세계총인구(억명)
1990	2.87%	1.53	53.31
1995	2.80%	1.61	57.51
2000	2.82%	1.73	61.45
2005	2.92%	1.91	65.42
2010	3.16%	2.20	69.58
2015	3.35%	2.47	73.83
2019	3.53%	2.72	77.13

Resource : IOM UN Migration, International Migration Report 2020

외국인과 공존하는 방식에 대한 모델

저출산과 인구 노령화에 따른 인구절벽으로 자연 인구감소와 같은 선진국의 상황은 외국인 인력의 이동을 유발하고 이는 다문화 상황으로 귀결된다. 세계적인 다문화 상황에서 외국인과의 공존방법을 전통적으로 설명하는 두 가지 유형으로, 동화주의와 다문화주의가 있다. 필자는 여기에 한 가지 유형을 추가하여 세 가지로 설명하려고 한다.

첫 번째, 동화주의 모델이다. 1960년대까지 미국에서 대두되었던 동화모형은 고든Gordon의 흡수 동화나 용광로 동화부터 포르테스Portes and Zhou가 제시한 종족공동체의 긍정적인 기능을 강조하는 분절 동화모형까지 다양하다. 한국의 현재 다문화에 대한 진행양상도 사실 동화모형이라고 할 수 있다. 즉 "나를 중심으로 너는 무조건 나에게 동화 되어야 한다"는 것이다. 한국에서 다문화 하면 아시아 특정국가들의 개도국에서 이주해 온 조금은 무시해도 되는(사실은 올바르지 못한) 외국인 국제결혼 여성을 지칭하는 단어로 고착되어 가고 있다. 그러면서 외국인 국제결혼이주여성이 한국의 남편과 시집에 동화 되어 살아가야 함을 의미하기도

한다. 동화정책의 대표적인 실제의 예로서는 미국이 실패한 '멜팅 포트 Melting Pot' 정책과 프랑스의 '톨레랑스' 정책을 지칭하기도 한다. 미국이 동화정책을 포기하게 된 과정은 동화정책의 모순이라기보다는 미국의 인종관계나 민족관계가 더 이상 과거의 동화정책을 그대로 관철할 수 없게 변화했기 때문이다. 이민자의 출신국가나 지역이 유럽을 벗어나 아시아와 남미로 확장되었고, 1960년대의 민권운동의 경험과 성장은 1980년대 이후 미국사회를 더 이상 앵글로색슨계 백인 개신교 집단(WASP) 중심의 국가정체성을 유지하지 못하게 했다.

사실 필자는 미국의 기독교가 백인만의 기독교에서 그리고 게토화된 아시아, 남미, 흑인의 따로국밥의 현상으로 나뉘어져만 있는 현상의 한계로 생각한다. 이를 영적으로 복음 안에서 하나님의 나라로 통합하고 다하나될 수 있도록 품고 포용하는 영성으로 발전시키지 못한 한계였다고 말하고 싶다. 트럼프 대통령은 미국 백인 보수주의 기독교인들에게만 인기 있는 정책들을 쏟아내고 있고 이들을 결집시켜서 자신의 정치적 힘으로 확대시키면서 존재해왔다고 표현하고 싶다. 심하게 표현하면 미국 백인 보수주의 기독교인들을 향한 감성팔이 라고 할 수도 있다. 미국에서 백인과 흑인과 아시아, 남미를 포용하며, 정의에 민감한 미국적 상황을 성경적으로 실천하는 전체 미국 기독교인들이 되었다면 이론이 '멜팅포트'나 '샐러드볼'로 표현하는 것이 아니라 '부대찌개'(미군부대에서 나온 햄을 김치와 한국적 음식이 함께 없어지지 않고 특성은 존재하지만 육수로 끓여서 맛있는 음식이 되는)를 만들어서 맛있게 먹을 수 있는 미국이 될 수도 있었을 것인데 하는 생각을 한다.

두 번째, 다문화주의 모델이다. 다문화주의 모델 내에서도 온건 다문화주의와 강경 다문화주의로 구분할 수도 있다. 또한 국가들의 정책의 수립과 집행 시 적극적으로 다문화주의를 천명한 국가는 캐나다와 호주가 있다. 이러한 다문화주의 근간은 유네스코 '문화다양성 협약'에 나오는 '다문화'라는 단어로 대표되기에 잘 파악할 수 있다. 유네스코는 2001년

'세계 문화다양성 선언'(Universal Declaration on Culture Diversity) 후 이에 기반하여 2005년 제33차 총회에서 "문화다양성 협약"을 채택하였다. 그 내용 중 제2조에서 다음과 같이 언급하고 있다.

제2조   우리 사회가 점차 다양한 사회로 변화해 감에 따라, 공동생활의 의지뿐만 아니라 다원적이고 다양하고 역동적인 문화 정체성을 지닌 개인과 집단 사이의 조화로운 상호 작용이 반드시 보장되어야 한다. 모든 시민을 포용하면서 모든 시민이 참여하는 정책은 사회적 통합과 시민 사회의 생명력과 평화를 보장한다. 따라서 문화 다원주의는 문화 다양성의 실현을 보장하는 정책의 표현이다. 민주적 체계로부터 분리될 수 없는 문화 다원주의는 문화 교류에 도움을 줄 뿐만 아니라, 공공 생활을 지탱하는 창조적 역량을 강화하는 데 기여한다.

한국도 2010년 2월 국회에서 '문화다양성 협약'을 비준하여 7월 정식 발효하였다. '다문화'라는 용어에 대하여 사회에서 일반적으로 '다문화'라 하면, 다원주의(Post-modern)적 가치를 전제하는 다문화가 국가와 사회에서 정의하는 다문화이다. 이는 서로 연결되지 않고 서로 존중한다고 하지만 내가 존중 받고 싶기에 다른 사람을 존중하는, 나를 초월하지 못하고 나의 한계 안에서 타자를 인식하며 행동하는 고린도 시(3.1. 고린도의 다문화에서 설명)와 같은 형태의 다문화이다.

세 번째, 삼위일체적 모델이다. 삼위일체 하나님간의 존재양식이 '세 위격 한 본질'의 특징이 반영되어지는 다문화 존재양식이다.[1] 삼위일체 하나님은 성부, 성자, 성령 하나님 상호간 내주하시는 페리코레시스의 상호상통 관계를 형성하신다. 이는 멜팅포트 이론같이 끓어 녹아 없어져서 자신들의 특징이 상실되는, 마치 삼위일체의 그 위격이 없어지고 한 본

---

1) 이해동, 삼위일체적 이주민 사역, 총신대 신대원 석사논문, 2009

질만 남는 일신론과 같지 않다. 또 샐러드볼과 같이 삼위일체의 그 위격이 그대로 살아있으나 서로간에 깊은 본질적인 코이노니아의 부재, 즉 교제나 교류가 없어 한 본질이 되지 못하는 삼신론의 형태도 아닌 것이다. 마치 '부대찌개와 같은 다문화'이다. 미군부대에서 나오는 외국산 햄이지만 한국의 김치와 함께 푹 삶아 육수에 끓이면 햄의 특성이 없어지지도 않고, 김치의 특징의 맛도 존재하여서 3가지 햄, 김치, 육수의 맛이 조화롭게 살아나고 다 연결되어서 시너지를 내니 그 맛이 더욱 감미로운 것과 같다.

즉 자기를 비어 내어주는 자기부인을 통해서 김치가 자신을 비어 내어주고, 햄이 자신을 부인해서 나누어 주고, 나는 높고 너는 틀리고의 싸움이 아니라 욕망의 나를 내어주고 나눈 자리에는 육수가 들어와서 서로 낮아지고 섬기며 하나로 연결되는 교제를 통해서 부대찌개 라는 새로운 공동체를 함께 이루어 가는 것이다.

인구이동에 따른 다문화와 비즈니스 환경

현대 디아스포라의 다문화와 비즈니스 환경은 커플이다.
(Here & Now3)
현재 전세계적으로 다문화의 상황에 많은 사람들이 직간접적으로 노출되어 있는데 다문화가 진행되는 현장은 그 환경이 자본주의적 환경 속의 비즈니스 현장이다. 이는 현재의 국가주의의 탄생은 웨스트팔렌 조약(1648) 이후를 그 시초로 삼고, 산업혁명을 거치면서 현재와 같은 인구이동의 패턴을 나타내기 시작했기 때문에 이런 인구이동에 의한 다문화는 비즈니스 환경과 짝을 이루며 나아가도록 구조적 행태 속에서 진행되었다. 즉 태생적으로 인구이동에 의한 다문화와 자본주의는 커플이었다.

선진국으로 입국한 이주민들은 자본주의가 발달되지 않았던 사회에서 자본주의가 고도로 발달된 사회로 유입되고 있는데, 이들은 쉽게 자신의 생각을 자본주의 사회적 가치관으로 변화시킨다. 예를 들어, 코리안 드림을 가지고 한국에 입국한 사람들은 대체로 자신이 하루에 일하면 얼마를 벌 수 있는지를 즉각적으로 알아간다. 즉 외국인들이 현재 한국에서 일을 하는 경우에 대체적으로 하루 일당은 10만원에서 20만원 사이로 결정된다. 대학의 경제학과를 다니지 않더라도 기회비용을 몸으로 아주 자연스럽게 이해한다.

한국에 온 몽골친구들은 순수하고 순박하며 두 마음을 가지는 것을 두 얼굴이라며 무척 싫어하고 심지어는 혐오한다. 몽골어로 '해구이'라고 하며 숨겨두지 않고, 꺾이지 않은 직선인 착한 시골 아저씨의 모습은 몽골친구들이 선호하는 마음이다. 이런 순박한 몽골형제들이 주일날 예배를 드리지 않고 이삿짐 일을 하면 일당 15만원의 기회비용이 발생된다. 자연스럽게 몽골에서는 한번도 생각하지 못했던 세상에 편입된다. 모든 것이 돈으로 환산되는 세상으로 말이다. 심지어는 술 먹고 싸워서 병원에 입원시키면 진단서와 더불어 1주일에 1백만원씩 늘어난다는 것도 알게 된다. 그것도 구체적으로 단순폭행, 특수폭행, 쌍방폭행 등의 견적서가 나뉘어서 존재한다는 것도 알게 된다. 외국인들은 대체로 부부가 함께 와서 부인 월급으로 생활하고, 남편 월급은 저금해서 1, 2년간 벌면 자신의 출신 국가인 본국에 아파트나 집을 구입하게 되는 구조가 형성된다. 과거 저들이 자본주의사회에 대하여서 백지와 같았을 찌라도 일단 꿈과 성공을 위해 국경을 넘고 나서는 고도화된 자본주의 사회의 가치와 세계관을 흡수하고 변화될 준비를 한다. 결국 노동력뿐만 아니라 사람의 슬픔도 기쁨도 모든 감정까지도 돈으로 환산되는 사회 속으로 편입되어서 급속히 자본주의 마인드로 변해가며 동화된다.

이와 같이 한국에 주로 유입되는 외국이주민들을 입국 목적별로 살펴볼 수 있다. 첫 번째, 현재 약 18만 명 가량되는 외국인 유학생이다. 이들은 한국에서 공부해서 배우고(혹은 아르바이트를 하면서 돈을 벌고) 궁극적으로 취업이나 창업을 해 돈을 벌고 꿈을 이루기 위해서 입국한다. 순수 학문을 위해서 공부하는 경우도 있지만 대부분의 경우에는 공부해서 돈을 벌려고 하는 시도를 한다. 또한 소비자 입장에서 자본주의 사회에 편입됨을 의미하기도 한다. 외국인 유학생들은 외국에서 살아가기에 힘들고 어려운 여러 가지 상황들을 돈으로 해결한다. 즉 자국어로 집을 찾아주는 복덕방 서비스들이 나타나서 이를 돈으로 해결하고 편하게 살아가는 것이고, 대학교와 대학원의 입학을 입학원서를 한국어로 작성해 주는 (원서접수를 3곳정도해주고 1백만원~2백만원지불) 대행업체들이 나타났고 많은 유학생들이 이러한 서비스를 사용한다. 심지어는 불법적이지만 통번역 사무실에 학교과제와 논문작성 대행 서비스도 존재한다.

두 번째, 외국인 근로자들이다. 이들은 돈을 벌고 본국에 송금하거나 자신의 미래를 위해서 준비하고 코리안 드림을 이루고자 한다. 세 번째, 국제결혼의 경우다. 이들도 돈과 성공을 위해서 한국에 입국하고 한국에서 살아가는데 한국과 시댁살림(대다수가 여자이기에)에 환경적응을 끝마치면 대부분 일을 해서 돈을 벌고 싶어하는 것이 대부분의 이주여성들이다. 네 번째는 중국과 러시아 쪽에서 온 동포들이다. 이주해 오는 동포들도 한국에 입국하고 일을 하거나 사업을 해서 돈을 벌어서 행복하게 살기를 소망한다. 즉 이주민들은 국경을 넘은 이동 목적이 비즈니스 환경과 매우 밀접하게 연결되어 있다. 즉 현대에 있어서 국경과 문화를 넘어가서 살아가는 다문화는 비즈니스를 부른다. 경영학의 기초인 '소비자의 요구(needs & wants)는 서비스와 제품을 통해서 돈과 교환한다.'라는 것을 학교와 책이 아닌 몸으로 체득하게 된다.

디아스포라의 다문화와 비즈니스의 커플은
고대(신약성경시대)에도 존재했다. (There & Ago)
디아스포라들이 이주하면서 문화를 넘어서 돈을 벌려고 하는 현상은 2

천 년 전에도 발생했다.

들으라 너희 중에 말하기를 오늘이나 내일이나 우리가 어떤 도시에 가서
거기서 일 년을 머물며 장사하여 이익을 보리라 하는 자들아 (야고보서 4:13)

야고보서는 흩어진 12지파에게 야고보 사도가 쓴 서신서이다. 수신인은
디아스포라 유대인이라고 말하고 또한 유대인뿐만이 아니라 당시에 로
마제국 안에서 살아가는 디아스포라 그리스도인을 향해서 쓰여진 책이
다. 그러한 디아스포라 그리스도인들 중에서 위의 본문은 한가지 라이프
스타일을 가지고 있던 부류가 있었는데, 그들을 향한 야고보 사도의 권
고의 말씀이다. 당시에는 로마제국이라는 큰 울타리 안에서는 로마제국
의 도로로 도시간에 상호 연결이 잘 되어 있었기에 여기저기 다니며 흩
어져서 도시를 떠도는 사람들이 있었는데, 그 목적이 돈을 벌기 위해서
였다. 이러한 부류의 사람들의 특징을 성경본문이 설명해주고 있다. 이
들의 특징은 말씀에서는 3가지가 관계가 없고 한가지로만 오로지 수렴
되는 것이 있다. 3무1유이다. 3무는 첫째 '오늘이나 내일이나' 시간이 관
계가 없고, 둘째 '어떤 도시에 가서' 즉 장소가 관계가 없고, 셋째는 '장사
하여' 무엇을 팔아서 이익을 볼 것인가 아이템의 지정이 없다. 즉 위 본
문의 사람에게는 시간, 장소, 품목이 관계없고 관심사는 오로지 하나 장
사해서 이익을 보기를 원하는 것만 중요한 사람들이었다.

이와 같이, 2천 년 전 신약성경이 기록되던 시대에는 로마제국 안에서
디아스포라 이주의 다문화상황과 비즈니스적 사회환경이 강조되던 일들
은 지금도 동일하게 반복되고 있다. 당시는 이런 현상이 로마제국 안에
서 이루어졌다면, 현재는 그 범위가 전지구로 확산된 것이다. 전지구적
인 이주민의 발생 현상은 필연적으로 전지구적인 다문화 사회가 되고 있
으며, 이주민을 받는 국가나 보내는 국가나 비즈니스적 사회환경으로 몰
아가서 다문화와 비즈니스로 인한 BAM의 상황은 서로 함께 쌍둥이처럼
동일하게 전개 되고 있다.

이와 같이 이주하는 사람들은 대부분 사업을 하거나 일을 해서 돈을 벌기 위해 국경을 넘는다. 현재 한국에는 이러한 사람들이 250만 명(2019년 2,524,656명)이 함께 공존하고 있다. 이제 한국체류 외국인이 5백만 명이 되는 것(인구의 10%가 외국인)은 시간 문제다. 또한 전세계적으로도 디아스포라들은 현재 약2억 5천만명이 넘는다. 디아스포라들이 중요한 이유는 이들은 대체로 가족에서 의견선도자이고, 사회적으로는 문화변혁자이며, 개척자들이기에 중요하다. 이러한 사람들은 한국뿐만이 아니라 전세계에, 현재뿐만이 아니라 과거와 미래에도, 시공을 초월하고 동서고금을 막론하고 존재했으며 역사적으로 중요했다.

현재 전세계적으로 2억 5천 만 명 한국거주 2백 5십 만 명의 디아스포라 이주민들은 돈과 성공을 위해서 자본주의 사회로 편입되려고 그러므로 행복을 누리려고 국경을 넘는 이동을 했지만 이들의 이동목적이 하나님 나라를 위한 이동 목적이 되어지기를 간절히 소망한다.

다문화와 비즈니스 상황에 대한
성경에서 제안되는 처방(Biblical Principle)

신약성경의 시대인 로마시대를 배경으로 다문화의 비즈니스 상황에 대한 처방은 바로 하나님 나라가 그 해답이었다. 예수님도 바리새인들은 돈을 좋아하는 자들이라고 하시며 저들에게 하나님 나라의 복음을 처방하신다(눅 16:14~16). 사도행전의 처음부분에서 예수님이 부활 후에 마지막 메시지는 하나님 나라(행 1:3)였다. 사도행전의 마지막에도 사도 바울은 로마의 하숙집에서 '하나님의 나라를 전파하며 예수에 관한 모든 것을 담대하게 거침없이 가르치더라'(행 28:31)고 기록하고 있다.

그러기에 로잔 BAM Issue Group의 Business As Mission Manifesto(2004)의 Affirmations을 보면 다음과 같이 말하고 있다.

4. 우리는 하나님께서 비즈니스를 통해서 하나님 나라의 차이를 드러내시기 위해 기업인들을 부르시고 준비시키시고 계심을 믿는다.
7. … 특별히 단순한 비즈니스 이상의 것이 필요하다. Business as Mission은 하나님 나라의 관점과 목적과 영향력을 가진 비즈니스를 의미한다.[2]

이와 같이 비즈니스 환경에 대한 성경적인 처방은 하나님의 나라인 것이다. 해결책은 말은 쉽다. 개인의 차원에서 본다면, 이주민들이 돈과 성공과 자신의 꿈을 위해서 국경을 넘는 이동했던 이동 목적이 세례를 받아서 하나님 나라를 위해서 국경을 다시 넘고 이동하며 내가 현재 속해 있는 곳에서 가장 중요한 가치인 하나님 나라의 가치를 실현하는 삶을 살도록 인생의 목적이 바뀌는 것이 처방책이요. 해결책이다.

당시 로마제국 안에서 주어진 각각의 독특한 상황에서 부각되는 하나님 나라의 가치가 있었다. 사도 바울이 신약성경을 기록할 때 당시의 사도 바울에게 주어진 환경인 상황성을 중심으로 서신서를 파악할 수 있다. 예를 들어서 '운하의 고린도와 고린도교회', 모든 길은 로마로 통한다는 '길 위에서의 빌립보와 빌립보교회', '에베소는 아데미 여신의 종교 비즈니스 상황 속에서의 에베소와 에베소교회' 등등의 각각의 도시들의 상황 속에서 사도 바울은 해결책을 제시한 것이 서신서라고 할 수 있다. 이러한 각각의 해결책은 다 하나님 나라의 가치라고 할 수 있고, 이러한 해결책들의 종합 결정판이며, 만능 열쇠가 하나님 나라의 복음인 것이다. 본 논고에서는 고린도의 경우만 살펴보기로 하겠다.

---

2) IBA 논문 자료집, 낮은 곳을 향하는 BAM, 2017, p.63.

고린도의 다문화

고린도는 그리스 본토와 펠로폰네소스 반도를 연결하는 좁은 고린도 지협 지점에 위치한 도시다. 동쪽은 에게해와 서쪽은 이오니아해를 위치에 두고 산을 등진 천연 요새지. 즉 고린도는 소아시아, 터어키지역의 동방세계와 로마의 서방세계를 연결하는 위치였기에, 고린도를 가장 잘 설명할 수 있는 것이 바로 길이 6.2km의 고린도 운하이다. 고린도 운하는 고대 고린도인들이 계획하였으나 기술과 재정문제로 실패하고, 19세기 말(1881~1893년)에 12년에 걸쳐 프랑스 기술진이 완공시켰다. 고린도는 고대로부터 좌우 두 항구에서 통행세를 징수하고 중계 무역을 통하여 큰 부를 축적해 나갔다. 힘이 강성해진 고린도는 로마에 맞서 오랜 세월 동안 항전했으나 기원전 146년 로마 장군 뭄미우스에 의해 철저히 파괴되어 100년 정도 폐허로 방치되었다. 그러다가 BC 44년 항구와 군사 기지로서의 이 지역의 중요성을 인식한 줄리어스 시저에 의해 재건되고 그후 아가야 지방의 수도로 정해지면서 고린도는 동서 무역과 정치 교통의 중심지로서 급속히 성장했다. 그리고 신약성경 시기의 고린도는 폐허에서 100년이 지난 후 인구가 약 60만명 규모의 도시로 성장하였고, 이는 로마제국에서 로마, 알렉산드리아, 안디옥과 함께 4번째 큰 도시가 되었다.

기존의 로마, 알렉산드리아, 안디옥의 대도시는 역사의 단절이 없었지만 초대교회 당시 고린도는 100년정도의 역사적 단절 이후에 로마제국에 의해서 급조된 도시로서 주로 경제적 측면에서 신흥도시였다. 여러 지역에서 온 이주민들로 구성된 도시였기에 다민족, 다문화 사회로서 풍요와 다양성을 갖춘 다문화 신흥 항구 도시였다. 이런 고린도의 문화적 특징은 정치적 위엄과 세련된 교양과 철학보다는 물질적 부를 무엇보다 숭상하는 배금주의, 명예나 전통보다는 일신의 영욕을 우선시하는 개인주의, 지중해 인근의 각종 우상 숭배를 다 받아들이는 종교 혼합주의, 그리고 극도로 타락된 성문화가 특징으로 나타났다. 당시 <고린도사람 스럽다>는 말은 돈만 알고 순간의 쾌락만을 중요시하는 개인주의적인 스타일의 사람을 표현하는 말이었다고 한다. 즉 고린도는 돈을 중요시하는 다문화였다. 고린도의 다문화는 자신의 이익을 위한 다문화였다. 배를 타고 여러 곳에서 오는 사람들과 만나서 서로를 인정해야지만 내가 존재할 수 있고, 상대방과 무역을 하는 등 교류를 해야지만 이익을 볼 수 있기에 상호주의가 존재했다. 즉 타인에 대하여서 어느 정도까지만 받아들이지만 진짜 속에는 자기 이익과 고집이 남아있는 것이다.

한국이 현재 국가적으로나 정책적으로 외국인을 받아들이려는 솔직한 주된 이유는 무엇인가? 외국인들이 한국에 들어와서 의료관광하며 성형수술 하는 등의 형태로 한국에서 돈을 많이 지출하고, 중국유학생이 와서 한국에서 돈을 많이 쓰도록 하기 위해서, 또한 한국에 일할 사람이 없기 때문에 외국인이 한국에 와서 한국의 노동력부족을 외국인으로 채우려는 마음으로 외국인을 받아들이고 있다. 이것이 바로 고린도의 다문화이고, 현재 한국이 외국인을 받아들이려는 솔직한 마음의 차원에서의 다문화이다.

그러나 하나님은 고린도교회에 큰 은혜를 베풀어 주셨다. 하나님은 사도 바울에게 이 성중에 내 백성이 많다고 말씀(행 18:10)하셨고, 하나님은 고린도교회의 성도들에게 하나님의 은사를 아낌없이 베풀어 주셨다. 이에 반해서 고린도 사람들은 아무것도 없던 사람이 무엇을 좀 받았다고 해서 교만하여 졌고, 파당으로 나뉘어서 서로 대적하는 마음, 위에서 군림하려는 마음들을 서로가 가지게 되었다. 자기 관심사만 중요하고 자기기준으로 모든 사람들을 판단하려고 하고, 개인적인 것만 중요하고 교회 전체의 것은 중요하지 않아서, 고린도교회는 바울 파, 아볼로 파, 게바 파, 그리스도 파로 나뉘어졌다.

사도 바울의 고린도 교회 문제에 대한 해답은 무엇인가? 해답은 '십자가에 못 박힌 그리스도를 전하는 것이라'고 선포한다. 십자가의 예수님은 유대인에게는 힘없이 죽은 것이기에 이적의 관점에서는 거리끼는 것이고 지혜로운 그리스 사람들에게는 지혜의 반대인 미련한 것이다. 하지만 부르심을 받은 사람들에게는 십자가의 예수님이 하나님의 능력이고 하나님의 지혜인 것이다. 하나님의 어리석음이 사람보다 지혜롭고, 하나님의 약하심이 사람보다 강하다. 즉 문화를 초월하여서 문화들을 품을 수 있는 다문화의 근원이요 마지막이 복음이고 하나님 나라인 것이다.

고린도교회는 은사도 자신의 욕심을 위해서 사용하고 자신의 교만함을 증명하는 이유가 되어져 있는 현실에서 고린도교회에 필요한 가장 중요한 은사를 설명해 주시는 사도 바울이다. 고린도교인들은 은사를 사모하는 것이 아니라 은사에 욕심이 들어가서 은사를 탐하였다. 이처럼 탐하게 되면 인간은 타락하게 된다. 그러하기에 고린도전서 12장 31절에서 모든 은사를 이야기하고서, 은사와 관련되어 결론적으로 너희는 더욱 큰 은사를 사모하라. 내가 또한 가장 좋은 길을 너희에게 보이리라. 말씀하시고 성경에서 가장 많이 모든 인류가 아는 성경구절이 세상에 계시된다.

내가 사람의 방언과 천사의 말을 할지라도 사랑이 없으면
소리 나는 구리와 울리는 꽹과리가 되고, …
사랑은 오래 참고 사랑은 온유하며 시기하는 자가 되지 아니하며
사랑은 자랑하지 아니하며 교만하지 아니하며 무례히 행하지 아니하며
자기의 유익을 구하지 아니하며, 성내지 아니하며 악한 것을 생각하지 아니하며
불의를 기뻐하지 아니하며 (이건 고린도 사람스럽지 아니하며)
진리와 함께 기뻐하고, 모든 것을 참으며 모든 것을 믿으며 모든 것을 바라며
모든 것을 견디느니라.(고전 13:1~7)

또한 우리가 이와 같이 거룩하게 서로 사랑하고 교회의 덕을 세우며 살아가야 하는 이유를 설명하시는 것이 15장 부활장이다. 사도 바울은 부활이 없으면 우리가 전파하는 것도 헛것이고 믿음도 헛것이라고 한다.

고린도의 사람들은 다문화 환경 속에서 돈만 알고 막 살던 사람들이었다. 복음을 만나서 사도 바울의 개척과 목양으로 교회가 세워졌지만 바울이 떠나자 다문화의 나쁜 양태와 자기중심적인 탐욕의 자신들의 옛 성품이 여기저기 나타났다. 이런 상황 속에서 나타난 교회의 분쟁을 바울이 다시 새롭게 한 단계 성숙하도록 그 처방하고 있는 것이 고린도서이다. 그 내용을 요약하면 다음과 같다. "우리는 진리인 복음을 받아들이고, 오직 하나님의 영광을 위해서 살아가야 하는 존재다. 이와 같은 삶의 실천으로서, 우리는 사랑을 품고 부활을 소망하며 살아가는 존재가 되고, 옛 성품을 넘어 한 단계 신앙이 성장하게 된다."

결과적으로 다문화와 돈을 대하는 태도가 복음인 진리로 인하여 탐심과 욕심이 세례를 받고 지속적으로 변화를 받아, 하나님 나라의 가치인 영광과 사랑과 소망을 일시적이지 않고 끊임없이 실천하는 하나님 나라 백성으로 살아가라는 권고다.

현재 이루어지고 있는 다하나국제교회의 다문화 BAM 사례 (Trial)

한국에서 살아가는 외국인들이 한국에서 거주하기 시작한 것이 30년이 되었다. 물론, 초기 사람들이 지속적으로 존재해서 30년이 된 것이 아니라 사람들은 지속적으로 변경되며 30년이 지났다. 필자는 1998년 외국인을 한국에서 처음 만나기 시작해서 초창기에는 외국인 근로자, 불법체류자들로 보통 남자 혼자 한국에 온 경우를 만나다가 그 다음은 유학생들을 만나고, 국제이주결혼자들도 만나고, 시간이 지나게 되니 이제는 취직하고, 창업하고, 결혼해서 아이를 출산하고, 아이를 돌보기 위해서 본국에서 부모님을 모시고 오는 현상까지 나타나게 되었다. 상황적 흐름에 의해서 외국인유학생 사역을 시작했고, 학생들이 시간이 경과함에 따라서 한국에서 장기거주를 하게 되고, 졸업생들은 취업을 하거나 창업을 하는 경우가 증가하기 시작했다. 그래서 필자는 외국인들이 한국에서 유학생들이 한국에서 공부를 잘 하도록 도와주는 역할을 하듯이 자연스럽게 한국에서 기업과 관련된 취업과 창업이 원활히 이루어지는 것을 돕게 되었다. 사역 가운데 BAM 사역이 요청되는 상황이었기에 자연스럽게 BAM 사역을 다문화사역과 연결해야겠다는 결론에 도달하게 되었다.

다하나국제교회는 2017년초 한국외국어대학교 앞에 개척한 개척교회로, 장충교회에서 분립 개척했다. 한국인과 중국인과 몽골인들이 함께 모여서 "아버지여 아버지께서 내 안에 내가 아버지 안에 있는 것 같이 그들도 "다하나"가 되어 우리 안에 있게 하사 세상으로 아버지께서 나를 보내신 것을 믿게 하옵소서"(요 17:21)의 말씀을 붙잡고, 삼위일체 하나님의 페리코레시스 교제가 이 땅 가운데서 이루어지기를 소망하는 마음을 가지고, "다하나"라는 본문을 중심 삼아 교회를 세워가고 있다. 예수님이 하늘나라에서 삼위일체 하나님간에 서로가 누리시고 영위하시고 계시는 하나님 나라의 가치를 이 땅 가운에서 이루어지도록 "뜻이 하늘에서 이룬 것 같이 땅에서도 이루어지이다"를(마 6:10) 꿈꾼다.

다하나교회의 중요한 가치가 3가지 있는데, 다문화, BAM, 다음세대다. 교회가 사용하는 공간도 3층은 예배실로 사용되나, 2층은 카페로 평일에는 영업하고 주일에는 예배당으로 사용하고 있다. 외대 앞에서 몽골인이 사장으로서 외국인뿐만이 아니라 한국인들을 대상으로도 영업을 하며, 자신들의 역량을 발전시키고 하나님 나라를 확장하는 목적으로 BAM 장에서 배워가며 비전을 펼칠 수 있는 기회가 제공 된다는데 의미가 있다. 또한 팀 목회로서 수직적이 아니라 수평적인 형태로 사역을 진행하고 있다.

사실 한국에서 외국 이주민들의 비즈니스의 시작은 대부분 외국인들을 대상으로 진행하는데, 그 다음 단계가 한국인을 대상으로 시도하지만, 아직은 대부분 초기단계라고 볼 수 있다. 이와 관련해서는 3가지로 사업을 나눌 수 있다. 첫 번째 한국 내 외국인이 한국 내 자국인을 상대로 사업을 하는 경우(몽골식당, 몽골인대상 핸드폰, 통번역, 송금과 환전 등), 두 번째는 본국인 몽골과 한국을 연결하는 사업(전통적 무역업, 의료관광업, 유학생 소개알선업 등), 세 번째 외국인이 한국에서 한국인 대상으로 하는 사업(외대부근 야채채소 가게를 조선동포 운영, 마라탕 음식점을 중국인들이 운영 등)으로 나눌 수 있다. 모든 사업이 그러하겠지만 이러한 사업도 역시 유혹이 도사리고 있고, 쉽게 돈을 벌 수 있는 기회들이 많이 제공되어지기에 늘 갈등의 상황에 노출되고 있다.

이러한 과정 속에서 다문화가 돈을 위해서 작동되는 것이 아니라 하나님을 위하여서 문화를 초월해서 한국, 몽골, 중국사람들이 하나님 나라를 위해서 문화를 연결하고 사랑으로 채울 수 있는 것이 안정적인 형태로 사업 가운데 표출되고 그 결과물이 자연스럽게 사업의 지속가능성인 돈으로 표현되는 단계에까지 도달한다면 가장 성공적이며 기쁜 현실일 것이다. 하지만 현실은 쉽지 않다.

현재까지 우리 공동체에서 5건의 창업(의료관광, 카페, 통번역, 의류업, 관광업)이 있었는데 이중에서 3건은 폐업했고, 현재는 2건이 살아남았다. 외국인이 외국에서 사업을 시작해서 운영해 나갈 때 많은 장애물과 자신의 한계에 직면한다. 또한 현재 우리의 BAM 사역에도 한계에 봉착한 부분이 있다. 첫 번째, 사업을 접게 되어서 낙오된 사람이다. BAM 기업을 하다가 비즈니스를 접게 되는 경우에 이들을 위한 회복사역이 매우 중요해 진다. 교회는 낙오자라고 할 수도 있는 사람들을 주님의 사랑으로 품고 하나님 나라는 비즈니스의 성공과 실패로 전진하고 후퇴하고 패배하는 것이 아니라는 것을 이들이 깨닫고 이들 BAMer들이 다시 일어설 수 있도록 도와주어야 한다. 특별히 BAM 기업을 한다고 한 경우에는 더욱 그 필요성이 강하게 대두된다. 두 번째, 변화되지 않고 표면상으로는 BAM 기업임을 표방하지만 실제는 그렇지 못한 경우도 결코 쉽지가 않다.

다섯 건의 창업과 그 중에 폐업 세 건의 사례와 현재 진행되는 상황들을 보면서 중요하게 느끼는 것은, 첫 번째 BAM 기업의 창업의 목적이 중요하다는 것이다. 창업의 목적이 하나님 나라의 확장을 위해서 창업을 했느냐 아니냐가 중요했다. 이주민들에게 BAM이야기를 하면 이주민입장에서 비즈니스분야는 매혹적이기에 일단 모이도록 할 수는 있다. 하지만 이것은 진정한 하나님 나라가 아니라 단지 겉멋과 성공과 힘으로만 작용될 수 있다. 그러므로 창업 동기가 중요하다. BAM 기업은 복음을 받아들이고 선교사적인 삶을 살아가기 위한 장이 비즈니스 분야로 파송 받은 선교사의 활동의 장인 것이다. 돈을 벌기 위해서, 성공하기 위해서, 단순히 먹고 살기 위해서, 주변이 창업을 하니까 분위기에 휩쓸려서, 그런 동기로 창업을 하면 어려워진다.

함께 동역하는 몽골인 중에 처음에는 대학병원 통역을 하던 몽골 자매가 있었다. 그런데 통역을 하다가 보니 환자와 병원을 중간에 연결해 주는 의료관광업을 하는 사람들도 만나게 되었다. 한번은 몽골어린이가 예상했던 것보다 상태가 무척 좋지 않아서 치료비가 증가하고 급기야는 수술을 해야 하는데 수술비가 없음을 알게 된 몽골 의료 에이전트가 몽골 어린이를 방치하고 연락이 두절되었다. 몽골에이전트가 돈만 좋아하고 사람의 생명을 존중하지 않는 양태를 통분히 여기는 몽골 자매는 격정을 쏟아내었다. 그 몽골어린이는 포털사이트 다음daum에서 Social Funding으로 후원을 받아서 수술을 받고 무사히 몽골로 귀국했다. 그 후, 그 몽골자매에게 BAM 기업의 창업을 권유했다. 몇 개월 뒤에 그 자매는 BAM 기업을 창업했고, 현재까지도 운영하고 있다. 하나님 나라의 영역이 확장된 것이다.

두 번째, 기업은 지속가능성이 매우 중요한 부분이기에 사업의 중간에 지속가능성이 위협받게 되는 위기의 순간에 하나님을 택하느냐 다른 것을 택하느냐는 힘들지만 너무나 중요하다. 즉 환경을 초월하고 거룩을 지켜내는 영적인 힘이 있어야 한다.

통번역을 하는 경우는 출입국관리본부나 대사관에 서류를 제출하는 것을 대행해 주는 경우가 많다. 국제결혼 혼인신고서를 작성할 때 어느 경우는 비자가 나오도록 해준다고 이야기하고 사실은 단순서류 작성인데 200만 원을 받는 경우도 있고, 허위서류 작성으로 수 십 만원에서 수 백 만원을 받을 수 있는 기회가 발생한다. 물론 평소에는 유혹이 문제가 되지 않지만 임대료가 밀려있는 경우나 인건비를 지급해야 하는 경우에 돈이 꼭 필요한 이유가 발생 했을 때 한 번만 눈감으면 이라는 경우가 생긴다. 우리는 각자 자신의 영역에서 거룩을 돈과 바꿀 수 있는 상황을 지속적으로 대면한다. 하지만 원칙을 세워야 하고, 거룩해야 한다.

세 번째, 사업이 어느 정도 진행 되는 과정 중에서 자신의 부족한 성품을 고쳐야 하는 경우나 사장이 자신의 한계에 도달하는데 그때에 하나님을 붙잡고 자신의 한계를 초월할 수 있는가, 없는가? 역시 매우 중요한 순간이다.

인정 받고 싶은 욕망이 강한 사람은 사업이 잘 진행되어서 성공하면 세상이 작아 보이고, 성공 원인은 내가 잘해서 내 회사이기에 나의 치적이 되는 것이고, 사업이 어려워지면 하나님께 원망하고 다른 핑계를 대고 싶어한다. 이때 이러한 자신의 약점을 솔직히 인정하고 하나님께 엎드려 진실 앞에 나아가야 한다. 단지 떠들기를 좋아하고, 자신이 사람을 다루는 것을 어려워하는 사람이 자신의 중요한 부분을 타인과 공유하는 것을 배워가며, 자신의 실수 가운데에서 열심히 변명하지 않고 욕심과 고집을 내려놓고 잠잠히 하나님을 바라고 기다릴 때 하나님이 세미하게 이끄심을 배워서 하나님의 일하심을 체감해 간다. 한국 문화와 다른 문화의 사이에서 문화의 벽으로 절망하고 원망을 듣게 될 때 나 중심으로 문제를 해결하려는 것이 아니라 문화를 초월하는 힘과 지혜를 삼위일체 하나님에게서 받아야 한다. 한국 병원에서는 시간이 돈이기에 단지 1~2분 만나고 7만원을 지불하면 몽골사람에게는 상상할 수 없는 상황이며 생각하기를 한국 병원은 돈만 받아가는 기계라고 생각하고 이것이 누적되어 곤란했다. 이에 병원 관계자들과 논의를 해서 설명을 잘해주는 의사를 배정받거나 국제 진료센터 직원과 그 이후의 상황의 설명을 추가로 하는 등의 세심함으로 해결해 갔다. 문화의 차이와 자신의 한계를 초월하도록 우리를 인도하시는 하나님을 하나님 나라 백성인 우리는 즐겨야 한다.

필자가 생각할 때 다문화 BAM 기업활동은 자기부인의 연속이며, 한국과 다른 나라 민족 사이에서 문화를 초월해서 그 사안에 대하여서 영적으로도 포용하며 품어주는 힘과 지혜가 있어야 하고, 자신의 한계와 세상의 욕심과 교만에서 나를 비워서 성령충만 해야 하는 영적 전투의 장이기에 전쟁의 승리는 하나님께 있음을 고백하는 신앙고백서이다.

앞으로 다가올 30년은 앞에서 살펴본 바와 같이 한국과 전세계적으로 다문화가 특별히 강조되는 상황이 도래하고 자본주의 환경이 강화되는 양태가 표출될 것이다. 즉, 다문화와 BAM을 어떻게 접목해서 다문화 BAM 기업을 양성하고 다문화 BAMer들을 키울 수 있는가의 중요성은 기독교의 매우 중요한 한 축을 세울 수 있는가를 뛰어넘어서 다음세대에서 기독교가 살아남을 수 있는가 또는 본질적인 선한 영향력을 얼마나 가질 수 있는가를 결정할 수도 있을 정도로 중요한 분야라 하겠다. 그러하기에 저의 개인적인 희망사항이자 꿈과 비전을 나눔으로 글을 마무리하고자 한다.

미래 비전(Whole & Future):
두 가지 꿈을 꾼다.

첫 번째, 다문화와 BAM이 융합되는 것이다. 한국에서 이주민사역이 현재 힘든 상황을 지나고 있다. 코로나19 상황이라서 문제라기 보다도 그이전에도 구조적으로 힘들었다. 1990년 초 사역이 시작 되고 이제 30년이 되었는데, 초창기에는 법이 미비했기에 인권과 노동운동적 접근방법이 매우 유효했고, 사회적인 영향력이 있었기에 교회에 보호를 받으려고 한국에 처음 입국한 외국인이주민들은 교회로 와서 교회를 거쳐가는 문화가 존재했었다. 그러나 2007년 하인즈 워드 광풍 이후 5년 단위의 외국인 정책 기본계획의 수립과 실행, 재한외국인 처우개선법이 제정(2007)되는 등 법과 제도도 정비되었다. 또한 정부에서는 외국인근로자지원센터, 다문화 가정지원센터를 설립하고 지원함으로 외국인들이 교회에 가야 하는 이유가 감소했다. 거기다가 2007년은 재한외국인의 규모가 1백 만 명에서 2016년에는 2백 만 명으로 증가하였는데 이때 한국체류 외국인들은 각자 민족별로 커뮤니티를 자연스럽게 조직하여서 민족별로 네트워크가 차이나타운, 몽골타운 등으로 형성되었다. 또한 한국에서 각자 민족별로 하나님에게 받은 달란트로 어떻게 살아가게 되는지를 파악하고 한국사회에 정착이 일차적으로 완성된 시기이다.

재한외국인들은 국가별로 즉 몽골은 이사업계, 태국은 마사지업계, 우즈벡은 모텔청소업계 등 각자의 영역을 구축해서 일당 10만 원~20만 원의 세계를 구축하게 된다. 그것은 먼저 한국에 정착한 외국인들이 이후 입국하는 외국인들을 케어하고 도우며 살아가는 방법 즉 돈으로 문제를 해결하고 이러한 시스템이 운영될 수 있도록 하는 자연스러운 환경을 한국내에서 민족별로 구축했고 서로가 알게 되었기에 교회를 올 이유가 더욱 감소하였다. 그러면서 한국에서 이주민 사역자들은 평균 연령이 증가하고 새로운 젊은 사역자들의 유입은 매우 적거나 드물고, 한국의 교회들은 힘이 감소하여서 외국인사역을 후원하거나 지탱할 힘이 계속 감소하고, 외국인 사역자들의 신규 유입도 매우 드물게 되는 문제가 발생하였다.

이러한 힘든 현실 속에서 다문화 배경의 BAM 사역은 새로운 돌파구가 될 수도 있다. 다문화와 BAM은 커플과 같은 존재이기에 연애만 하지 말고 결혼해서 아이를 잘 출산한다면, 한국의 이주민 사역, 아니 세계의 이주민 사역을 새로운 기회가 열리게 될 것으로 확신한다. 연애는 그냥 상대방의 좋은 것이라고 여기는 것, 매력적인 부분만을 취하는 것이라면 결혼은 아픔과 고통을 공유하며 공존하고, 가정 안에서 나를 비워가며 미운 정이 들어가며 진정한 아름다움을 세워가고 아이를 양육시키며 배워간다. 하나님을 중심으로.

두 번째, 열린 사회구조를 형성하는 것이다. 전세계적인 이주 현상에 의한 다문화 사회로의 방향으로 나아감에 대하여서 국가별로 다양한 태도를 취하였다. 일본은 2010년에 자연인구가 감소하기 시작했기에 외국인들을 받아들이는 정책을 취하기는 하지만 사회구조 자체가 다문화를 받아들이지 않는 분위기의 폐쇄사회이기에 이를 변화시키지 않는 한 심각한 충격이 예상된다. 총체적으로 볼 때 "일본은 다문화의 반대인 폐쇄주의를 고집하기에 일본이 희망이 없고, 일본사람들에게 일본을 떠나라. 나는 일본 주식을 다 매각했다."고 세계 3대 투자 전문가라고도 불리는 짐 로저스 회장은 말한다. 반대로 전세계적인 이주현상에 대하여서 긍정적인 태도를 취하는 독일은 일본과 대조적으로 난민에 대하여서도 유럽을 대표해서 포용적인 태도를 취하고 있다. 독일은 현재 유럽의 경제를 지탱하는 힘이다. 또한 미국은 국가의 설립자체가 이민을 받아들여서 설립된 국가이다. 그러기에 미국은 이민사회로서 외국의 유능한 인재들이 몰려들고(Brain Drain현상), 국가를 유지하고 발전시키는 힘으로 승화시키고 있다. 미국의 실리콘밸리는 전세계 모든 사람이 아이디어를 가지고 오면 이것을 현실에서 구현하며 사업화하는 시스템을 가지고 있기에 전세계의 모든 사람들이 모여서 다문화 사회를 구성하고 열린 사회를 이룩하여서 이러한 다이나믹으로 국가가 운영-유지되고 발전되도록 하는 구조를 가지고 있는 것이다.

우리 대한민국은 이것을 기독교적 가치에 적용할 수 있기를 소망한다. 전세계에서 기독교적 가치, 즉 하나님 나라의 가치를 현실에서 이루어 내고자 하는 아이디어와 열정과 꿈과 비전이 있는 사람들이 전세계에서 몰려오는 땅이 대한민국이 되기를 소망한다. 한국에 하나님 나라의 가치를 실현시킬 수 있는 테스트베드와 같은 시스템이 구축되기를 희망한다. 거룩한 아이디어를 품고서 누구든지 한국에 오면 이 아이디어를 제품화, 마케팅, 펀드레이징, 상장 등의 일련의 과정에서도 거룩한 하나님 나라 가치가 반영되는 아름다운 구조가 구축되고 작동되어지기를 바라는 꿈을 꾼다. 이러한 기독교계의 다이나믹이 한국의 기독교뿐만이 아니라 세계 기독교계의 다이나믹으로 표출되는 아름다움이 나타나고 그 '아름다움이 세상을 구원하다.'는 도스토옙스키의 소설 <백치>에서의 이야기가 이 땅에서 이루어지기를 소망한다.

Here and Now,
A New Era of our Mission

지금 여기, 선교의 시대

삶으로 건축하는
청년 코이노니아

유정민 대표 원바디커뮤니티

2019
2020
2021
2022

그에게서 온 몸이 각 마디를 통하여 도움을 받음으로
연결되고 결합되어 각 지체의 분량대로 역사하여
그 몸을 자라게 하며 사랑 안에서 스스로 세우느니라 (엡 4:16)

캠퍼스에서 청년 세대들과 함께 몸을 뒹굴며 15년이라는 시간이 지났다. 처음에 만났던 대학생들은 이제 가정을 이루고 부모가 되었으며 공동체의 좋은 리더들로 성장하고 있다. 그렇게 주님께서는 주님의 교회를 청년들의 반석 같은 신앙고백 위에 세워오셨다.

오늘도 공동체의 청년 동역자들은 각자에 맡겨진 삶의 현장에서 코로나19 이전이나 코로나19 시대에서나 하나님의 나라를 살아가기 위해 하늘의 일용할 양식을 구하며 믿음 안에서 살고 있으며 그렇게 하나님의 선교 역사는 오늘과 내일을 향해 전진하고 있다.

15년이라는 시간을 되돌아보며 한 영혼을 놓치지 않기 위해 그 시대성을 놓치지 않기 위해 함께, 우리는 울고 웃으며 기도했고 복음을 전하였고 복음을 살기를 매일 같이 결단하고 있다.

한 영혼의 가치

이에 열둘을 세우셨으니 이는 자기와 함께 있게 하시고
또 보내사 전도도 하며 (막 3:14)

예수께서는 공동체를 이루어가시기 전에 먼저 나를 다루시기 시작하였다. 모태 신앙이지만 20여 년 만에 성경을 스스로 보기 시작하며 사복음서를 통해 예수의 삶을 보기 시작했다. 내 삶에 주인이라고 고백했었던 예수의 삶과 나의 삶 크게 상관이 없음을 인정할 수 밖에 없었고 마음 깊은 곳에서 그 동안의 신앙생활이 문제가 있었음을 인지하기 시작하였다. 그런 시간을 보내며 기도가 바뀌기 시작했다. 예수의 제자가 되겠노라고, 예수의 제자를 삼겠노라고.

기도가 바뀐 후 캠퍼스에서 한 선교사님을 만나게 하셨고 그 분을 통해 복음 전도를 배우게 하셨다. 매일 같이 지하철에서, 등산을 하며, 머리를 자르며, 캠퍼스를 누비며, 길거리에서 복음을 전하는 삶을 보고 경험하고 함께 하며 예수의 복음의 합당한 삶을 배우게 하셨다. 그 때 한 영혼의 가치에 대해서 길거리에서 깨닫게 되었으며 그 한 사람의 가치가 지금 공동체를 이루어감에 Core Value로 자리를 잡게 되었다.

한 사람의 가치 때문에 가정의 차를 승합차로 바꾸고, 한 사람 가치 때문에 가정의 이사를 결정하였고, 한 사람의 가치 때문에 공동체의 모든 재정을 선교비로 보냈으며, 한 사람의 가치 때문에 함께 모여 사는 공동체 하우스를 건축하게 되었다.

제자 훈련(코이노니아 영성)

캠퍼스에서 연약한 한 사람의 가치를 소중히 여기는 사람을 통해 다시 캠퍼스 복음화에 헌신하게 되었다. 제자훈련은 강의실에서 성경공부로만 이뤄지지 않는다. 복음을 전하고 복음을 증거하는 사람의 삶을 통해 재생산이 된다는 것을 깨닫게 되었다. 처음부터 단체를 세울 생각은 없었다. 나는 그런 생각을 가질만한 능력도, 여유도 없었다. 그저 캠퍼스에서 복음을 전하고 제자를 삼기위해 2년여 정도를 철야기도를 하며 옆의 대학을 위해 기도하기 시작했고 그렇게 청년 세대에게 헌신하여 또 다른 캠퍼스에 가서 복음을 전하며 '캠퍼스바나바'가 시작되었다.

어느 날 패스트푸드점에 앉아 성경을 보며 눈물을 흘리며 기도했다.
"하나님 수천수만의 목회를 구하지 않겠습니다. 제게 캠퍼스를 변화시킬 열 두 명의 예수님의 제자를 허락해주십시오."

'캠퍼스바나바' 사역을 개척한지 2년 반 만에 경기도에서 충북 시골에 있는 교원대학교회의 지도 목사로 내려가게 되었다. 그 때 첫째 아이는 2살이었고 막 둘째를 가졌을 때였다. 하나님은 패스트푸드 점에서의 기도의 응답으로 우리 집에서 캠퍼스에서 만났던 청년 10명과 함께 살게 하셨다. (12명이 지원했으나 2명은 부모님과 소통 후 다음 해에 함께 하게 되었다.)

우리는 다함께 가난했다. 집에서는 난방을 할 돈이 없어서 한 겨울에 10여 명의 청년들과 함께 패딩과 내복을 껴입고 전기장판으로 살았으며 주식은 라면과 김치였다. 그렇게 청년들과 한 집에서 새벽에 일어나 기도하며 오전엔 말씀을 나누고 점심을 먹고 삶을 나누고 또 말씀을 연구하고 운동하며 저녁엔 기도하며 울며 웃으며 그렇게 가족 됨을 배워갔다.

가족 됨을 배워갔었던 계기가 있었다. 많은 아픔들과 상처가 가득한 10명의 청년들과 어린 자녀와 임신해서 함께 살아가는 것이 너무 힘들었다. 그들을 받아들이는 것이 참 힘들었다. 그러나 주님의 열두 제자를 달라는 기도는 삶으로 배워가야만 했다. 예수님의 제자가 된다는 것은 예수님처럼 말하고 생각하고 행동해야 한다. 그 삶을 따르는 것이 행함 있는 기도이다.

아픔과 상처와 낙심과 눌림으로 가득했던 청년들을 '내 딸이라면?'이라는 생각으로 그들을 바라보기 시작했다. 은혜로 그들이 존귀해보였고 그들의 삶이 사랑스럽기 시작했다.

삶으로 건축하는 청년 코이노니아

바나바훈련원 초대원장이셨던 이강천 목사님은 코이노니아-미션-멀티 플리케이션 영성 가르치셨다. 그 영성은 우리 공동체에 기반이 되는 중요한 가르침이다.

거룩하신 아버지여 내게 주신 아버지의 이름으로
그들을 보전하사 우리와 같이 그들도 하나가 되게 하옵소서

(요 17:11)

아버지여, 아버지께서 내 안에, 내가 아버지 안에 있는 것 같이
그들도 다 하나가 되어 우리 안에 있게 하사
세상으로 아버지께서 나를 보내신 것을 믿게 하옵소서
내게 주신 영광을 내가 들에게 주었사오니
이는 우리가 하나가 된 것 같이 그들도 하나가 되게 하려 함이니이다
곧 내가 그들 안에 있고 아버지께서 내 안에 계시어
그들로 온전함을 이루어 하나가 되게 하려 함은
아버지께서 나를 보내신 것과 또 나를 사랑하심 같이
그들도 사랑하신 것을 세상으로 알게 하려 함이로소이다

(요 17:21-23)

예수께서 겟세마네에서 체포되시기 직전에 기도의 내용을 보면 "제자들의 하나됨"이다. 이기심과 분열과 다툼으로 예루살렘에 입성하는 그 과정에서도 인간적인 생각으로 가득 차 있는 제자들의 하나됨을 구하셨다. 그 하나됨의 수준은 단순히 서로 사이좋게 지내는 정도의 차원의 하나됨이 아닌 삼위일체 하나님처럼 제자들이 하나 되길 기도하셨고, 또 그 삼위일체 하나님과 제자들과 하나의 공동체가 되기를 기도하셨다. 예수님은 선교를 어떻게 해야 하는지 잘 알고 계셨다. 코이노니아 공동체로 제자들의 서로의 관계가 하나님 안에서 회복되어서 하나님과 서로가 사랑함으로 하나될 때 세상을 향해 능력있는 선교적 삶을 위해 기도하셨다.

말씀의 가르침은 많은 청년들의 이기적이고 개인적인 성품을 넘어서 더불어함께 사는 공동체의 삶을 살기 시작했다. 특별한 프로그램이 아니었다. 사역으로서의 관계가 아니었다. 매주 한 사람, 한 사람의 이야기를 들었고 그렇게 매일 5시간, 6시간 우린 울고 웃고 부둥켜앉고 기도했고 성령의 교통케 하시는 코이노니아의 은혜가 공동체에 임하기 작했다.

교회는 개인적일 수 없다. 교회는 철저히 공동체이다. 공동체로만 존재할 수 있는 것이 교회이다. 16세기 종교개혁가들이 부패한 로마카톨릭 교회에 대항하여 내건 교회 개혁의 구호는 라틴어로 '콤뮤니오 상투룸 Communio Sanctotrum'이란 말이었다. 영어로 번역하면 'the Communion of Saints' 즉 성도의 교통이란 말이다. 신학적으로 교회의 본질을 언급할 때는 이 '성도의 교통' 이란 용어를 쓴다. 성도는 그리스도를 주로 고백하는 사람들이며 교통은 공동체를 의미한다. 교통이란 말인 'Communion'은 헬라어 'Koinonia'에서 나온 것이며 'Koinonia'는 '공동체(Community)'의 어원이다.[1]

성령론에 입각한 교회론의 정립이 다시 한 번 필요하다. 성령론이 신약 교회론의 기초이다. 여태껏 대부분이 성령의 역사라 하면 개인의 성화나 능력을 받는 것으로 생각했었다. 그러나 개인적인 성령론에서 공동체를 이루는 성령론으로 발전이 되어야지만 진정한 교회의 능력을 세상 가운데 증거 할 수 있을 것이다.

코이노니아 영성이 가족 공동체를 이루도록 가치를 심어 주었다면 그 실제는 서로 사랑이라는 대계명으로 정리할 수 있다. 서로 사랑하지 않는데 교회가 선교를 한다고 하면 손가락질을 받는다. 선교 명령은 제자들에게 주신 명령이다. 그러나 그 제자됨이 증거 되어야 하는 세상에서는

---

1) 김현진, 『공동체 신학』 (서울: 예영커뮤니케이션, 1998), p. 56.

서로 사랑이 나타나면 세상은 우리를 그리스도의 제자라고 칭한다 하였다.

새 계명을 너희에게 주노니 서로 사랑하라
내가 너희를 사랑한 것 같이 너희도 서로 사랑하라
너희가 서로 사랑하면 이로써 모든 사람이
너희가 내 제자인 줄 알리라 (요 13:34-35)

대부분의 많은 성도들이 주일날 교회에 와서 예배만 드리고 가는 것이 현실이다. 가벼운 관계만 가지며 개인의 삶에 들어오는 것을 경계한다. 속은 외로움으로 가득 차 있지만 이내 누군가 자신의 영역에 들어오는 것을 부담스럽고 귀찮아하며 적당한 선을 긋고 생활을 한다. 공동체라고 하지만 공동체성이 없는, 능력이 없는 공동체가 많다. 성령은 교통의 은혜를 베푸신다. 성령의 은사는 교회 공동체를 세우는 능력이다. 모든 은사는 공동체의 유익과 덕을 세우며 타인을 향해 섬김으로 인도한다. 성령의 열매 또한 자기 자신의 유익이 아닌 타인을 섬기기 위한 내적인 성품의 능력이다. 고린도교회에 성령의 은사를 가르칠 때 사랑의 길을 가르친다. 제자훈련은 서로 사랑 훈련이며 서로 사랑하지 않으면 그리스도의 제자의 삶을 살 수 없다. 지상명령 전에 대계명이 작동되어야 한다.

선교 영성

2년 반 정도 '캠퍼스바나바' 사역을 하며 한국교원대학교회의 지도목사로 충청도로 내려와서 10여 명의 청년들과 1년을 우리 집에서 함께 살며 하나님 나라가 어떻게 임하는지 개인적인 경험을 넘어선 공동체적인 경험을 하였다. 일용할 양식으로 살아가는 삶을 공동체가 함께 경험하게 되었다. 다른 것이 없었다. 가난했기 때문이다. 다 같이 가난하자 함께 일용할 양식을 나누는 삶을 살아야 했고 무엇을 먹을까, 무엇을 마실까, 무엇을 입을까, 이방인들이나 구하는 염려는 땅에 묻고 먼저 하나님의 나라와 하나님의 정의를 구해야지만이 살 수 있는 하루하루의 삶이었다. 헌신해야 한다고 소리치지도 않았다. 희생해야 하다고 말하지 않았다. 서로 사랑하는 삶을 살아가니 청년들은 본대로 살기 시작했다.

그렇게 함께 살았던 청년들이 '캠퍼스의 선교사로 살겠다'고 헌신하였으며 그들이 여러 캠퍼스로 흩어져 캠퍼스의 길거리에서 복음을 전하고 매주 밤을 새워 기도하였으며 만나는 이들에게 말씀을 가르치기 시작했다.

2년 반 정도를 길거리에서 만나 집에서 1년을 살기까지는 기적이었다. 그 이후 그들이 캠퍼스로 흩어져 복음을 전했고 미성숙하지만 성령께 사로잡힌 젊은 청년들을 통해 그 다음 해에 또 다른 10여 명의 청년들이 우리 집에서 살기 시작했다. 부부와 아이 두 명, 10명의 청년. 그렇게 14명의 사람들이 다시 그리스도의 은혜로 하나님의 가족됨의 은혜를 누려가며 또 그들을 통해 또 다른 캠퍼스에 복음이 전해지기 시작했다. 그렇게 재생산이 계속 해서 이어져갔고 증식의 경험이 우리에게 일어났다. 코이노니아 영성이 단단히 뿌리 박혀가며 서로 사랑의 힘으로 우리 공동체는 캠퍼스에서 웃으며 울며 끊임없이 복음을 전했다. 매 학기 방학이 되면 해외 각국을 돌아다니며 복음을 전했고 30-40여 명의 청년들을 인솔하여 수 십 개 나라에 단기선교 활동을 감당할 수 있었다.

통일선교 세대

그렇게 수 년의 시간이 흐른 뒤 통일이라는 시대적 사명 앞에 청년 세대들의 역할을 찾기 위해 '지역별로, 세대별로, 왜 분열과 갈등이 여전히 가득한지?', 그리고 '기독교인구가 약 20%라고 하는데 성령의 코이노니아의 역사는 우리 사회에서는 볼 수 없는 것인지?' 등의 다양한 질문들을 가지고 하나님께 나아가기 시작했다.

우리는 <통일을 위한 코이노니아>라는 키워드를 가지고 방학이 되면 배낭을 메고 2주씩 우리나라의 순교 역사, 박물관, 전쟁기념관, 독립 운동지 등을 탐방하고 토론하고 책을 읽고 나누고 예배하며 비전트립을 떠났고, 여름이 되면 북한과 중국의 러시아의 접경지역을 돌아다니며 통일세대로 청년들이 준비되기를 기도하며 한걸음 한걸음을 내딛고 있다.

통일선교 세대를 세우기 위해 도전의 과정 가운데, 이 시대 한국교회와 성도들을 특히 청년들을 BAMer로 세우기 위해 사역하는 IBA를 만나게 되었다. IBA와의 만남을 통해 우리 공동체에 Business As Mission의 신학적, 실천적 기반을 더욱 닦아갈 수 있는 큰 은혜가 있었다.

코이노니아 영성은 곧 선교 영성이다.[2] 우리가 선교 공동체로 존재할 수 있었던 것은 코이노니아 영성을 기반으로 서로 사랑하는 제자의 삶을 배워가며 살기 시작했고 그 힘으로 공동체적인 선교 사역을 감당할 수 있었다. 함께 방학 중에 전쟁 같은 시간을 보내고 다시 학기가 시작되면 청년들은 캠퍼스에서 각 학과에 복음의 일꾼을 찾아 그 캠퍼스를 변화시킬 예비 된 한 사람을 찾아 떠난다. 그 한 사람을 찾아 끊임없이 복음으로 교제하며 사랑하며 캠퍼스 곳곳에 주님의 교회를 세워간다.

---

2) 이강천, 『코미밀』(서울: 쿰란출판사, 2015), p. 174. 필자는
   코이노니아를 인간의 본질로 본다. 서로 사랑하는 관계에서
   삶의 의미가 오며 그 삶의 의미는 사명을 동반한다. 가족,
   민족 등의 관계와 절대 타자인 하나님과의 관계에서 사명이
   설정된다. 그래서 하나님과 이웃과의 코이노니아를 누리는 삶은
   자연스럽게 선교적 삶을 살게 하며 그 선교적 삶의 결과로 증식의
   열매를 보게 된다.

일터 사역

캠퍼스 사역을 시작한 지 얼마 되지 않아서 캠퍼스 그 이후에 대해서 기도하기 시작했다. 사실 캠퍼스 선교의 목적은 캠퍼스 복음화와 더불어 졸업 이후에 사회 속에서 그리스도에 뿌리박힌 예수의 제자로 살아갈 이들을 세우기 위함이다.

공동체 내 몇몇 간사 사역자들 중에서 기도를 하다가 일터에의 부르심을 느끼는 지체들이 나오기 시작했다. 초기에 했었던 기도가 서서히 열매 맺어가는 시간이 왔다. 그러나 직장에 들어간 간사 사역자들은 한 두달 안에 지치기 시작했고 늘 어려움을 이야기 하였다.

마침 IBA와의 만남 그리고 비즈니스 현장에 있는 BAMer들과의 만남은 청년들에게 좋은 길라잡이가 되어주었다.(최근 청년들을 대상으로 창업 스쿨을 함께 하려고 했으나 코로나19로 인해 취소가 되어서 아쉬움이 크다) 제자의 삶을 살고자 하는 이들이 BAM을 알아가기 시작하면, 분명히 BAMer가 된다. 평생에 비즈니스 세상 속에서 하나님이 주신 달란트를 가지고 개발하며 연구하며 발전시키며 제자를 길러내야 한다. 포기하지 않고 비즈니스 세상 속에서 제자의 삶을 가르쳐야 한다.

특히, 한국 사회는 청년 실업의 문제로 인해 취업과 창업에 많은 재정과 관심을 들이고 있다. 이 접점을 잘 이해하고 잘 준비한다면 청년 사역과 BAM은 필히 만날 수밖에 없고 좋은 영향을 서로에게 미칠 것이다. 그런 부분에서 향후의 IBA와의 만남들 역시 더욱 기대된다. 예수께 더 깊이 뿌리박히는 청년 세대들을 다음의 선교 세대로 일으킬 때에 큰 영향을 끼칠 것이다.

시몬 베드로가 대답하여 이르되 주는 그리스도시오
살아계신 하나님의 아들이시니이다 예수께서 대답하여 이르시되
바요나 시몬아 네가 복이 있도다 이를 네게 알게 한 이는
혈육이 아니요 하늘에 계신 내 아버지시니라
또 내가 네게 이르노니 너는 베드로라 내가 이 반석 위에
내 교회를 세우리니 음부의 권세가 이기지 못하리라 (마 16:16-18)

세상 한복판에 그리스도의 교회를 세우는 것이 선교이다. 우리를 세상에 보내신 이유는 그 곳에서 복음을 전하고 그 신앙고백 위에 주님께서 직접 주님의 교회를 세우시기 위함이다.

우리가 교회를 세우기 위해 해야 하는 것은 다른 것이 아닌 발을 딛고 있는 어느 곳에서나 주님을 향한 전인적 삶의 신앙고백이다. 날마다 자기를 부인하고 자기 십자가를 짊어지고 주님을 따라야 할 곳은 예배당 안에서만이 아닌 주께서 부르신 세상 한복판이다. 많은 크리스천들이 하나님 나라의 복음을 살아오는 삶을 꾸준히 살아왔다면 결국에는 일터가 부르신 소명의 땅임을 인정하게 될 것이다.

오늘도 우리 공동체 청년들은 그들의 연약함과 미성숙함을 뒤로한 채 직장에서 다양한 나눔과 식사 등을 통해 끊임없이 예수의 이름과 그 분의 삶을 나누길 도전한다. 전문 프로그램이 아니고 특별한 사역이 아니다. 청년 한 사람 안에 계신 성령의 역사이다. 제자의 삶을 살면, 각 처에서 주 되신 예수 그리스도의 이름을 부르게 될 것이고 주께서는 그 일터 위에 주님의 교회를 세우실 것이다.

하나님의 뜻을 따라 그리스도 예수의 사도로 부르심을 받은
바울과 형제 소스데네는 고린도에 있는 하나님의 교회
곧 그리스도 예수 안에서 거룩하여지고 성도라 부르심을 받은 자들과
또 각처에서 우리의 주 곧 그들과 우리의 주 되신

예수 그리스도의 이름을 부르는 모든 자들에게

하나님 우리 아버지와 주 예수 그리스도로부터 은혜와 평강이 있기를 원하노라

(고전 1:1-3)

지난 10년간 우리나라 청년실업률은 상승했다. 코로나19로 인해 지난 6월 122만명을 기록해 1999년 이후 가장 많은 것으로 나타났다. 청년층과 제조업을 중심으로 고용절벽이 장기화하는 모습이다. 특히 취업준비생이 많은 25-29세 실업률은 21년 만에 최고치를 기록하는 중 청년층의 노동시장 진입이 늦어지고 있다. 특히 20대 청년층의 고용지표가 심상치 않다. 대표적으로 한창 취업시장의 문을 두드리고 있는 25-29세 실업률(10.2%)이 관련 통계가 작성된 1999년 6월 이후 역대 처음으로 10%의 선을 뚫었다. 이에 대해, 기획재정부 장관은 "다른 연령층에 비해 코로나19의 영향을 상대적으로 크게 받은 청년들의 고용 회복이 더디다"고 우려를 표했다.[3]

우리 공동체 역시 마찬가지다. 함께 했던 청년들 중에 연약한 자들이 많았다. 취업은커녕 알바도 못 구하거나 그만둬야 하는 청년들이 주변에 있었다. 이 사회적인 문제는 바로 우리 공동체 지체들의 문제였고 일터 사역자들이 직장 생활을 2-3년여 정도를 마친 후 우리는 함께 모여 결단하였다.

세 명의 간사들이 집 근처에 집을 구했다. 우리는 매주 모여서 일터 사역에 대해서 공부하며 우리가 도전할 영역들과 지자체들의 지원사업들을 준비하기 시작했다. 우리는 과감한 도전을 결단했다. 직장 동료들과 일도 좀 적응이 됐겠지만 우리는 공동체의 청년들과 더 나아가 청년 세대

---

3) 하정연·황정원, 「청년 실업률10% 역대 최고..'IMF 세대'보다 참혹한 '코로나 세대'」, 서울 경제신문, 2020. 07.16.

들에게 우리의 결단이 선한 영향력을 끼치기 위해 다니던 직장을 그만두고 사업을 준비하기로 했다.

사람들은 시련을 함께 겪는 동안에 개인주의적이었던 태도에서 벗어나 극한의 시험 상황인 경계성에서 다져진 끈끈한 동지애와 공동체적인 일치로 점차 한 덩어리가 된다. 이렇게 생긴 정신을 터너는, '커뮤니타스'라고 불렀다. 그가 보는 관점에서 커뮤니타스는 개개의 사람이 시련, 비하, 과도기, 그리고 사회에서 소외됨을 공동으로 경험하면서 서로를 찾게 되는 바로 그러한 상황에서 생긴다.

커뮤니타스가 결과라면 경계선은 그 결과의 산출을 촉진하는 환경이다. 실생활에서 경계성이 나타나는 환경은 한 무리의 사람들이 반드시 해결하거나 아니면 포기해야만 하는 감각이 혼란된 상태, 가장자리인 상태, 위험, 엄청난 시련, 체면 손상, 또는 도전이다.

경계성은 안전 구역 밖에 있어서 자신을 스스로 지켜야할 상황, 온통 생소한 상황, 함께 있지만 목숨이 위태로운 상태, 도전에 응해야만 하는 상황, 일부로 모험을 감행해야 하는 상황을 가리킨다. 그리고 경계성은 학습, 제자훈련, 정신 건강, 인성 개발, 자녀 교육, 그리고 온갖 종류의 혁신과 기업가 정신에 있어야 하는 커뮤니타스, 즉 공동체성의 형성을 위해서 절대적으로 중요하다. 기본적으로 위험을 감수해야 하는 경계성을 거부하면 오히려 생명 시스템, 즉 유기적인 조직체, 개인, 혹 공동체가 쇠퇴한다.[4]

늘 하나님은 우리를 경계성으로 보내신다. 하나님 아닌 안정감을 느끼는 것에서 떠나서 위험한 모험을 통해 하나님을 향한 믿음을 가르치신다. 아브라함이 그랬고, 요셉이 그랬으며, 다니엘이 그랬고, 예수님의 제자

---

4) 앨런 허쉬, 『잊혀진 교회의 길』(서울: 아르카, 2020), p. 277.

들이 그랬다. 각 자에게 익숙하고 안정감을 주었던 곳에서 떠나 하나님의 말씀만 있는 곳인 광야로 몰아가신다. 그 곳에서 커뮤니타스를 통해 세상의 안정감이 아닌 하나님이 주시는 안정감에 헌신한 교회를 세워 가신다.

청년 세대들은 그 전에는 경험해보지 못한 청년 실업률과 부동산의 문제로 인해 N포 세대라 불리며 취업, 연애, 결혼, 출산, 내 집 마련 등등을 포기한 세대로 살고 있다. 그들에게 우리의 작은 도전이 또 다른 도전을 도출할 것을 기대하며 우리나라에 대학들이 가장 많이 몰려있는 천안으로 함께 이사를 했다.

공동체에서 2팀을 준비해 사회적기업가 육성사업에 도전하였다. 처음이었지만 15개 팀을 뽑는 사업에서 18개의 팀이 최종 면접까지 갔다. 우리 공동체 2팀은 마지막 면접까지 갈 수 있었고 3팀 정도 떨어지니 한 팀은 붙겠지 하는 기대감을 가지고 있었다. 합격 발표를 기다리고 있었던 기대했던 시간은 이내 실망감으로 바뀌게 되었다. 2팀이 다 떨어지게 되었고 첫 도전에 18개 팀 안에 들어간 것만으로도 잘했다고 격려하며 돌아섰지만, 우리 모두는 그 날 저녁 모여서 아쉬움에 실망감에 또 앞으로 어떻게 다시 준비해야할지 막막한 시간을 보내야 했다. 그러나 준비했던 시간과 함께 했던 시간들은 일터 사역자 공동체에 커뮤니타스를 더욱 강화시켰으며 하나님과 청년세대를 위해 더 좁은 길을 선택함에 결정이 빨라졌다.

그 일이 있은 후 얼마 되지 않아서 일터 사역자들은 천안역 앞에 7평짜리 자그마한 카페를 인수하게 되었고 그 곳에서 그 지역사회와 손님들, 공동체의 청년들과 지자체와도 연결되어 그 곳에서 교회로서 비즈니스 선교사로 살고 있다. 직장과 사업. 그 곳에서도 예수의 제자로 살면 주님이 주님의 교회를 세우신다.

공동체주택 건축
(Onebody Co-Housing Project)

10여 년 전 캠퍼스 길거리에서 만난 청년들과 함께 공동체를 이루게 하셨고 자발적으로 헌신으로 간사 사역자들로 세우셨고 서로 사랑하여 하나님께서 허락하신 배우자들을 만나며 가정을 꾸리게 되었다. 아직 자그마한 공동체이지만 공동체 안에서 여덟 가정이 되었고 아이들도 다섯 명이 되었다. 또 태중에 네 명의 아이를 허락하셨으며, 올해 두 커플이 결혼할 예정이다.

청년들이 연애를 하고 결혼을 하면서 사회적 큰 이슈인 주거 문제는 다시 또 우리 공동체의 문제로 다가왔다. 그 동안 결혼생활 12년 동안에 아이들을 데리고 청년들과 함께 살며 공동체를 위해서 이사를 10번은 족히 했다. 전세 기간이 끝날 때 즈음이면 그 심리적 압박과 소망이 보이지 않는 미래 속에 후배들을 생각하면 더욱 마음이 무거웠다.

청년들이 결혼 적령기로 접어들며 캠퍼스와 일터선교 사역에서 가정 사역으로 자연스럽게 사역의 지경이 확장되었다. 우리 공동체는 모두 자비량 사역자들로 늘 가난했다. 이제 이 사회적 이슈인 주거의 문제를 위해 기도하며 여러 방면으로 후배 사역자들이 살 수 있는 방안들을 찾아보기 시작했다.

주거 문제에 대해서 도움을 주기 위해 많은 부분을 노크해봤지만 재정이 열악하여 해볼 수 있는 일이 거의 없었다. 그래서 땅 값이 싸고 청년들이 왕래가 가능할 수 있는 도시와 시골의 경계지역들 중에서 싼 땅을 찾아서 직접 집을 지어보기로 결정했다. 신학만 7년 공부하고 벽에 못도 박을 줄 몰랐던 내가 매일 같이 부동산에 전화하고 발품을 밟고 돌아다니길 1년이 넘도록 했다. 간사 사역자들이 신혼부부 대출을 받아서 저리로 공동체 주택을 지을 수 있는 땅을 매매하게 되었고 38년 된 오래된 집에 후배 신혼부부 한 가정을 살 수 있도록 공동체에서 함께 도왔다.

건축에 대해 아무것도 몰랐던 나는 직접 집을 짓기 위해 해비타트 목조 주택 건축학교에 입학하게 되었다. 교단 선배 목사님께서 해바티트 실행 위원장으로 계시면서 전에 교회에 방문했을 때 잠시 소개해주신 것이 기억나 알아보고 후배 간사 사역자 한 명과 함께 목조 주택에 관련해서 공부하게 되었다.

5주간의 합숙교육(2주 이론, 1주 모형주택 실습, 2주 5.5평 목조주택 시공)을 마치고 건축 준비를 하기 시작했다. 사실 5주 간의 교육과정에 단어도, 공구도, 계산도 뭐가 뭔지 정리도 안 되어 하면서도 '단 5주 교육만 받고 건축이라는 것을 할 수 있을까?'라는 생각에 포기하고 싶을 때가 여러 번이었다. 안 해 보던 일을 하고, 전혀 모르는 부분을 머리와 몸으로 공부하려 하니 자괴감에 빠지는 시간의 연속이었다. 그러나 내가 겪었던 10년 동안의 주거의 고통을 공동체의 후배들에게 물려주고 싶지 않았고 세상에 교회로서 우리 공동체가 대안과 대답을 해주고 싶었다.

5주간의 교육을 마치고 목조주택 시공방법으로 작은 창고를 겨울에 1-2 명의 청년과 함께 지어봤다. 2평짜리 창고를 2명이서 낑낑 거리며 한 달 동안 실수하며 만들어 보았다. 그 이후에 설계사무소를 통해 건축 허가를 받기 위해 서류들을 준비하며 두 가정의 신혼부부가 살 수 있는 집과 공동체에서 쓸 수 있는 다목적 공유공간(Co-Working, Living 등)을 계속 상의하고 수정하고를 반복하였고 그와 동시에 간사 사역자들 중에서 5-6명을 건축사역 팀으로 꾸려서 배웠던 이론들을 정리해서 서로 배우며 가르치기 시작했다.

이론 교육이 끝나고 향후의 비즈니스를 내다보며 핀란드식 습식 사우나, 기도실, 파고라, 데크 등을 겨울에 함께 실습을 통해 교육하기 시작했다.

(최근 어떤 전원마을에서 두 군데 공사를 요청해왔다. 정말 하나님의 기적이다.)

건축 허가가 떨어졌고 기초 공사, 포클레인, 철근, 단열, 적산(자재 수량 파악), 주문, 배달, 시공 등등 태어나서 처음 해보는 일에 밤잠을 설쳐가며 스트레스를 받아가며 하루하루가 정말 너무 힘들었다. 또 지난 여름에는 얼마나 장마가 길었는지 사다놓은 목재에, 세워놓은 나무 벽들에 비가 쏟아지면 새벽 5시, 7시, 저녁 등 늘 하늘만 바라보며 모인 날이 수십일이었다. 공사가 늦어질까, 안전사고가 나지 않을까, 집이 지어는 질까, 여러 생각에 뜬 눈으로 밤을 새운다는 말이 무슨 말인지 몸소 경험하였다.

망치질 한번 제대로 해보지 못하는 사람이 5주 교육을 받고 37평(다락 포함 70평)의 집을 짓는다는 것은 정말 무모한 도전이었다. 그러나 우리는 그 동안 10여 년의 시간을 보내며 서로 사랑은 서로의 사람을 책임지는 것임을, 또 세상 속에서 거룩히 구별되어 많은 사회적 이슈들에 대안과 대답을 주어야 함을 잘 알고 있었기에 도전에 도전을 거듭해갔다.

이미 땅을 살 때 7800만원의 빚을 지게 되었고 5500만원의 재정을 가지고 건축을 시작했다. 이 일은 자신의 유익을 위함이 아니었고 자신의 의를 세우기 위함도 아니었다. 이 땅에 임한 하나님 나라의 일용할 주거 양식을 위해 우리는 건축기도를 올리게 되었다.

청년 사역은 청년들이 먼저 헌신해야 한다는 고집을 피우며 건축을 앞두고 교회들을 찾아가서 후원을 요청을 하지 않았다. 그러나 청년들에게는 먼저 몸과 마음, 시간과 재정을 내어놓기를 권했다. 청년들은 헌금을 하기 위해 아르바이트를 하며, 적금을 깨며, 교육비를 깨뜨리며, 노점상을 열어서 잡화를 팔고, 카페의 수익을 헌금을 하며 재정을 모아가기 시작했고, 그 일들에 감동이 된 하나님의 사람들이 그리고 지역교회들이 함

께 도와가기 시작했다. 예수 믿지 않는 청년들도 목재 한 장 15,000원을 후원하며 우리의 뜻에 함께 동참해주었고 그 접점을 통해 복음을 다시 전할 수 있게 되었다. 이 모든 일은 하나님의 일이다. 재정은 주시는 만큼만, 사역은 여시는 만큼만 하면 된다. 하나님의 사역은 하나님을 믿는 일이기 때문이다.

그들이 묻되 우리가 어떻게 하여야 하나님의 일을 하오리이까
예수께서 대답하여 이르시되 하나님께서 보내신 이를 믿는 것이
하나님의 일이니라 하시니 (요 6:28-29)

그렇게 청년들과 함께 주기도를 노동예배를 통해 삶으로 배워갔으며, 청년들은 자신들의 시간과 재정과 마음과 몸을 하나님과 이 땅에 약자들에게 흘려보내는 삶을 배워가기 시작했다. 2020년 여름, 그 가장 길었던 장마와 폭우, 폭염과 태풍을 뚫어냈고 우리는 지금도 하늘을 주시하고 이 땅을 주시하며, 이 땅에 임하고 있는 하나님 나라를 함께 목도하는 공동체의 삶을 살고 있다. 이번 건축을 통해서 '청년더함'(가칭)이라는 목조건축 관련 협동조합을 하나 세우게 되었고, 더불어 유아교육과 보육을 전공한 자매사역자들은 가정사역 팀으로 자연스럽게 우리의 자녀들을 교육하고 양육하기 위해 공동육아를 위해 또 하나의 협동조합을 준비하고 있다. 그 안에서 후배들을 직원으로 고용하고, 아이들을 주의 제자로 재생산하여 이들을 하나님의 사람으로 세울 것을 기도하고 있다.

이후로는, 도시와 농촌의 경계에서 건강한 먹거리를 생산하는 치유농장을 준비하려 한다. 정서적으로 영적으로 지치고 괴로워하는 청년 세대들과 함께 예배하며 치유하고, 건강한 먹거리를 생산하는 것, 그렇게 도농상생 청년마을을 만들어 가는 것이 우리의 중장기적인 도전과제이다.

여전히 연약하고 부족하지만, 이 시대의 청년들에게 인생 여정의 또 다른 길을 보여주고 싶다. 그 길이 예수로 향하는, 나름의 삶의 과정을 만

들기를 기도한다. 이러한 하나님 나라를 위한 계속된 급진적인 도전은 우리로 하여금 경계성을 뛰어넘어 커뮤티나스를 가지고 오게 되는 귀한 삶의 여행이 될 것이다. 여전히 세상은 부동산 문제로 불평등과 부익부 빈익빈의 양극화가 극심한 가운데, 세대와 세대가 그리고 지역과 지역이 정치적으로 다양한 이해관계 안에서 분열과 다툼을 반복하고 있다. 바로 그 한복판에서, 우리는 끊임없이 주님의 교회를 곳곳에 세워나갈 것이다. 세상 속에서 청년 코이노니아를 다양한 분야와 영역에서 일구어가며 하나님의 선교에 함께 참여하며 동역할 것이다.

글을 맺으며

캠퍼스 사역을 개척한지 10년이 흘렀다. 이제는 '캠퍼스바나바'라는 이름으로 청년 공동체의 삶과 사역들을 다 아우르기에는 그 지경이 좁을 정도로, 주님은 우리의 사역 범위를 넓혀 주셨다. 그런 가운데, 올해 초 이런 느낌을 동역자들과 나누었다. 모두들 캠퍼스 선교단체에서 청년 선교공동체로 사역의 전환을 공감했다.

Onebody Community! 이를 통해, 그리스도의 한 몸 된 공동체 교회로써 총체적이고 전방위적인 복음을 살아내는 청년세대가 일어날 것을 기대한다. 우리가 기대했던 것, 우리가 기도했던 것 이상으로 하나님께서 역사하실 것을 꿈꾼다. 코로나19 이전이나, 코로나19 가운데서나, 코로나19 이후에도 '하나님의 선교'는 끊임없이 전진할 것이며, 우리는 이를 바라보며 때에 맞는 청지기가 되어 일용할 양식을 세상 가운데 나누는 순결한 주의 종들로 서기를 기도한다. Onebody Community. 그리스도의 한 몸 된 교회. 우리 청년들의 삶의 방향이며 한 걸음이다.

위기의 3040 목회,
선교적 DNA로 극복하라

박종현 편집장 전도사닷컴

2019
2020
2021
2022
2023

서울 소재 중형교회에서 부목사로 일하는 A씨(44세)는 쉬는 날이 없다. 흔히 월요일은 목회자들의 휴무일로 알려져 있지만, 모두 그런 것은 아니다. 담임목사의 일정이나 교회의 상황에 따라 출근하는 날이 잦아진다. 누가 강제하는 것은 아니지만 눈치를 볼 수밖에 없다. A목사는 이제 나이제한에 걸려 다른 곳에 부목사로 청빙 받을 가능성이 매우 낮기 때문이다. 힘들어도 새벽예배 인도부터 각종 심방, 소모임 인도, 성경공부 및 상담 등을 모두 해내야 한다. 가족과 함께 식사하는 건 특별한 날, 큰마음을 먹어야 가능한 이야기. 지금 있는 교회에서 분립개척을 받거나 좋은 담임목회 임지를 연결해주지 않으면 다음은 없다는 생각에 한시도 긴장을 늦출 수 없다.

개척을 통한 단독목회를 생각해보지 않은 건 아니다. 그러나 생활비는 고사하고 상가교회 월세라도 감당하려면 요즘 개척은 목회 외의 다른 일이 필수다. 학부 4년, 신대원 3년에 얼마 전 Th.M까지 마친 A목사는 다른 일을 함께 한다는 건 상상할 수도 없다. 당장 교회를 그만두면 살 집부터 구해야 하는데, 그동안 모아둔 돈으로는 대출을 받아도 수도권에선 전세도 구할 수 없다. 아내가 일을 하고 있지만, 그것만으로는 네 식구의 생활비로도 빠듯하기 때문에 개척은 엄두가 나지 않는다. 커피를 배워 근처에서 카페를 시작한 선배 목사에게 속내를 털어내 보았지만, 선배는 손사래를 치며 만류하는 분위기다. 제법 손님이 드나드는 것 같았는데, 생활비는 고사하고 월세만 간신히 낸다는 답이 돌아왔다.

익명의 이야기지만 젊은 목회자들의 세계에서는 흔한 고민이다. 중형교회 부목사는 비교적 양호한 설정이다. 그래도 당장은 생활이 가능하니까. 금년이야 코로나19 덕분에 만남의 기회가 없었지만, 해마다 우리교회를 방문하는 목회자들을 만난다. 동네흔한목사가 몸부림치는 모습이 뭐 그리 궁금하다고. 혹여 헛걸음이 될까 보여드릴 건 없어도 질문에는 정직하고 성실하게 답한다. 그 중에는 신학생이나 부교역자, 혹은 이미 교회를 책임지고 있는 담임목회자도 있었지만, 아무래도 목회현장을 잠시 떠나있는 분들이 더 많았다. 평일 혹은 주일에 다른 교회를 방문할 기회가 상대적으로 많기 때문이다. 나이는 대부분 30대에서 40대(이하 30/40 혹은 30/40 목회자)이며, 20대는 수업의 일환으로 찾아오는 단체방문이 아니면 좀처럼 만나볼 기회가 없다.

주제는 보통 예쁜 공간에 대한 칭찬, 마을 활동가로서의 삶 혹은 함께심는교회의 밥상나눔 이야기로 이어지지만 대화는 언제나 한 곳으로 수렴한다. 그것은 그동안 혹은 앞으로 어떻게 먹고 살 것인가에 대한 지점, 이른바 "먹고사니즘"이다. 과거에야 이런 고민들이 믿음 없는 목회자들의 푸념 정도로 치부될 일이지만, 지금은 상황이 다르다. 어떻게든 목회를 이어나가기 위해 목회자 자신은 물론이고 가족의 생계를 스스로 책임져야 하는 환경 때문이다. 신학생 중에는 목회에 대한 신선하고 멋진 아이디어를 가진 분들이 많다. 다만 과연 풀타임 목회만으로 생존할 수 있을지 - 그렇지 않다면 어떤 직업을 가지고 살아가야 하는지, 그것이 우리의 목회와 어떻게 이어질지에 대한 실제적이고 철저한 고민은 다소 아쉽다.

규모 있는 교회에서 부교역자로 살고 있는 이들은 비교적 안정적인 듯하나, 다음 행보를 계획하거나 준비할 겨를이 없어 안타까워한다. 월요일 하루를 제외하고 - 때로는 월요일도 사역을 위해 내어놓아야 한다 - 교회 사역으로 분주한 그들에겐 무엇인가를 준비하거나 배울 기회가 거의 없다. 남다른 시야로 새로운 길을 준비하는 이들 역시 생계와의 처절한 싸움으로 벌써 지쳐있다. 이미 단독목회를 시작하신 분들은 각자의 방식으로 열정적으로 교회와 지역사회를 섬기고 있지만, 좀처럼 생기가 돌지 않는 목회 현장을 아쉬워한다. 교회를 향한 외부의 차가운 시선을 견디며 어떻게 전도하고 또 선교할 수 있을지. 형편과 상황은 다를지라도, 이들은 모두 목회에 삶을 갈아 넣고 있는 상황이다. 그리고 한결같이 이 지리한 제자리걸음이 언제까지 계속되어야 하는지 답답해했다. 30/40의 이야기와 목소리는 언제나 생존으로 귀결되었으며, 결국 여전히 현실과 투쟁하고 있는 나 자신에 대한 이야기이기도 하다.

30/40 목회자, 지워진 목소리

2020년 현재 우리나라의 인구구조에서 30/40은 1,500만으로 약 30%를 차지한다. 전체 인구의 평균 연령이 42.8세임을 감안한다면, 30/40은 전체 구조의 허리에 해당하는 셈이다. 일반적으로 학부를 다니며 사역하는 파트 전도사를 제외하면, 교회 안의 부교역자들은 대부분 30/40에 해당한다고 볼 수 있다. 따지고 보면 많은 숫자임에도 불구하고, 막상 한국교회 안에서 30/40 목회자들의 목소리를 듣기란 쉽지 않다. 당장 TV를 켜서 개신교 방송채널을 살펴보라. 50대 후반에서 60대, 심지어 은퇴를 앞둔 70대가 한국 개신교의 주류임을 쉽게 확인할 수 있다.

일례로 올해 예장통합 총대 중 목사의 평균 연령은 60.72세, 50대조차 감소하는 추세에 40대는 1%에 불과하다. 이런 상황에서 30/40 목회자들의 목소리가 총회에 반영될 리 만무하다. 주요 교단들의 헌법은 여전히 일하는 목회자, 이른바 '이중직'을 허용하지 않고 있다. 미자립교회의 목회자라는 단서를 달고서라도 교회 헌법상 이를 허락하는 곳도 소수에 불과하고, 그나마도 심사를 거쳐서 결정하겠다는 입장도 있을 정도다. 현실과 동떨어진 교회법 때문에 어쩔 수 없는 편법들이 실제 사역현장에 난무하지만, 다들 묵인하는 분위기이다. 교단이 우산이 되어 주리라 굳게 믿던 이들은 자신들에게 좀처럼 자리를 내어주지 않는 선배들 덕분에 옴팡 젖고 마는 셈이다.

젊은 층에게 더 유리해 보이는 온라인도 사정은 마찬가지. 코로나19로 인해 온라인예배가 활성화되고 예배 및 설교 콘텐츠가 급증했지만, 유튜브에서 유통되고 있는 설교는 대형교회 목회자들의 그것이 대부분을 차지한다. 한 통계에 따르면 1만 명 이상의 대형교회 신자들이 전체 한국교회의 20% 이상을 차지한다고 한다. 때문에, 가장 강력한 채널이면서도 자체 제작률이 낮은 기존의 레거시 미디어들은 지명도 높은 대형교회 목회자들의 설교를 계속 업로드한다. 유튜브 알고리즘이 기본적으로 계속 검색되고 노출되는 콘텐츠들을 상위에 배치하기 때문이다. 우후죽순 늘어나는 설교 큐레이션 채널들 역시 대형교회 유명 목회자들의 설교를 편집한다. 이들 대형교회 목회자들 역시 대부분 60대로, 그렇게나 수가 많은 30/40 목회자들의 설교는 일부러 찾아보지 않으면 안 될 정도로 유통되지 않는다. 자본의 논리로는 당연한 일로 여겨져 더욱 안타까울 뿐이다. 한국 스타트업 CEO의 평균 연령이 35.8세(2016년 기준)이라는 걸 생각해보면, 이것은 매우 흥미로운 현상이다. 다음세대라는 키워드를 끊임없이 소비하는 한국교회의 리더십이 60대에 머무는 현실을 무엇으로 설명할 수 있을까.

30/40 목회자의 성장배경

30/40 목회자들을 정확히 정의하기란 어렵다. 현 시점(2020년)을 기준으로 치자면 어림잡아 70~80년대 생 정도일까. 30/40을 이해하기 위해서 우리는 먼저 이들이 성장한 시대적 배경을 살펴보아야 한다. 김선일 교수(웨신대 실천신학)는 그의 책 <한국 기독교의 성장 내러티브>에서 30/40이 유년기와 청소년기를 거쳐 청년에 이르기까지 성장한 시기를 '행복의 시대'라고 정의한다. 김 교수는 1988년 서울올림픽을 기점으로 우리나라가 개인의 행복과 가치관에 관심을 두기 시작했다고 보았다.

돈과 집 이상의 만족을 찾으려는 욕구가 문화 전반에 반영되었으며, 신자유주의의 영향으로 인해 이는 감성주의와 소비주의의 만연으로 이어졌다. 냉전 종식 이전 세대의 젊은이들이 사회 공동의 목표를 해결하는 데에 집중했다면, 행복의 시대에는 개인의 자유와 권리가 더욱 중요해졌다. 그럼에도 이 '행복의 시대'에는 군사 독재 정권과의 싸움에서 경험했던 절대 공동체에 대한 어렴풋한 향수가 남아 있었다. 김 교수는 이 시기 개신교의 성장을 사람들이 이와 같은 공동체를 제공할 수 있는 종교에 의지하면서 가능했던 것으로 본다.

30/40 목회자들은 유년기로부터 청년기에 이르기까지 이러한 공동체적 경험을 바탕으로 신앙을 키워왔다. 여름성경학교와 문학의 밤 등으로 대표되는 교회의 교육과 문화는 세속의 그것보다 풍성하고 활발했다. 이들은 문학의 밤을 경험한 마지막 세대이다. 이들은 일찍부터 '문화사역'의 영향을 받았는데, 이는 경배와 찬양(praise&worship) 그리고 CCM의 중흥으로 이어졌다. 지역교회에서는 예배 참여와 찬양팀 활동 등을 통해 이에 직간접적으로 참여할 수 있었다. 덕분에 교회 안에서 음악과 문학은 물론 영상을 비롯한 다양한 이벤트를 경험하고 배운 30/40 젊은이들은 교회 밖에서도 그 경험을 적극적으로 활용할 수 있었고, 이는 직업 선택에도 큰 영향을 주었다.

교회 안에서는 성과 속을 뚜렷하게 구분하면서도 세속적인 복을 경건의 결과물로 가르쳤다. 교회에 열심히 다니면서 봉사하고 헌신하면, 세상에서도 승리할 수 있다는 메시지가 지배적이었다. 다른 한편, 몇몇 대형교회 담임목사들을 중심으로 한국교회를 휩쓴 고지론은 당시 많은 30/40 청년들에게 도전을 주었는데, 세상으로 나가 실력을 쌓으라는 이야기 대신 교회 생활을 열심히 하라고 강조하는 메시지로 변형되어 활용되곤 했다. 제자훈련 역시 봉사와 공동체를 강조하면서 교회의 내부지향성에 힘을 실었고, 30/40은 안팎으로 그 영향을 받으며 자랐다. 그 중 믿음 좋다는 청년들은 교회에서 열심히 봉사하다가 자연스레 목회자의 길로 초청되곤 했는데, 지금의 많은 30/40 목회자들은 이러한 배경 아래서 자신의 소명을 확인하고 신학교에 진학한 셈이다.

교회 공동체는 30/40 목회자 세대에게 안전한 공간이자 자신의 신앙적 열정을 마음껏 펼쳐낼 수 있는 장이기도 했다. 이들은 자신의 자아실현보다 교회 공동체가 중요하다고 배워왔으며, 그 결과물인 한국교회의 양적 부흥을 내부에서 직접 경험했다. 물론 청소년 혹은 청년기의 경험이기에 과정에 적극적으로 참여하지 않아도 작은 기여로 결과물을 누리는 입장이었다. 교회 안에서는 섬김과 헌신의 대가로 하나님께서 삶을 책임져 주신다는 감성적인 메시지를 반복해서 들으며 성장했지만, 막상 성인이 되어서는 그 메시지가 곧이 곧대로 적용되지 않는 것도 경험했다. 신학교에서는 그들을 가르치던 목회자들이 경험하지 못한 다양하고 폭넓은 신학적 소양을 쌓으며 그들의 가르침에 회의를 느꼈다. 이미 민주화의 열매를 맛보던 세속사회와 달리 교계는 뒤늦게 부조리와 모순이 드러났고, 30/40 목회자들은 사역자가 되고 나서야 건강하고 상식적인 교회에 대한 욕구가 올라온 셈이다.

한편, 교회가 대형화되고 사역이 세분화되면서 중산층의 다양한 욕구를 충족시키기 위한 프로그램들이 대형교회를 중심으로 대거 등장했다. 30/40 목회자들은 이러한 세련된 교회를 만들기 위해 선배 세대들보다 더 많은 기능이 요구되었다. M.Div 과정에서는 이와 같은 지식과 경험을 습득할 수 없었기에 별도의 학위과정을 통해 관심분야의 실력을 키우거나 자신의 사역현장에서 스스로 학습해야만 했다. 가장 빠른 방법은 물적, 인적 자원을 충분히 갖춘 중대형교회에서 사역하는 것이었다. 기능적인 면에서 뿐만 아니라 중대형교회에서의 사역은 새로운 인맥을 형성하는 데에도 일조했다. 이렇게 맺게 된 인맥은 학교나 출신지역의 그것만큼이나 강력했고, 이후의 사역에도 적지 않은 영향을 미치곤 했다.

30/40 목회자, 벽에 부딪히다

김선일 교수는 노무현 정권이 출범한 2002년부터 현재까지를 '의미의 시대'로 정의하는데, 이는 우리 사회가 개인의 행복을 넘어선 의미와 가치들을 발견하고 추구하게 됨을 가리킨다. 개인주의, 다원주의적 가치관 앞에서 한국교회는 새로운 도전을 받게 되는데, 그것은 합리성을 잃은 반공주의, 국가주의, 자본주의 등 이전의 서사들이 더 이상 설득력을 갖지 못하게 됨을 의미한다. 교회는 공동체를 강조해왔지만, 공동체 자체에 대한 본질적인 고민이 우리 사회가 공감할 만한 수준으로 올라오지는 못했다. 오히려 교회는 탄탄하게 자리잡은 전통적인 내세신앙을 바탕으로 더욱 현세적인 개인주의에 함몰되었고, 때문에 공적인 영역에서부터 시민들로부터 점차 외면받기 시작했다. 기성 제도권 교회로부터 급속도로 신도들이 이탈하는 가나안 현상은 단순히 교회에 불만을 가진 이들의 일탈이 아니라 그간 한국교회를 충분히 경험한 이들의 반동이기도 하다. 기존의 신도들은 여전히 과거 교회에서만 사용되던 익숙한 내부언어를 고집하지만, 새로운 세대들은 교회가 가진 모순들을 더 이상 용납하지 않으려는 기세이다.

그러는 가운데 이 부흥의 세대인 30/40 목회자들은 정작 자신의 목회현장에서 부흥을 경험하기 어렵게 되었다. 교회라는 유기체가 어떻게 작동하는지 보고 배웠던 과거의 경험과 가르침들은 실제 사역 현장에서 그대로 작동하지 않았다. 치열한 경쟁을 통해 목회자가 되었지만 정작 그 대상인 신자들은 급속도로 줄고 있으며, 그 와중에 교회는 사회로부터 비난과 혐오의 대상이 되어 버렸다. 교회는 더 이상 안전하지 않으며, 무엇보다 이전처럼 목회자들의 생계를 책임져줄 만큼 풍족하지 않다. 부교역자 청빙 기준은 여전히 45세 이하인데, 한 때 잠시 40세까지 내려갔던 담임목사 청빙기준은 오히려 50대로 올라간 상황이기에 여러 가지로 30/40 목회자들의 설 자리는 더욱 좁아지고 있다.

문화 영역에서도 상황은 마찬가지이다. 여전히 인구의 20% 정도가 자신의 종교를 개신교로 표시하지만, 교회 콘텐츠는 양은 물론 질적으로도 세속사회의 그것에 한참 뒤쳐진지 오래다. 나름 독자적인 문화를 구축하던 한국교회 안에는 페스티쉬(혼성모방)를 통한 의미없는 복제와 의미없는 유희만이 콘텐츠로 남게 되었다. 그나마 내부에서 적극적으로 유통되던 음악 콘텐츠 역시 시장이 사라지면서 다양성을 잃고 예배음악에 편중되는 양상이다. 회화, 조소, 영화 등을 포함하는 시각예술은 간신히 명맥을 이어가고 있고 도서의 경우, 종은 다양해졌지만 판매량은 급감한 상황이다.

코로나19는 이러한 위기감을 가속하고 있다. 교회가 공공방역의 걸림돌로 인식되며 비대면예배만이 허용되자, 교회이탈자는 더욱 빠르게 증가하고 있다. 필자는 포스트 코로나19에 정기적인 신앙생활을 하는 개신교 인구를 5백만 이하로 예상하고 있다. 현금유동성이 높은 일부 교회를 제외하면 교회의 재정건전성은 그 어느 때보다 취약하다. 코로나19 위기가 닥치면서 가장 먼저 교회는 목회자의 수를 줄이고 지휘자, 찬양사역자 등의 특수사역자를 해고하기 시작했다. 비대면 온라인예배로 목회환경이 바뀌면서 30/40 목회자들 역시 방송 기술을 익혀 재빨리 온라인예배로 전환했지만, 디지털 네이티브로서 온라인 콘텐츠의 화법에 익숙한 밀레니얼 사역자들에 비해 콘텐츠의 다양성과 창의성에 아쉬움을 드러낸다. 아무도 겪어보지 못한 일을 겪을 때의 어려움은 레퍼런스가 없다는 점이다. 늘 무엇인가를 참고하고 따르던 한국교회는 마침내 막다른 길을 만났다. 제 역할을 해주어야 할 각 교단들이 교계는 물론 사회적 요구에 부응하지 못하자, 30/40 목회자들은 소속된 교단에 대해 한계와 염증마저 느끼는 상황에 탈교단을 상상하는 상황이다.

작금의 상황을 극복하기 위해 한국교회 주변부에서는 다양한 운동으로 대안을 제시해왔다. 그것은 본질을 잃어버린 교회들이 구조적 변화를 통해 그 본질을 회복하자는 운동들이었다. 2000년대 초반에 일어난 연이은 국내 대형교회들과 어느 선교단체의 세습은 교계는 물론이고 사회에 적잖은 파장을 일으켰다. 이 사건에 대한 반동으로 개교회와 교단의 정치구조를 민주화하자는 '작고 건강한 교회 운동'이 일어났다. 이들은 문제의 근원을 목회자의 일탈과 전횡을 막지 못하는 수직적이고 비민주적인 의사결정구조에서 찾았다. 그래서 목회자의 권력을 제한하고, 재정을 투명하게 공개하며, 비목회자가 교회 운영에 직접적으로 참여하는 민주적 교회 운영을 시도했다. 여기서 민주적 정관은 의사결정의 절차적 민주성을 확보하기 위한 근거가 되었다. 그러나 뜻있는 이들의 노력에도 불구하고 기존의 교회정치구조를 바꾸는 데에는 실패하고 말았다. 주변부에서 시작한 작고 건강한 교회 운동이 대형교회를 중심으로 구축된 교계 중심으로 들어가 영향을 미치는 데에는 한계가 있었다. 구조의 민주화나 투명한 재정운영 등은 일부 이룰 수 있었지만, 무엇보다 모든 교회 구성원 의식의 민주화는 단기간에 이루어지는 일이 아니었다. 지금의 30/40 목회자들은 이와 같은 작고 건강한 교회 운동의 의식적 영향은 많이 받았지만, 기성 교회에서 권력구조를 바꿀 수 있을 만큼의 정치적인 힘을 갖지는 못했다. 이런 상황에서 2000년대 중반에 이르러 한국교회에 선교적 교회론이 본격적으로 소개된다.

선교적 교회 운동의 등장

해외의 선교적 교회 운동은 북미와 영국, 호주 등을 중심으로 서구교회의 쇠퇴에 대한 반성에서 시작되었다. 이들은 처음교회가 가졌던 복음의 순수함과 생명력, 역동성을 잃게 된 원인을 기독교 제국(Christendom)화의 과정에서 이루어진 제도화, 조직화에서 찾았다. 선교적 교회(Missional Church)는 교회의 본질이 선교에 있으며, 하나님 자신이 직접 선교의 주체가 되고, 하나님의 백성이 보냄받은 곳에서 그 분의 선교에 동참한다는 개념을 기본으로 한다. 교회를 선교의 주체로 인식했을 때 선교는 교회의 다양한 목적 중 하나에 불과하지만, 하나님이 선교의 주체이심을 재인식하면서 선교는 교회의 본질이라는 원래의 자리를 되찾게 된다. 선교적 교회는 제도와 기능에 치우쳐 교회의 확장에 집중했던 교회의 목표를 하나님 나라의 선포로 재조정하게끔 한다. 이는 전통적인 선교론에서 타문화권에 집중했던 선교의 영역을 선교적 교회론은 지역교회와 일상으로 재정의하면서 지역교회가 선교적 교회로 살아가도록 독려하는데, 이 때 선교적 교회론은 목회자의 역할을 모든 교회가 선교적 사명을 이해하도록 독려하는 데에 두며, 목회자뿐만 아니라 비목회자를 포함한 모든 성도가 하나님께로부터 선교의 동역자로 보냄 받은 존재임을 인식하게 한다는 점에 있어 기존의 교회 운동이 가진 욕구를 해소하게끔 한다.

한국에 선교적 교회론이 소개된 것은 앞서 말한 작고 건강한 교회 운동이 활발하던 2000년대 후반 무렵이다. 한국교회의 기존 담론은 제자도였다. 본래의 의도와 달리 이는 어떻게 하면 교회에 들어온 신자를 그리스도의 제자로 만들 것인가에 대한 관심으로 제한되었다. 교회는 계속해서 이들을 그리스도의 충성된 군사로 훈련시키는 데에 인적, 물적 자원을 집중했고, 목회자들이 처음 가지고 있던 구령의 열정은 훈련 단계에서부터 이미 신자가 된 이들이 모여있는 교회 내부에서 연소되었다. 이러한 내부지향적인 태도로 인해 선교는 특정인의 전문사역 정도로 제한되었고, '보내는 선교'가 선교에 대한 간접경험을 강화하면서 선교에의 직접적인 참여 대신 후원에 집중하는 구조를 고착화했다. 신학교에서는 새로운 이론과 방법론이 계속 소개되었지만, 학생의 신분을 벗어나 교회 안으로 들어오면 목회자들은 야성을 잃어버린 스테레오타입으로 재구조화되었다. 이러한 배경 아래 처음 선교학자들을 중심으로 도입된 선교적 교회론은 각종 번역서들이 출간되고 운동 단체들을 통해 크고 작은 연구모임들이 활성화되면서 비로소 목회자들에게 소개되었다.

새로운 교회에 대한 해갈이 간절했던 때에 선교적 교회는 '교회란 무엇인가'라는 질문에 대한 신선하고 새로운 도전이었다. 기존의 대안들이 교회 자체는 그대로 둔 채 교회의 구조나 사역에 관심을 둔 것이라면, 선교적 교회는 교회의 하드웨어와 소프트웨어 전체를 다시 작업하는 패러다임의 전환을 요구한다. 일반적인 기성 목회자들에게 선교적 교회는 또 하나의 프로그램 혹은 특별할 것 없는 신학 담론으로 치부되곤 했지만, 절박한 상황을 이미 인식하고 새로운 길을 모색하던 이들에게 선교적 교회는 교회 중심, 목회자 중심, 자본 중심이라는 기성교회의 한계를 극복할 수 있는 실제적인 가능성으로 다가왔다. 소수의 1세대 선교적 교회 운동가들이 실험한 과정과 결과물들이 긍정적으로 전해지면서, 2010년 중반에 들어서면서 선교적 교회론은 비로소 신학교 과정에 수업 중 일부로 도입되었다. 30/40 신학생 및 목회자들에게 선교적 교회론은 가장 큰 관심사가 되었고 이제 선교적 교회론은 대형교회 목회자들이 자신의 교회를 선교적 교회로 목표할만큼 한국교회의 담론으로 부상했다.

그러나 선교적 교회의 실천은 그 관심만큼 활발하진 않은 모양새이다. 우리네 상황에서 도입 초기 선교적 교회가 주변부에서 활발히 일어날 수 있었던 이유는 개척을 통해 이를 구현했기 때문이다. 목회자 중심으로 흐를 가능성이 여전히 높지만, 구조적인 면이나 사역의 실제에 있어 개척은 선교적 교회를 만들고 실험하기에 적절한 선택이다. 2010년 중반 이후 기존의 교회 구조를 그대로 둔 채 선교적 공동체를 운영하는 도전들이 중대형 교회 내에서도 일부 일어났지만, 기존의 시각으로 보기에 두드러진 성과가 나타나지 않아 지속되지는 않고 있다. 기본적으로 선교적 교회는 모험 공동체의 결성을 요구하는데, 그것은 세속의 눈으로나 교회의 시선으로나 비효율적이고 비생산적이며 손해를 전제로 하기 때문이다. 교회나 교회의 생산물이 세속을 압도하고 지배하며 이끌어야 한다는 오해는 여전히 존재하나, 이미 어느 면에서도 교회는 이것을 이룰 수 없음이 증명되었다. 단 하나, 자기희생의 영역을 제외하곤 말이다.

30/40, 선교적 상상력으로 변혁하라

'선교적 상상력'이라는 표현은 주상락 박사(명지대 교목, 객원교수)가 주창했다. 그는 사회학자 라이트 밀즈C. Wright Mills의 '사회학적 상상력'과 구약학자 월터 브루그만Walter Brueggemann의 '예언자적 상상력', 갈등조정 전문가 존 폴 레더라크John Paul Lederach의 '도덕적 상상력' 등의 표현에서 이를 착안했다. 이들은 서로 다른 영역의 이야기이지만, 현재 가지고 있는 지배적 상황을 벗어나기 위한 대안으로 상상력을 통한 변혁을 제시한다는 점에 있어 그 결이 같다. 선교적 상상력이란 그런 의미에서 세상을 창조하신 하나님의 선교사역에 창의적으로 동참함으로써 지금의 교회가 잊고 있는 선교적 DNA를 끌어내고 세상을 변혁하는 데에 있다. 보냄받은 백성들은 자신이 서있는 바로 그 자리를 사역지로 여기고 그리스도와 같이 성육신적인 삶을 살아야 하며, 그것이 비록 우리가 기존에 생각하지 못했던 새롭고 다양한 형태로 나타날지라도 그것을 교회로 부르는 데에 주저하지 않아야 할 것이다. 특히 탈교회 시대에 선교적 교회 또는 교회의 새로운 표현은 대안적 예배를 통해 비신자들은 물론 탈교회신자들을 섬길 수 있을 것으로 보인다. 필자는 이와 같은 선교적 상상력이 30/40 목회자들이 직면한 작금의 위기 상황을 기회로 전환할 수 있는 원동력이 되리라 믿고 몇 가지 실천방안을 제언한다.

첫째, 세상의 흐름 특별히 비즈니스의 흐름에 민감해야 한다. 선교적 상상력을 이끌어내기 위해서는 지금 우리 시대가 고민하는 것들, 사람들이 생각하고 소비하는 방식, 그들이 관심을 두고 있는 것들에 해박해야 한다. 교회의 본질과 가치는 시대를 뛰어넘지만, 그것을 담아내고 표현하는 방식은 시대의 흐름을 뛰어넘을 수 없다. 우리 시대 목회자들은 신학을 연구하고 성경을 풀어내는 만큼의 관심을 세속에 둘 수 있어야 한다. 전달하고자 하는 정보는 물론 섬세한 감정까지도 매개된 미디어를 통해 불특정다수에게 전해지는 시대에, 복음의 본질을 어떻게 표현하고 전달할지 고민하기를 게을리해서는 안 된다. 이를 위해 필자는 비즈니스 영역에 대한 관심을 놓치지 말라고 조언하고 싶다. 기존 교회 현장에서 비즈니스는 특정인들의 관심사이거나 교회나 목회자가 가까이 하면 본질을 잃기 쉬운 위험한 영역으로 인식되었다. 그러나 때는 바야흐로 BAM(Business As Mission)의 시대이다. 오늘날 비즈니스는 시장과 돈을 중심으로 우리 삶의 전 영역에서 이루어지고 있다. 소비자이든, 노동자이든, 혹은 투자자이든 수혜자이든 우리는 비즈니스를 떠나 홀로 존재할 수 없다. 비즈니스의 영역은 지역교회의 그것보다 크고 넓으며, 우리가 선교적 삶을 살아낼 주요 공간이기도 하다. 우리 모두가 모든 분야의 전문가가 될 순 없으나, 적어도 누군가와 특정 주제에 대해 대화할 수 있을 정도의 제네럴리스트는 되어야 하며, 거기에서 받은 인사이트를 선교적 상상력을 바탕으로 교회의 새로운 표현에 적용할 수 있어야 한다.

둘째, 지역사회와 끊임없이 대화하고 소통해야 한다. 과거 교회는 자신들이 알고 믿는 바를 선포하고 선언하는 방식으로 복음을 전해왔다. 물론 이러한 선포는 오늘날에도 유효하며, 다양한 매체를 통해 계속되어야 한다. 그러나 포스트모던 사회에서 스킨십이 결여된 단방향의 선포만으로는 계층사이의 분절을 초래할 우려가 있다. 성경은 선포하시는 하나님에 대해 이야기면서 다른 한편으로 우리를 찾아오신 하나님을 이야기한다. 성육신의 삶을 사셨던 예수님 역시 하나님 나라의 복음을 가르치시는 방식으로 두 가지 모두를 선택하셨다. 그 분은 산 위에서 선언하셨을 뿐만 아니라 사람들을 찾아가 그 삶의 자리에서 친히 사람들과 대화하셨다. 소통은 개인 간의 대화만을 의미하지 않는다. 기성교회는 지역사회의 필요를 채우는 것으로 선교를 인식해왔다. 이러한 시혜적 활동은 우리가 아니어도 국가나 기관이 할 수 있는 일이다. 필자는 지역에서 5년째 반찬봉사를 해오고 있다. 그러나 단지 반찬을 만들어 나누는 일이 목적이 아니다. 반찬은 우리 지역의 다른 사회적 기업에서도 나눠주고 있다. 그러나 기업은 물론 지자체의 복지부서에서도 매 주 가정을 방문하는 일을 할 수는 없다. 오히려 해당 부서는 우리 덕분에 매 주 한 번씩 반찬을 받는 이웃들의 사정을 모니터할 수 있게 되었다. 또한 반찬봉사를 위해 찾아온 이웃들과 대화하는 것 또한 중요한 사역 중 하나이다. 지역 교회로서의 선교적 공동체는 시혜적 돌봄을 넘어서서 그들을 찾아가 이야기를 경청해야 한다. 이러한 과정을 통해 선교적 공동체는 지역사회 안에서 신뢰라는 사회적 자본을 형성할 수 있다. 특별히 30/40 목회자들은 지역사회가 몹시 반기는 대상이기도 하다.

셋째, 창의적이고 선제적으로 '일하는 목회자'를 준비해야 한다. 필자는 페이스북에서 수 년 간 '일하는 목회자'라는 그룹을 만들어 운영 중이다. 회원의 다수가 현재 일을 하고 있거나 일을 준비하는 목회자로 구성되어 있다. 이 그룹에서는 '이중직'이라는 단어 대신 '일하는 목회자'라는 표현을 사용한다. 이중직이라는 표현은 영어의 bivocational에서 유래하는데, 이는 또다른 직업을 가진 목회자를 뜻한다. 물론 목회는 엄연히 거룩한 노동이며, 목사는 하나의 직업이 될 수 있다. 그러나 한국교회에서는 working pastor 즉 일하는 목회자가 훨씬 현실적인 표현이다. 이중직, 즉 다른 직업을 통해 수익을 얻으면서 목회 역시 직업으로 갖고 있는 경우는 드물다. 대부분 일을 통해 생계를 해결하고 교회를 운영하며, 목사나 전도사를 직분이나 직제로 이해하고 있다. 서두에 언급한 것처럼 대부분의 교단들은 이중직을 허용하지 않고 있다. 그러나 허락이냐 선택이냐의 논란은 이미 무의미하다. 교회가 목회자들의 생계를 책임질 수 없는 상황에서 생계를 위한 다른 직업을 갖는 것은 마땅한 일이며, 우리 시대에 30/40이 목회의 지속 가능성을 높이는 유일한 길이기도 하다. 신대원을 다 졸업하고 부교역자로서 훈련을 다 마친 뒤에 어떤 직업을 가질 것인가를 선택하기보다는 선제적으로 대응해야 한다. 직업에 대한 탐색과 훈련의 시간을 가질 수 있도록 신대원에서도 필요한 과목과 과정을 개설해야 하며, 선교단체들은 필요한 연구와 일터 사역자, 크리스천 비즈니스 리더십들의 지원을 아끼지 말아야 한다.

그러나 생계 이전에 일하는 목회자에게 일터는 선교하시는 하나님께서 보내신 또 하나의 선교 현장이다. 목회자로서 또 성도로서 선교적 삶을 살아내기 위해 일터는 지금보다 창의적이어야 한다. 흔히 일하는 목회자의 직업을 이야기하면 목회활동을 하기 좋은, 비교적 시간 사용이 자유로운 프리랜서나 자신이 시간을 조절해 사용할 수 있는 자영업을 우선적으로 고려한다. 물론 자영업은 업종에 따라 목회와 직접 이어질 수 있는 가능성도 높고 창의적으로 접근하기 용이하다. 그러나 자영업이 아니어도 유연한 근무가 가능한 직업군이 존재하며, 자영업이 가진 불안정성에 대해서도 충분히 고민해야 할 것이다. 오히려 안정적인 정규직 직장에서 일정 급여를 받으며 생활하는 것도 좋은 대안이 될 수 있다. 현대 교회의 성도들은 이전처럼 목회자들이 자신들의 삶에 깊이 관여하기를 기대하지 않는다. 적절한 거리에서 자신들을 지켜봐주며 꼭 필요할 때에만 이야기 나누기를 원한다. 따라서 이들과 같은 리듬을 가지고 살아가는 것도 좋은 대안이 될 수 있음을 기억하라.

넷째, 커뮤니티를 통한 자조그룹을 만들어 가야 한다. 기존의 교단은 기대만큼의 역할을 하지 못하고 있다. 소속된 교단이 변화하기를 기다리는 것보다, 필요를 느끼는 목회자들이 모여 새로운 네트워크를 만들어 나가는 것이 훨씬 빠르게 목회환경을 변화시켜 나갈 것이다. 특히 30/40 목회자들은 관심사 등의 공통분모가 많으며, 서로의 직업과 취미를 통해 주고 받을 수 있는 도움이 상당하다. 제조나 유통에 종사하는 이들은 판로를 확보하는 것이 중요한데, 목회자 자조그룹은 스스로 좋은 판로가 된다. 콘텐츠를 만드는 일은 여럿이 함께 힘을 모을 때 효과가 배가된다. 각자를 가장 잘 이해하는 이들을 만나 새로운 방식의 사회적 안전망을 갖추는 것도 좋다. 최근 필자는 보냄 받은 이들의 동행을 위한 '사단법인 센트'를 발족해 인가를 마쳤는데, 다양한 재능을 가진 목회자들이 서로를 돕는 네트워크 플랫폼에 많은 관심을 갖고 참여하기 시작했다. 누군가의 도움을 기다리기보다 스스로를 돕는 이들이 모여 서로의 생존 가능성을 높이는 시대가 되었으며, 이것이 또 다른 형태의 대안적 교회가 될 가능성도 높다.

마지막으로 30/40 목회자들은 선교적 상상력으로 공공의 영역을 과감히 개척해 나가야 한다. 사회적경제 영역이나 사회적 목회는 서로 다른 영역에서 비롯되었지만, 사회 문제를 해결한다는 공통적인 목적을 가지고 있다. 사회적경제 영역은 사람에 관심을 갖고 사회 문제 해결에 첫 번째 목적을 두는 경제조직을 가리킨다. 우리가 흔히 들어본 사회적기업, 마을기업, 협동조합, 사회적협동조합 등이 이에 해당한다. 이 기업들은 공동체를 구성해 사회문제를 해결한다는 점에서 사회적 목회와 유사하다. 한편, 조성돈 교수(실천신대 목회사회학)는 교회를 통해 사회적 목적을 이루어가는 것을 사회적 목회로 정의한다. 조 교수는 교회들에게 사회참여를 통해 지역사회와 공동체를 이루어 갈 것을 주문한다. 30/40 목회자들이 사회적경제에 더 많은 관심을 갖고 사회적경제 영역에 적극적으로 진출해야 한다. 나아가 이들이 사회적경제 조직을 잘 경영하고 사회적 목회와 연결할 수 있도록 교육하고 훈련시켜 시행착오를 줄이도록 돕는 중간지원조직의 출현이 절실하다.

맺으며

우리 사회는 코로나19로 인해 본격적으로 언택트 시대에 진입했다. 만남을 갖지 못하게 되면서 오히려 만남과 공동체의 소중함을 깨닫게 되었다. 우리 시대의 교회는 여전히 대안적 공동체로서 그 존재의 의미를 가지고 있다. 후기 기독교 사회를 맞이한 한국교회는 이전보다 더욱 적극적으로 지역사회에 관심을 가져야 한다. 교회가 마을의 중심이어야 한다는 정복주의적 관점을 버리고 경계의 언어로 사회와 소통하며 기꺼이 마을의 구성원이 되어 함께 공적 공동체를 만들어가는 선교적 관점으로 다가갈 때에 그리스도교가 가진 선교적 역동이 새롭게 다가오는 포스트코로나19 시대에 우리에게 희망이 되어줄 것이다. 지금은 모진 비바람을 견뎌내야 하는 시기이다. 조금 감성적인 이야기가 되겠지만, 30/40 목회자들에게는 지난 세대들이 물려준 소중한 신앙의 유산을 다음세대에게 전수해야 하는 사명이 있다. 아무도 우리의 이야기를 들어주지 않고 우리의 생존에 관심이 없다 해도 우리 스스로 눈앞의 위기를 선교적 상상력으로 극복해 나간다면, 많은 이들이 교회를 등지고 떠나가는 이 때에도 여전히 우리 안에 희망이 있다고 말할 수 있으리라.

집필진 프로필

이다니엘 사무총장 IBA
한동대 경영경제학부를 졸업하고, 에스라성경대학원에서 성경학(M.A),
횃불트리니티신학대학원에서 목회학(M.Div.)을 전공하였다. 목사 안수
받은 뒤, 6년 여 동안 한 기업의 팀장, 총무, 대표를 차례로 역임했고, 비
슷한 기간 감리교본부의 위탁 프로젝트로 연간 120여 건의 사회적경제
기업과 NPO들의 창업-기업운영에 관한 상담-컨설팅 사업을 진행했다.
3년 간의 IBA 코디네이터를 거쳐, 현재 IBA 사무총장으로 섬기고 있다.

황인권 대표 인권앤파트너스
학부에서 신학을, 대학원에서 디지털 미디어 디자인을 전공한 가운데,
현재는 전략브랜딩 스튜디오를 운영하고 있다. 지구촌교회 홍보기획실
장을 거쳤으며, 국제백신연구소, 세브란스어린이병원, 대한의학회 등의
리브랜딩, 필그림하우스의 천로역정 브랜딩 작업을 했고, 이화여대, 숙명
여대, 분당서울대학교병원, 구세군, 월드비전, 컴패션 등과 함께 작업하
고 있다. 숙명여대 겸임교수로 출강하고 있다.

정원혁 대표 디플러스
국내 데이터베이스 영역 거장으로, 국내 유수 기업과 대학교들에서 데이
터 분석, 데이터베이스 성능에 관한 강의와 컨설팅을 하고 있다. 필라넷,
트라이콤, 연세대학교, 마이크로소프트, 이랜드를 거쳐, 현재 디플러스
D Plus와 씨퀄로SQL路의 대표. 고신의대와 한국데이터진흥원 강사.

황성수 목사 한사랑교회

황성수 목사는 Emory University와 Claremont School of Theology에서 수학했다. 오클라호마의 Chandler First UMC의 목사로 섬겼고, St. Paul School of Theology에서 교회사 교수로서 일하다 귀국하여 현재 IBA 공동대표, 서울 목동 한사랑교회 담임목사로 사역하고 있다.

데이빗 진 대표 핸즈커피

학부에서 경제학을 전공했고, 이랜드 생산담당, 건설사 기획실장, 고급주택사업대표 등을 거쳐, 2006년부터 핸즈커피 대표이사로 섬겨 왔다. 커피와 외식업 사업을 통해 창의적 접근지역에 들어가 지역사회와 주민들 안에 선한 영향력을 끼치고 있다. 전 IBA 공동대표. BAM 전문 선교단체 나우미션 이사.

유재철 대표 보이마루

백석대 신대원을 졸업한 뒤, 아시아 C국 미전도종족 사역 중 BAM 기업 <보이마루>를 창업하여, 지속가능한 비즈니스를 바탕으로 복음을 전하고 교회를 세우며, 현지인 제자들을 미전도종족 선교사로 파송해왔다. "한 손에 복음을 한 손에 보이차를" 가슴에 주님의 심장으로 주님의 눈물의 시선이 고정된 곳을 향하고 있다.

김동건 대표 GP한국선교회

학부에서는 경영학, 대학원에서는 국제협력지역연구와 신학을 전공했다. 2004년부터 태국선교사로 캠퍼스 및 공단 사역으로 섬겼고, 2019년부터 GP한국선교회 대표로 사역하고 있다.

조 샘 대표 인터서브코리아

중국 연변과기대 경영학 교수로 일했고, 평양과기대 설립 프로젝트의 코디네이터로도 일했다. IBA의 초대 총무, 로잔 BAM 커미티의 한국위원으로 일했다. 경영학 박사와 목회학 석사의 교육 배경을 갖고 있으며, 2016년부터 인터서브코리아의 대표로 섬기고 있다. 비즈니스미션 교육 기관인 Center for BAM의 이사장이다.

고성준 목사 수원하나교회 담임

서울대 수학과 졸업 후 UC Berkeley에서 수학으로 박사학위를 했다. 20년 전 하나님의 부르심으로 수원하나교회를 개척하여 목회해 온 이래, 젊은이들을 전도/훈련하여 선교지로 파송하는 사역을 해오고 있다. 현재 수원하나침례교회 담임목사로 섬기고 있으며, 선교단체 컴미션 국제 부이사장, 그리고 난민NGO ReHope 이사장으로 섬기고 있다.

이해동 목사 다하나국제교회 담임

총신대 신대원을 졸업하고 이주민 사역을 해오다가, 이문동 한국외국어대학교 앞에 다하나국제교회를 개척해서 재한외국인유학생 사역과 BAM 사역을 하고 있다.

유정민 대표 원바디커뮤니티

청년 선교 공동체 Onebody Community를 세워 복음 전도, 제자 훈련, 성령 사역을 통한 캠퍼스 복음화와 교회 개척, 청년 창업과 공동체 하우스 건축을 통한 주거문제 도움 등으로 청년 세대를 섬기고 있다.

박종현 편집장 전도사닷컴

동네 흔한 목사를 자처하지만 의미 있는 삶을 살고자 제법 몸부림치는 목사 1인이다. 목회현장의 작은 목소리를 전하는 전도사닷컴 편집장, 페북그룹 <일하는 목회자들> 운영자, 세상을 이롭게 하는 행복누리 사회적협동조합 이사장, 보냄받은 이들의 동행 사단법인 센트 이사, 나그네들의 쉼터 함께심는교회 담임목사로 섬기고 있다.

홈페이지 www.iba-all.org
이메일 iba4world@naver.com
페이스북 https://www.facebook.com/IBA2world

지금 여기, 선교의 시대
ⓒIBA

초판 1쇄 인쇄 2020년 11월 05일
초판 1쇄 발행 2020년 11월 10일

지은이 이다니엘 외
펴낸이 엄기영
기획 편집 IBA출판기획팀
마케팅 이진호
디자인 인권엔파트너스

펴낸곳 비비투(VIVI2)
주소 서울시 중구 수표로2길 9, 예림빌딩 402호
전화 대표 (02)517-2045
팩스 (02)517-5125 (주문)
이메일 jinho2045@hanmail.net
홈페이지 https://blog.naver.com/feelwithcom
페이스북 https://www.facebook.com/publisherjoy
출판등록 2006년 7월 8일

ISBN 979-11-89303-35-8(03200)

이 도서의 국립중앙도서관 출판예정도서목록(CIP)은
서지정보유통지원시스템 홈페이지(http://seoji.nl.go.kr)와
국가자료종합목록 구축시스템(http://kolis-net.nl.go.kr)에서
이용하실 수 있습니다. (CIP제어번호 : CIP2020045537)